学前教育专业毕业论文
写作指导

Xueqian Jiaoyu Zhuanye Biye Lunwen
Xiezuo Zhidao

主　编：张亚妮

副主编：李丽娥　甄俊芳

复旦大学 出版社

内容提要

本书为学前教育专业毕业论文写作指导用书。

全书共六讲。第一讲，对毕业论文的性质、意义、分类、构成、要求进行了介绍；第二讲，对毕业论文选题的意义与原则、思路与方法以及注意事项进行了阐述和例举；第三讲，重点围绕毕业论文任务书和开题报告设计、研究思路与方法设计，以及对资料收集、整理与分析等环节进行了介绍和例举；第四讲，介绍了毕业论文摘要和关键词、正文和致谢的撰写以及修改注意事项；第五讲，对毕业论文整体、引文和注释、图表和参考文献的格式与规范进行了说明；第六讲，从答辩准备到答辩程序以及毕业答辩中的注意事项进行了阐述和例举。

本书适用于各类院校学前教育专业学生，书中配有大量范例，扫码即看，也可登录复旦学前云平台 www.fudanxueqian.com）在线浏览。

前　言

本书为学前教育专业毕业论文写作指导用书。毕业论文是高等院校学前教育专业人才培养方案中的一项重要组成部分，通常为高校学前教育专业人才培养中设置在最后、也是最重要的实践教学环节。毕业论文是学前教育专业学生教育学学士学位资格认定的重要依据，通过毕业论文可以全面评价学前教育专业人才培养的质量，了解学生对所学专业知识的综合运用能力和教育研究水平。本书尝试对学前教育专业毕业论文写作进行全景式介绍，为学前教育专业学生毕业论文写作提供指南，为高校学前教育专业人才培养贡献绵薄之力。

本书内容包含六讲。第一讲是学前教育专业毕业论文概述，聚焦"毕业论文知多少"，重点对毕业论文的性质、意义、分类、构成、要求进行介绍；第二讲聚焦学前教育专业毕业论文选题，围绕"题好一半文"，重点对毕业论文选题的意义与原则、思路与方法，以及注意事项进行阐述；第三讲针对学前教育专业毕业论文设计与实施，建议"大胆假设，小心求证"，重点围绕毕业论文任务书和开题报告设计、研究思路与方法设计，以及对资料收集、整理与分析等环节进行介绍；第四讲围绕学前教育专业毕业论文撰写与修改的"巧构思、细雕琢"，介绍毕业论文摘要和关键词的撰写、正文和致谢的撰写以及修改注意事项；第五讲介绍学前教育专业毕业论文的格式与规范："必要的清规戒律"，对毕业论文整体格式与规范、引文和注释的格式与规范以及图表和参考文献的格式与规范进行说明。第六讲勉励学生"不破楼兰终不还"，对学前教育专业毕业论文答辩从答辩准备到答辩程序以及毕业答辩注意事项进行了阐述。

作为本书的主编，本人诚邀延安大学教育学院、西安翻译学院教育学院等高等院校学前教育专业教师作为写作团队成员，各位成员长期致力于学前教育专业教学以及管理工作，均有着丰富的学前教育专业毕业论文指导经验。本书第一讲由西安翻译学院甄俊芳撰写，第二讲由陕西学前师范学院张亚妮撰写，第三讲由陕西学前师范学院张亚妮、西安外国语大学邵秀存撰写，第四讲由西安翻译学院甄俊芳撰写，第五讲和第六讲由延安大学李丽娥撰写。在统稿过程中，本着文责自负、求同存异的原则，本人根据讨论多次的写作大纲对各讲内容做了适当的调整和修改，在大家的通力合作下完成了本书的编著任务。

　　本书撰写力求紧扣当下高师院校本科以及专科学前教育专业学生毕业论文指导工作存在的需求与困惑,针对学前教育专业学生的学习能力,有机进行内容筛选与编排,既着力体现学前教育专业毕业论文写作的系统性和逻辑性,又注重呈现学前教育专业毕业论文写作的操作性和应用性;既关照当前我国高师院校学前教育专业人才培养中毕业论文写作指导教材匮乏的现实需求,又考虑学前教育专业学生的学习水平和实际需要,尝试对学前教育专业毕业论文写作进行深入浅出的阐述,以期帮助学生深入了解和把握学前教育专业毕业论文写作的目标与要求、选题原则与方法、设计与实施、撰写与修改、格式与规范以及毕业答辩等环节内容,为学前教育专业教师开展毕业论文指导提供有益借鉴与参考。限于编者的能力水平,本书仍存在许多不足之处,欢迎广大读者及学前教育工作者不吝赐教,给予宝贵建议和意见。最后,衷心感谢诸位编者对本书的付出,对本书所引用成果的作者们表示诚挚的感谢和敬意。本书能列入出版计划、顺利出版,衷心感谢复旦大学出版社的热情邀约和鼎力支持。

张亚妮

2020 年 4 月记于古都长安

目 录

第一讲 概述:"毕业论文知多少" ·················· 001

第一节 毕业论文的性质和意义:"大学毕业的通行证" ·············· 001

第二节 毕业论文的分类和构成:"选择要明晰,结构要完整" ·············· 003

第三节 毕业论文的要求:"不以规矩,难成方圆" ·············· 014

第二讲 选题:"题好一半文" ·················· 023

第一节 选题的意义与原则:"以小见大,不耕熟地" ·············· 023

第二节 选题的思路与方法:"眼冷心热,小题大做" ·············· 027

第三节 选题注意事项:"小处着手,大处着眼" ·············· 036

第三讲 设计与实施:"大胆假设,小心求证" ·················· 054

第一节 任务书和开题报告设计:"胸中有丘壑,匠心绘蓝图" ·············· 054

第二节 研究思路与方法设计:"欲善其事,先利其器" ·············· 064

第三节 资料收集、整理与分析:"广泛撒网,抽丝剥茧" ·············· 085

第四讲 撰写与修改:"巧构思、细雕琢" ·················· 097

第一节 摘要和关键词撰写:"简洁、精准、惜字如金" ·············· 097

第二节 正文和致谢撰写:"逻辑清晰,真情实感" ·············· 100

第三节 修改注意事项:"文章不厌百回改" ·············· 109

第五讲 **格式与规范:"必要的清规戒律"** ·· 118

第一节　整体格式与规范:"提升外表形象" ····························· 118

第二节　引文和注释的格式与规范:"奥秘全在细微处" ··············· 132

第三节　图表和参考文献的格式与规范:"理解论文的'一百种语言'" ······ 135

第六讲 **答辩:"不破楼兰终不还"** ··· 141

第一节　答辩准备:"不打无准备之仗" ······························· 141

第二节　答辩程序:"循序渐进登高峰" ······························· 151

第三节　答辩注意事项:"应对不知所措" ····························· 156

第一讲

概述："毕业论文知多少"

第一节　毕业论文的性质和意义："大学毕业的通行证"

毕业论文是每一位在校大学生的必修课，是大学生毕业前必将经历的一个很重要也很有意义的环节。经历过毕业论文的选题、开题，资料的收集和分析，论文的撰写、修改及最后的毕业论文答辩，才算是一位大学生学业生涯的完满结束。每一位学生，都应该了解毕业论文的重要性及其意义。只有能够按照学校要求完成毕业论文的同学，才能顺利拿到学位。

一、毕业论文的性质

毕业论文是高等教育一个非常重要的教学环节，也是每个大学生必须要完成的必修内容。通过撰写毕业论文，可以全面检验学生在校期间对所学知识的理解和运用能力，还可以对学生的科学研究能力进行锻炼。学生毕业论文的质量，反映其大学在读期间的知识、能力、素质的发展水平，也是对学校教学水平的综合考核。

毕业论文是学术论文的一种，需要严谨的态度和认真的准备。学术论文是对科学领域中的某一问题进行探讨、研究，描述科学研究成果的文章，它既是探讨问题、进行科学研究的一种手段，也是描述科研成果、进行学术交流的一种外在表现形式。

根据《中华人民共和国学位条例》和《中华人民共和国学位条例暂行实施办法》规定，高等学校本科学生完成教学计划的各项要求，经审核准予毕业，其课程学习和毕业论文（毕业设计或其他毕业实践环节）的成绩，表明确已较好地掌握本门学科的基本理论、基本知识和基本技能，并具有从事科学研究工作或担负专门技术工作的初步能力的，授予学士学位。[①] 对于本科学生而言，毕业论文是一篇以获得学士学位为目的而撰写的学术论文，是大学生综合素质和综合能力的集中反映和体现，是本科学生大学毕业前最后一次重要

---

① 邢彦辰. 毕业论文写作与文献检索（第 2 版）[M]. 北京：北京邮电大学出版社，2013(8)：1.

的学习过程和锻炼机会。对于专科学生而言,虽不涉及获取学位,撰写毕业论文也是毕业前要完成的一个重要教学环节,毕业论文可以参照本科学生的标准和要求,但整体要求会有所降低。

总之,毕业论文是高等学校的毕业生在毕业之前,根据《中华人民共和国学位条例》和《中华人民共和国学位条例暂行实施办法》等国家规定及学校的人才培养方案的规定,在指导教师的指导下,由学生独立撰写的具有一定学术价值的论文。毕业论文是高等学校的学生完成学业的标志性作业,也是对学生学习成果的综合检验。

二、毕业论文的意义

毕业论文是大学生学业的重要组成部分,在人才培养方案的课程设置中,毕业论文占有一定的学分,是每个本科学生的必修学分。完成毕业论文的撰写,本科学生才能按照国家规定取得学士学位。撰写毕业论文具有重要意义,集中体现在以下四个方面:

第一,撰写毕业论文,是对学生综合素质和综合能力的反映和体现。

毕业论文是大学生毕业前的最后一个教学环节,在此之前,大学生一直是分科学习和考核,而毕业论文是对其大学期间所学的专业知识、掌握的专业技能和形成的专业理念与素养的综合考核,需要学生在以往所学专业课程知识及通识课程知识的基础上,敏感地找到一个有待解决的专业问题,运用大学期间所学,有针对性地、深入地剖析和解决这一现实问题,并能按照毕业论文的要求和格式规范,将其客观、准确、条理清晰地撰写出来,而且能在毕业论文答辩时,准确、有理有据地回答答辩组教师提出的相关问题。这一过程,是对学生综合素质和综合能力的集中反映和体现。通过撰写毕业论文,也能使学生发现自己在综合素质和综合能力方面的不足,在今后的学习和工作中有意识地、有针对性地去学习和提升。

第二,撰写毕业论文,是对高等学校教学质量的综合检验。

平时的教学中,教师术业有专攻,各自负责一个或几个自己擅长的领域或课程,对学生的整体素质和能力或许没有直观、准确的认识。大学生毕业前,教师要担任大学生的毕业论文指导教师,这是每位教师的工作职责,是教师工作内容的一个重要组成部分。教师通过指导大学生撰写毕业论文,指导他们做选题、搜集相关文献和资料、分析材料并得到相关数据、撰写论文并准确表述自己的观点,这一复杂、漫长的过程,不仅能综合考察大学生的专业知识、技能,也对该大学生的综合素养和文学功底、文字表述能力有了较为准确的了解。教师在指导大学生毕业论文的过程中,不仅能较为全面地考核大学生的综合素质和综合能力,也能发现自己教学中存在的一些问题,甚至也能发现本专业在教学过程中暴露出的问题。故,大学生毕业论文的撰写,还可以促使学校和本专业全面考察教学质量,提升办学水平。

第三,撰写毕业论文,是对学生专业能力和科研能力的有效锻炼。

毕业论文是学术论文的一种,需要对专业领域中的某一问题进行深入的剖析和研究,故毕业论文的撰写,需要建立在有一定专业知识和技能的基础之上。大学生撰写毕业论文的过程,是对其大学期间专业学习成果的综合考验,专业知识不扎实的同学在撰写毕业论文的过程中能力会暴露无遗。因为毕业论文是学术论文，所以撰写毕业论文，是需要大学生具备一定的科学探究和撰写能力的。大学生需要在毕业论文指导教师的指导下，独立地进行文献的搜集和检索、调查研究和资料的分析、严谨的推理和准确的问题与对策的描述。综上，毕业论文的撰写，将极大地锻炼大学生的专业能力和科研能力。

第四，撰写毕业论文，是对学生解决问题能力及学习工作态度的综合提升。

撰写毕业论文，先要确立选题，即在毕业论文指导教师的指导和帮助下，大学生要确定一个自己专业领域内有一定研究价值的问题，然后通过搜集文献、调查研究获得研究资料、分析数据发现存在的问题、针对存在的问题提出有针对性的、有自己观点的解决策略，这是一个运用自己专业知识和能力，解决专业问题的过程，撰写毕业论文能很好地促进学生解决实际问题的能力。而且毕业论文需要严格按照毕业论文的要求和格式规范撰写，撰写的过程较长，充满了挑战，需要大学生静下心来，潜心思考和探究，勇于面对困难，敢于迎接研究过程中的各种挑战，大胆创新，同时要一丝不苟、认真严谨，在毕业论文指导教师的指导下，积极学习、认真工作，踏踏实实、不畏反复、实事求是地完成毕业论文的撰写。学生对待毕业论文的态度，就是其学习态度、工作态度的体现，学生撰写毕业论文的过程，也是锻炼学生养成认真负责、客观严谨的工作态度的大好机会。

第二节　毕业论文的分类和构成：“选择要明晰，结构要完整”

一、毕业论文的分类

毕业论文属于学术论文的范畴，学术论文有自己的特点。就整体而言，学术论文具有科学性、理论性、创新性、学术性和规范性的特点。所谓科学性，是指学术论文要尊重事实，尊重科学，其科学性体现在论文内容、论文表述和论文结构的科学性上。所谓理论性，是指学术论文不仅要具有应用价值，还要具有一定的理论色彩、理论价值，要求研究者站在一定的理论高度，对论点、结论进行理论概括。所谓创新性，是指学术论文的研究成果要有所发现、有所创新，如果没有新的观点、见解、结果或结论，就不能称为学术论文。所谓学术性，是指学术论文要有一定的理论高度，要分析有学术价值的问题，要研究某种专门的、有系统的学问，要引述各种事实和道理去论证自己的新见解。所谓规范性，是指学术论文要按照一定的格式写作，应具有良好的可读性。在文字表达上，要求语言准确、简明、通顺，条理清晰，层次分明，论述严谨。在技术表达上，如专业术语、标点符号、图标使用、计量单位的使用等，都应符合规范。

据此，毕业论文也应具备学术论文的上述特点。毕业论文属于学术论文范畴的同时，还要考虑毕业论文对大学生各方面能力提升和发展的作用，故毕业论文在具有学术论文特点的基础上，也有其自身的特点，主要表现在以下方面：指导性、习作性、通俗性。首先，大学生的毕业论文是在毕业论文指导教师的指导下，由毕业生独立完成的。一篇合格的毕业论文,需要有良好的选题和构思,需要有清晰的研究思路、合适的研究工具和明确的研究流程,要经过较长时间的撰写和反复多次的推敲与修改,还要有严格的格式规范和完整的结构。因此,毕业论文的准备、撰写、修改、答辩的全过程,都离不开指导教师的辛苦指导,故毕业论文有指导性的特点。其次,毕业论文是大学生在指导教师的指导下,尝试独立解决问题、探究专业的过程,是大学生对学术研究的尝试和体验,所以毕业论文是习作性论文,具有习作性的特点。再次,尽管毕业论文也要求体现学术性和专业性的特点,但限于大学生的专业水平较低、研究能力较差、理论功底较薄弱,整体而言毕业论文往往语言通俗、理论基础浅薄、研究层次浅显,故毕业论文有通俗性的特点。

根据毕业论文具备的特点,按照不同的分类标准,可将毕业论文进行不同的分类。

按学科门类分,根据《中华人民共和国学位条例暂行实施办法》可把毕业论文分为哲学、经济学、法学、教育学、文学、历史学、理学、工学、农学、医学、军事学、管理学和艺术学等13大类的毕业论文。不同学科门类的大学生,通过毕业论文撰写和答辩,将分别获得哲学、经济学、法学、教育学、文学、历史学、理学、工学、农学、医学、军事学、管理学和艺术学等学位。学前教育专业的学生撰写的学前教育专业毕业论文,如若毕业论文符合相关规定,将获取教育学相关学位。

按申请的学位层次分,可把毕业论文分为学士学位论文、硕士学位论文和博士学位论文。大学本科毕业生可通过提交学术论文申请学士学位,硕士研究生可通过提交学术论文申请硕士学位,博士研究生论文可通过提交学术论文申请博士学位。学前教育专业的学生提交学前教育专业本科毕业论文,将获取教育学学士学位;学前教育专业的学生提交学前教育专业硕士毕业论文,将获取教育学硕士学位;学前教育专业的学生提交学前教育专业博士毕业论文,将获取教育学博士学位。

按研究类型分,可把毕业论文分为理论型研究论文和应用型研究论文。理论型研究论文是常规意义上的学术论文,侧重对学科专业现有理论、思想的研究,多以思辨为主,要求研究者有较高的理论水平和严谨的逻辑;应用型研究论文是现在倡导的更贴近应用实际的论文类型,侧重对学科专业现有理论、思想的应用研究,可以使用多种研究方法(调查法、访谈法、实验法等)开展研究,有比较具体的研究步骤和过程,更适合于理论水平有限的大学生。学前教育专业的学生,可以选择理论型研究论文,也可以选择应用型研究论文。具体选择哪种类型的毕业论文,需要毕业生根据自己的实际情况,在毕业论文指导教师的指导下,通过收集文献、明确选题、反复论证等过程来确定。鉴于学前教育专业毕业论文也具有学术性、通俗性等特点,所以建议学前教育专业本科生和专科生尽量选择应用型研究论文。

按毕业论文的呈现形式分,可把毕业论文分为学术论文、实践报告、毕业设计、作品成果等类型。学术论文是论文的传统形式,有明确的格式规范和内容要求,适用范围广泛,形式较为单一。实践报告是结合学科专业特点,注重对学生的实践过程、实践效果和实践收获的考查,研究方法和研究形式没有统一规定,成文和格式规范等相对灵活。毕业设计是毕业生结合学科专业特点,在教师的指导下进行的相对独立的有创新价值的设计,就学前教育专业而言,毕业生的毕业设计可以是学前相关课程、教材、玩教具等的设计。作品成果类即毕业生不仅仅局限在理念的设计与构想上,而是自己已经制作出了学科专业相关的成品或成果,就学前教育专业而言,可以是毕业生制作的具有一定推广价值的玩教具、美术手工作品等。学前教育专业的毕业论文,多数院校采取的是学术论文的形式;有些院校进行毕业论文改革,允许选择学术论文和实践报告;也有少数院校的毕业论文改革力度比较大,学生可以在学术论文、实践报告、毕业设计、作品成果等形式中任意选择。

二、毕业论文的构成

一篇完整的毕业论文,通常是由以下部分构成的:毕业论文的题目、诚信声明、目录、中文摘要、中文关键词、英文摘要、英文关键词、正文、参考文献、附录(根据研究的具体情况确定是否需要)、致谢。

(一) 毕业论文的题目

题目,即文章的标题,研究者要用简洁、准确的语词概括文章最重要的内容与精髓。一个好题目,往往是一篇文章的点睛之笔,所谓"题好一半文"。所以大学生在撰写毕业论文时,给自己的毕业论文拟定一个恰当的题目,是至关重要的。拟定论文题目时,往往容易出现各种各样的错误,常见的错误有:文不对题、题目过大或过小、题目太长或太短。

那么如何拟定一个恰当的毕业论文题目呢? 拟定一个恰当的毕业论文题目,大致需要遵循三个原则:

第一,恰当准确。这要求大学生在确定毕业论文选题时,一定要反复思考、琢磨,提炼出该篇毕业论文的关键词,并尝试用最恰当的词语将其表述出来。这一过程力求准确,务必毫无歧义地表述出自己的观点。如某同学的毕业论文题目是《全身反应法在幼儿英语侵入式教学中的应用研究——以××××地区××××学校为例》,该题目就将"侵入式教学"与"浸入式教学"搞混,表述不够准确。有同学的论文题目为《早期教育对幼儿的影响》,该题目只是笼统地表述了该篇毕业论文是探讨早期教育对幼儿产生的影响,却完全没有提炼该篇毕业论文的核心概念、关键词,也就是说该毕业生没有准确地界定该篇毕业论文要研究早期教育的哪个或哪几个方面对幼儿产生的哪些方面的影响,故该论文题目不符合恰当准确的原则。再比如有同学的毕业论文题目是《幼儿园教育教学过程中,幼儿告状行为的分析与策略》,很明显该篇毕业论文的题目不像论文题目,题目中还有标点符号逗号存在。该篇毕业论文要研究的是幼儿园教育教学过程中幼儿的告状行为,要通过调查幼儿园教育教学过程中幼儿告状行为的现状,分析幼儿告状行为特点、原因或影响因素,进而提出针对幼儿园教育教学过程中幼儿告状行为的解决策略,本着遵循拟定毕业论文题目要恰当准确的原则,该篇毕业论文的题目可以调整为《幼儿园教育教学过程中幼儿告状行为分析研究》。

第二,简洁凝练。大学生在拟定毕业论文题目时,尽可能使题目简洁凝练,不要过于冗长。《科学报告、学位论文和学术论文的编写格式(GB/T7713—1987)》规定"题目一般不宜超过20字",这是题目的建议字数。如果20个字实在难以将题目表述完整,可以添加副标题。有些同学为了准确表述自己的毕业论文研究范围,用了众多的限定词,导致毕业论文题目长达几十字。如《基于人类发展生态学理论的农村幼儿园自然教育资源开发与利用的实践研究》，题目长达 33 个字，强调了"人类发展生态学理论""农村幼儿园""自然教育资源""开发与利用""实践研究"等一系列概念。一篇学前教育专业的本科生论文，通常很难将这么多问题都阐述清楚。

第三，大小合宜。大学生在拟定毕业论文题目时，一定要考虑选题的大小，要考虑选题是否符合自己大学毕业生的身份，要在自己能力胜任范围之内进行选题，切忌选题过大或过小，以免影响毕业论文的撰写。如有同学将自己的毕业论文题目确定为《现阶段中国农村留守儿童的心理发展问题研究》，很明显相对于大学毕业生而言，该选题过大，远超出一个大学毕业生的能力范围，研究中国农村的留守儿童，仅仅取样、收集资料就是个庞大的工程，绝不是一个大学毕业生凭一己之力就能轻易完成的任务。

(二) 毕业论文的诚信声明

诚信声明是毕业论文的一个重要组成部分。该部分各学校往往有固定的内容和格式要求，在毕业论文的封皮后出现，要求学生签字承诺其毕业论文的真实性和原创性。

格式往往是：

诚 信 声 明

　　本人郑重声明：本人所呈交的毕业论文，是在导师的指导下独立进行研究所取得的成果。毕业论文中凡引用他人已经发表或未发表的成果、数据、观点等，均已明确注明出处。除文中已经注明引用的内容外，不包含任何其他个人或集体已经发表或在网上发表的论文。

　　本声明的法律结果由本人承担。

签名：

日期： 年 月 日

诚信声明的签署，不仅仅是签个名字那么简单。它意味着学生承诺自己的毕业论文是在毕业论文指导教师的指导下独立进行研究取得的成果，而且毕业论文中凡是引用他人已经发表的或未发表的成果、数据、观点等，均已明确注明出处，没有任何的造假和抄袭。为了保证学术研究的端正和学术氛围的公平，各院校都会对毕业论文进行学术不端检测，即重复率检测，而且对毕业论文的重复率有明确规定。学生提交的毕业论文在进行学术不端检测时，如果被检测到该论文的重复率超过了相关规定，那该生可能会被取消参加毕业论文答辩的资格或者被要求对毕业论文进行大的修改甚至重新提交毕业论文。故学前教育专业的毕业生在提交毕业论文的时候，一定要重视自己毕业论文的重复率，以免重复率过高，被取消答辩资格或被要求进行大的修改，延误了毕业和学位的获取。

(三) 毕业论文的目录

毕业论文的目录，呈现在毕业论文的正文之前，是毕业论文各级标题的序列展现，各级标题后标注页码，既是对毕业论文整个体系框架的集中体现，也方便毕业论文的查阅。

通常各院校规定毕业论文的目录呈现至三级标题,标题序号编排有明确的规范,常见的形式有中文标题和阿拉伯数字标题两种。具体格式规范如下:

表 1-1 毕业论文常见标题

类型	中文标题	阿拉伯数字标题
一级标题	一、	1
二级标题	(一)	1.1
三级标题	1.	1.1.1

一般而言,文科生的毕业论文多采用中文标题的形式呈现,理工科的毕业论文多采用阿拉伯数字标题的形式呈现。学前教育专业是文科专业,故学前教育专业学生的毕业论文目录一般采用中文标题。中文标题的目录格式范例如下:

目 录①

摘　要 ………………………………………………………… I
Abtract ………………………………………………………… II
目　录 ………………………………………………………… III
一、绪论 ………………………………………………………… 1
　(一)研究背景 ………………………………………………… 1
　(二)研究目的和内容 ………………………………………… 2
　　1. 研究目的 …………………………………………………… 2
　　2. 研究内容 …………………………………………………… 2
　(三)研究意义 ………………………………………………… 3
　　1. 理论意义 …………………………………………………… 3
　　2. 实践意义 …………………………………………………… 3
　(四)文献综述 ………………………………………………… 3
　　1. 核心概念界定 ……………………………………………… 3
　　2. 国外研究现状 ……………………………………………… 4
　　3. 国内研究现状 ……………………………………………… 5
二、研究设计 …………………………………………………… 7
　(一)研究思路 ………………………………………………… 7
　(二)研究方法 ………………………………………………… 8
　　1. 文献研究法 ………………………………………………… 8
　　2. 个案研究法 ………………………………………………… 8
　　3. 问卷调查法 ………………………………………………… 8

---

① 来自陕西学前师范学院学前教育专业 2019 届本科毕业生姚元。

　　　　4. 访谈法 ……………………………………………… 10
　　　　5. 观察法 ……………………………………………… 10
三、幼儿园本土化创客教育开设现状的调查研究 …………… 12
　　（一）教师对于创客教育的认识现状 ……………………… 12
　　　　1. 创客教育的内涵认识不全 ……………………… 12
　　　　2. 创客教育的价值认识全面 ……………………… 13
　　　　3. 创客教育的内容认识以幼儿在活动中的兴趣体验为主 …… 14
　　（二）本土化创客空间木工坊的构建现状 ………………… 15
　　　　1. 木工坊布局不合理 ……………………………… 15
　　　　2. 木工坊的材料投放不合理 ……………………… 17
　　　　3. 幼儿不参与木工坊环境创设 …………………… 18
　　（三）本土化创客课程木工坊的建设现状 ………………… 19
　　　　1. 创客课程目标能够根据本班实际进行调整 …… 19
　　　　2. 创客课程的内容来源主要为 Y 品牌课程参考书 …… 19
　　　　3. 创客课程的组织与实施主要为集体教学 ……… 20
　　　　4. 创客课程的评价标准多样 ……………………… 20
四、幼儿园创客教育本土化策略探索 ………………………… 22
　　（一）培养专业的创客教师 ………………………………… 22
　　　　1. 参加专业培训,提高教师的创客素质 ………… 22
　　　　2. 引进专业人才,招聘专业的创客老师 ………… 22
　　（二）加强建设本土化创客空间 …………………………… 23
　　　　1. 幼儿为本,建立本土化创客空间 ……………… 23
　　　　2. 适宜的材料是本土化创客空间的必要条件 …… 23
　　（三）创建相应的本土化创客课程体系 …………………… 24
　　　　1. 课程目标 ………………………………………… 24
　　　　2. 课程内容 ………………………………………… 25
　　　　3. 课程的实施 ……………………………………… 25
　　　　4. 课程的评价 ……………………………………… 26
参考文献 ……………………………………………………… 27
附　　录 ……………………………………………………… 30
致　　谢 ……………………………………………………… 36

（四）毕业论文的中英文摘要及中英文关键词

　　摘要是对一篇论文的核心内容进行准确、扼要地概括,通过阅读摘要,可使读者快速地总览全文。故摘要与论文的题目一样,撰写的质量直接影响一篇论文的吸引力。因此摘要是一篇毕业论文十分重要的组成部分。要撰写一篇高质量的摘要,不仅要准确、简洁地表明作者的学术观点,也要有效节约读者的时间。为了便于国际交流,学术论文等均应附有外文摘要,一般都是采用英文撰写。英文摘要一般是对中文摘要的翻译,但要注意翻译时追求准确,务必确保准确无误、无歧义,尤其是学术术语的翻译一定要专业。撰写摘要的注意事项详见本书第四讲。

中文摘要下面,紧跟着的是中文关键词。关键词是一篇论文中提炼出来的该文中最重要、最核心、反复多次出现的词汇。一篇毕业论文也需要明确关键词,在读者阅读完摘要,即大致对该篇毕业论文整篇内容有所了解后,看到关键词,就清楚了整篇毕业论文的研究重点。关键词一般是 3—5 个词。中文关键词也要翻译为英文关键词,跟在英文摘要的后面。翻译中文关键词的时候务必注意专业、准确,因为关键词很可能是学术词语,所以对翻译的要求比较高。

学前教育专业毕业论文的中英文摘要及中英文关键词范例如下:

中班建构游戏中幼儿深度学习现状及促进策略研究①

摘　要:建构游戏是幼儿实现深度学习的一个重要活动,对其身心发展有着巨大的教学价值,但在实际建构游戏过程中幼儿的深度学习却难以发生。因此,通过观察中班建构游戏中幼儿深度学习存在的实际问题,在其基础上分析原因,总结出具有针对性的教育建议。研究结果表明中班幼儿在建构游戏中的深度学习处于中等发展水平。研究立足于实际情况的分析,从幼儿园建构活动的环境创设、物资提供;教师对建构游戏和深度学习的认识、教师支持的内容;幼儿自身已有的知识经验;家庭和社会的支持方面去分析影响因素并给出了具体的建议,为提高幼儿深度学习水平提供指导。

关键词:建构游戏;深度学习;幼儿深度学习

Abstract:Constructive play is an important activity for children to achieve deep learning and has great pedagogical value for their physical and mental development,but deep learning is difficult to occur in the actual process of constructive play. Therefore,by observing the actual problems of children's deep learning in the middle class' construction games,we analyse the causes on their basis and conclude with targeted educational suggestions. The results of the study show that the depth of learning in construction play is at an intermediate level of development in the middle classes. Based on the analysis of the actual situation, the study analyses the influencing factors and gives specific suggestions to improve the level of children's deep learning in terms of the environment and materials provided for kindergarten construction activities,teachers' knowledge of construction games and deep learning,teachers' support,children's own knowledge and experience,and family and social support.

Keywords:Construction games,Deep Learning,Deep learning for children

(五) 毕业论文的正文

正文是一篇毕业论文最重要、最核心的部分。正文主要写该篇毕业论文的研究背景、研究现状、通过分析现状发现问题、对现有问题产生的原因进行剖析,并根据自己的思考提出有针对性的对策或建议。正文是一篇毕业论文的主体,呈现该研究的全部核心内容。一篇毕业论文的正文,一定要有清晰的研究思路和脉络,在一定的逻辑结构下呈现该研

---

① 来自陕西学前师范学院 2023 届本科学前教育专业毕业生张月。

究,标题层级鲜明,要点明确,让读者能清楚地看到该篇毕业论文的研究思路、研究过程及最终的研究结论。研究者的个人观点正是通过正文的徐徐展开得以阐述,所以一篇毕业论文的正文当是大学毕业生们着墨最多、最花心思撰写的部分。

下面这篇学前教育专业毕业论文的正文框架结构供大家参考:

幼儿园室内墙面环境创设现状研究①

一、绪论
  (一)研究缘由
  (二)研究意义
  (三)概念界定
    1. 幼儿园室内墙面
    2. 幼儿园室内墙面环境创设
  (四)文献综述
    1. 墙面环创要素
    2. 互动、展示形式
    3. 墙面环创的功能
    4. 对已有文献的评价
二、研究设计
  (一)研究思路
  (二)研究方法
  (三)理论基础
    1. 瑞吉欧教育的环境观
    2. 华德福教育的环境观
    3. 陈鹤琴"活教育"的环境观
三、幼儿园室内墙面环境创设现状
  (一)主题墙面有明确目标
  (二)内容选择多种多样
    1. 五大领域均有涉及
    2. 题材选择丰富
    3. 教育功能设计良好
  (三)展现形式匮乏
    1. 立体作品较少
    2. 幼儿作品占总比较重
  (四)材料选择以再创性和再利用性为主
  (五)室内公共墙面环创情况良好
    1. 幼儿园大厅特色鲜明
    2. 楼道、走廊和公共活动室功能良好

① 来自陕西学前师范学院学前教育专业 2019 届本科毕业生郭喜庆。

  （六）幼儿墙面环创参与度低

  （七）教师对室内墙面环创的认识不清楚

    1. 不明确室内墙面范围

    2. 对室内墙面环创功能的认识不深刻

四、存在问题及原因分析

  （一）存在问题

    1. 教师对室内墙面范围定义不明确

    2. 教师对室内墙面环创的认识参差不齐

    3. 缺乏立体墙面和可操作性墙面

    4. 幼儿园墙面颜色单一

  （二）原因分析

    1. 部分教师自身环创水平不够

    2. 教师墙面环境创设时间的不足

    3. 幼儿园墙面装修思路陈旧

五、建议与策略

  （一）教师提升个人环创水平

  （二）教师尊重幼儿环创参与的权利

  （三）教师之间相互学习

  （四）幼儿园墙面颜色丰富化

（六）毕业论文的参考文献

  所谓参考文献,是在撰写毕业论文的过程中,参考或引用的各种书籍、期刊、硕博论文、会议、报纸等资料。原则上,在毕业论文中,只要参考或引用了他人的观点、数据和材料等,都要在论文中标明,或者在论文后面专门逐条列出其出处。逐一列出所有参考文献,不仅反映了作者的科学态度,也体现出论文的真实、科学、深度。对论文中引用的部分加以标注,既体现了作者对他人劳动的尊重,也避免了抄袭、剽窃他人劳动成果的嫌疑,可以有效地控制毕业论文的查重率。

  参考文献类型可以有图书、连续出版物（期刊）、论文集、学位论文、报纸文献、专利文献、电子资源等多种形式,毕业生可以根据自己的研究需要参考不同类型的资料。参考文献具体格式请参见本书第五讲。

  下面是一篇学前教育专业的毕业论文中列出的参考文献,供大家借鉴。

参 考 文 献[①]

连续出版物（期刊）

[1] 杨现民,李冀红.创客教育的价值潜能及其争议[J].现代远程教育研究,2015(03)：23—34.

[①] 来自陕西学前师范学院学前教育专业 2019 届本科毕业生姚元,内容有删减。

［2］卢俊光,梁斌.创客教育本土化策略研究——基于中美教育文化差异比较的视角［J］.教育信息技术,2018(06)：7—11.

［3］Doughterty, *The New Stacks*：*The Maker Movement Comes to Libraries* ［J］. Midwinter Meeting of the American Library Association,2013：2‑28.

［4］Tod Colegrove. *Editorial Board Thoughts*：*Libraries as Makerspace?*［J］. Information Technology Libraries,2013,32(1)：2‑5.

图书

［1］［美］克里森安德森.创客：新工业革命［M］.潇潇,译.北京：中信出版社,2012.

［2］教育部基础教育司组织编写.《幼儿园教育指导纲要(试行)解读》［M］.南京：江苏教育出版社,2002.

［3］Steven Levy. Hackers：Heroes of the Computer Revolution ［M］. New York：New York Press,1984.

学术论文

［1］李青燕.中小学创客教育的教学现状及其影响因素调查研究［D］.西南大学,2017.

［2］祝智庭,雒亮.从创客运动到创客教育培植众创文化［D］.电化教育研究,2015.

电子资源

［1］Stern B, Altman M. What's a Hackerspace? Mitch Altman Explains ［OL］. Make,2011‑9‑7.〈http：//makezine. com/2011/09/07/whats-a-hackerspace-mitch-altman-explains-video. 〉

［2］Fab lab.百度百科［EB/OL］. http：//baike. baidu. com/.

报纸文献

［1］付子堂.构建"多师同堂"协同教学模式［N］.中国教育报,2013‑2‑25.

［2］杨跃承,于磊.创客：从中国制造到中国创造［N］.科技日报,2014‑03‑03.

(七) 毕业论文的附录

附录是毕业论文正文的补充部分,是一些不方便放在正文中,又对论文有重要补充作用的材料。严格意义上讲,附录不是毕业论文的必要组成部分,有需要的话才列附录,没有需要对正文补充的资料可以不列附录。附录一般放在正文后面,有助于读者更好地了解论文。

常见的附录包括调查问卷、访谈提纲、表格等。附录的数量不限,可根据论文的需要自行决定,可以是一个附录,也可以是多个附录。如果只有一个附录,不需要标号,只需要放在参考文献之后,致谢之前,在该页的左上角备注"附录"二字即可;如果有好几个附录,则需要编上序号,按照在正文中出现的顺序编号,分别为附录1、附录2……每个附录都要有题目。附录的具体格式规范请参见本书第五讲。

学前教育专业毕业论文的附录可能是观察表格(如果毕业论文只有一个附录)：

附录

幼儿入园观察日志①

观察对象： 观察者： 日期：

	（请在与幼儿当日情况符合的项目后画"✔"）	
适应问题	入园哭闹，难以安抚	轻松入园，高兴地跟人打招呼
	过度黏人，一直缠着老师	喜欢老师，愿意听老师的要求
	故意攻击他人，对同伴不友好	友好地对待同伴，比较合群
	沮丧少话，默默伤心，不理别人	乐于表达，愿意跟他人讲话或示意
	进餐困难，不愿吃饭	顺利进餐，开心地吃午餐和点心
	大小便不示意，尿湿裤子	大小便正常，无尿裤子现象
	不愿午休，难以入睡	午休良好，基本不需要抚慰
	排斥活动，不参加任何活动	积极参加活动
	全天情绪不稳定	全天情绪稳定
特别情况备注		

注：左侧栏标题为"适应问题"，右侧栏标题为"适应表现"。

常见的附录形式还有调查问卷，下面这篇《幼儿园开展本土化创客教育的现状调查问卷——以创客空间"木工坊"为例》②就是学前教育专业毕业论文附录中的调查问卷（如果毕业论文有一个以上的附录）：

调查问卷例举

（八）毕业论文的致谢

致谢，也称为"谢辞"，是毕业论文的最后一个组成部分。致谢部分一般是记录毕业生撰写毕业论文的心路历程和感谢撰写论文过程中对自己有帮助的人或组织。该部分没有

---

① 来自西安翻译学院学前教育专业 2019 届本科毕业生刘书延。

② 来自陕西学前师范学院学前教育专业 2019 届本科毕业生姚元。

严格的格式规范,相比严谨、学术的毕业论文,该部分的撰写较为自由和随性。致谢的篇幅往往比较短,几百字足矣,但短短的几百字却要求真情流露,打动人心。

学前教育专业的毕业论文,也要注意致谢部分的撰写。学前教育专业的毕业论文往往涉及幼儿园、早教机构、儿童兴趣班等保教机构,所以致谢部分除了对毕业论文指导教师的感谢,还有对实习、调研机构的感谢和参与毕业论文研究的教师、幼儿、其他工作人员的感谢。很多毕业生也会借此机会对自己的家人,尤其是自己的父母的养育之恩表示感谢,毕竟对多数学生而言,大学毕业就意味着工作,意味着自立。在即将迈向社会之际,毕业生对未来的生活充满了憧憬,也是对自己多年的求学生涯和原生家庭有一个告别。

下面这篇学前教育专业毕业论文中的致谢,供大家借鉴。

谢　　辞[①]

毕业论文临近结尾,这也意味着我的大学生活即将结束。在论文的写作过程中,我身边的很多人都给予了我很多帮助,其中,我的论文指导老师×××老师倾注了大量心血,从选题到开题报告,从写作提纲到文献的采集,从结构的布局到最终的定稿,从内容到格式,从标题到标点,老师都严格把关孜孜教诲。在此,我衷心感谢。

大学四年,在延安,在这里,我感恩于红色革命圣地的熏陶,心中永远牢记毛主席的经典语录"自力更生,丰衣足食",努力成为一名合格的社会主义接班人。在这里,我感恩为我提供成长发展平台的延安大学,我的母校,愿这所承载了众多历史与辉煌的大学能够发展得越来越好,在这里,我感恩于众多老师的精心培养和教诲,在这里,我感恩于这一群充满青春活力的同学,有幸与他们成为好友,尽管最终各奔东西,但世界总是圆的。在这里,我即将告别我最珍贵的学生时代。在这里,我也深切明白,正是因为在这里,未来的路才有了原点,才有了追求进步的勇气和决心。从这里出发,一切都有可能。

时间仓促,自身专业水平不足,整篇论文必定存在尚未发现的缺点与错误。恳请阅读此篇论文的老师、同学,多予指正,不胜感激!

第三节　毕业论文的要求:"不以规矩,难成方圆"

本科学生毕业论文(设计)是本科人才培养的重要教学环节,也是本科生毕业与获得学士学位的重要依据。凡本科学生毕业,一律要求完成毕业论文(设计)。无毕业论文(设计)或毕业论文(设计)不合格的学生,不颁发本科毕业证书,不授予学士学位。[②] 鉴于本科学生培养的上述规定,学前教育专业的本科生,要想顺利毕业、获得教育学学士学位,也需要撰写本科毕业论文,并通过毕业论文的答辩,获得指导教师的肯定。对于毕业论文,各高校都有明确

---

① 来自延安大学学前教育专业 2018 届本科毕业生向园园。
② 来自陕西学前师范学院毕业论文的相关规定。

具体的要求,宏观上各高校的要求基本一致,具体细节方面又因各高校的实际规定略有不同。各高校对毕业论文的宏观要求总结了以下八个方面(微观要求请参见本书第五讲)。

一、分配指导教师

各高校会根据学生所在院系的安排,确定每个学生的毕业论文指导教师。学生应在毕业论文指导教师的指导下,按时、独立地完成自己的毕业论文(设计),在毕业论文创作过程中必须遵守学术道德规范,不得弄虚作假,不抄袭和剽窃他人成果。学生论文工作的具体要求如下:第一,在规定时间内与毕业论文指导教师联系,讨论选题,在大四上学期,即第七学期确定论文题目。第二,按照学校论文管理的要求,在指导教师指导下完成开题报告。第三,主动与指导教师保持联系,接受定期指导,认真撰写毕业论文。第四,毕业论文撰写完成后,要根据指导教师的修改意见,认真修改毕业论文,直至定稿。第五,按时提交毕业论文(设计),由指导教师审阅通过后参加论文答辩。第六,及时整理毕业论文有关的研究成果和资料,交回院系存档。[①]

二、选题要求

毕业生要撰写一篇毕业论文,选定研究方向、确定毕业论文题目是很重要、很关键的。那么如何选定研究方向、确定毕业论文题目呢? 关于毕业论文的选题,各高校都有相关规定。如规定毕业论文(设计)选题要紧密结合生产和社会实际,选题涉及的知识范围和理论深度应符合学生的实际情况,题目难易要适当、工作量要合理、过程要完整,要体现出专业综合训练要求,使学生经过努力能够完成。[②] 毕业论文(设计)原则上一人一题。

也有高校规定了毕业论文(设计)拟题原则:

第一,符合专业培养目标和教学基本要求,使学生受到全面的专业基本技能训练;第二,坚持专业理论和科研、生产或社会实际相结合,注重课题的应用性和创新性;第三,难度适当,学生经过努力能按时完成任务。[③]

还有高校规定:毕业论文(设计)选题要紧密结合区域经济社会发展实际,切实做到50%以上是在实验、实习、工程实践和社会调查等社会实践中完成,要把一人一题作为选题的重要原则,选题应大小适中,难易程度适宜。[④]

各高校都提倡毕业生在选定毕业论文题目的时候密切联系实际,所以学前教育专业的毕业生在选题时,要尽可能结合婴幼儿的发展,确定实践类选题,如大学生在各级各类保教机构开展的实习实践(在幼儿园或早教机构的实习见习以及各类幼儿特色班或兴趣班的实习)。相较于对理论水平和思维逻辑要求都较高的纯理论思辨类的选题,可操作性较强的实践类选题更适合大多数毕业生。撰写毕业论文的过程,也是学前教育专业的学

①②　来自延安大学毕业论文的相关规定。
③　来自陕西学前师范学院毕业论文的相关规定。
④　来自西安翻译学院毕业论文的相关规定。

生尝试运用所学的理论解决生活实际问题的过程。如《X 市 Y 县 D 幼儿园师资队伍现状研究》,选择一所幼儿园,对该园所的师资队伍状况进行调研;《幼儿园自制玩教具在集体教学活动中的应用研究——以 X 市 Y 幼儿园为例》,研究一所幼儿园的自制玩教具的应用情况;《大班幼儿户外活动中安全意识现状及教育策略》,对幼儿园大班幼儿户外活动的安全意识开展研究;《幼儿教师心理健康状况研究——以虐童事件为例》,研究幼儿教师的心理健康状况;《父母教育态度的一致性对幼儿社会性发展的研究》,研究父母教育一致对幼儿社会性发展的影响……

三、进度安排

选题确定之后,为了保证学生毕业论文的顺利完成,各高校会制定或详尽或粗略的进度安排,来指导和督促学生按期完成毕业论文。毕业论文工作的进度安排明确规定了毕业论文的开展进程,学生需要在指导教师的指导安排下,按照学校规定的毕业论文的进度安排,进行独立的研究并撰写毕业论文。本科生的毕业论文,通常在第七学期开始启动,第八学期完成毕业论文的撰写、修改和答辩工作。也就是在大四上学期,学前教育专业的毕业生就要选定自己的研究方向,在毕业论文指导教师的指导下进行选题,确定自己的毕业论文题目、撰写任务书和开题报告。大四下学期,学生要在指导教师的指导下,完成毕业论文的撰写、修改和答辩工作。在毕业论文完成的过程中,指导教师既要指导学生筹备、撰写和修改毕业论文,还要督促学生按照时间节点完成相应的工作。

毕业论文工作进程表,可能是以表格的形式安排,时间安排具体到周或天。也可能是以文字描述的形式安排,时间跨度较大,直接规定了毕业论文一稿、二稿、三稿、查重、答辩等的时间段。虽然各高校毕业论文工作进度表形式不一,但都明确规定了毕业论文的每一步工作的时间节点和相应要求。毕业论文工作安排表,是对毕业论文全程工作的安排和指导,需要毕业生和毕业论文指导教师严格遵守。

表 1-2　2019 届本科学生毕业论文(设计)工作进程表(范例)

序号	项目名称	主要工作内容	材料(表格)	时间
1	毕业论文(设计)工作启动	教务处下发毕业论文(设计)安排,各二级学院制定具体工作计划。	《关于启动 2019 届本科毕业论文(设计)工作的通知》	第 7 学期第 6 周
2	前期动员、准备工作	各二级学院组织教师征集题目,公布选题目录;进行毕业论文(设计)动员,确定指导教师,召开师生见面会,进行写作指导。	《西安翻译学院本科毕业论文(设计)写作技术规范》	第 7 学期第 7 周
3	选题	学生选定题目,向教务处报送《选题审批表》《指导教师统计表》,工作计划报送实践教学科。	《西安翻译学院毕业论文(设计)选题审批表》、《西安翻译学院毕业论文(设计)指导教师统计表》、工作计划	第 7 学期第 10 周

续表

序号	项目名称	主要工作内容	材料(表格)	时间
4	任务书、开题	教师向学生下达毕业论文(设计)任务书;学生完成毕业论文(设计)开题报告。	《西安翻译学院毕业论文(设计)任务书》《西安翻译学院毕业论文(设计)开题报告》	第7学期第11—12周
5	学生撰写论文(设计)	教师指导学生论文(设计)写作,并填写指导情况记录。	《西安翻译学院毕业论文(设计)教师指导过程记录表》	第8学期第1—6周
6	中期检查及论文检测首检	各二级学院组织进行中期检查,各二级学院教务办利用论文检测系统检查,R≤30%即通过(R代表文字复制率)。各二级学院可根据实际情况,对论文检测时间做适当调整。	《西安翻译学院毕业论文(设计)工作中期检查表》《论文检测报告》	第8学期第7周
7	修改论文	30%<R<60%,修改论文;R≥60%,重写论文。	《论文检测报告》	第8学期第8周①
8	盲审	学校按5%—10%的比例随机抽取毕业论文(设计)进行盲审工作。	《西安翻译学院毕业论文(设计)盲审专家评价表》	第8学期第9周
9	论文(设计)复检、结题检查(答辩资格审查)	各二级学院教学秘书对首检R>30%的论文进行复检;各二级学院进行结题检查,指导教师评分。	《西安翻译学院毕业论文(设计)指导教师评分表》《论文检测报告》	第8学期第10周
10	论文(设计)评阅	进行论文(设计)评阅、评分。	《西安翻译学院毕业论文(设计)评阅教师评分表》	第8学期第11周
11	答辩、成绩评定	学生答辩,答辩组按照要求综合评定成绩,教务处抽查。	《西安翻译学院毕业论文(设计)答辩暨综合评分表》《西安翻译学院毕业论文(设计)答辩记录》	第8学期第12周
12	复查	各二级学院、校督导组、教务处复查成绩。	《西安翻译学院毕业论文(设计)复查评价表》	第8学期第13周
13	归档、成绩报送	对毕业论文(设计)资料整理存档,成绩报送实践教学科。	《西安翻译学院毕业论文(设计)成绩统计表》和论文电子档	第8学期第15周
14	优秀论文(设计)报送	优秀毕业论立(设计)及毕业论文(设计)优秀指导教师推荐材料报送实践教学科。	校级优秀毕业论文(设计)推荐表、毕业论文(设计)优秀指导教师推荐表及优秀论文电子档	第8学期第15周
15	各学院总结	各二级学院总结毕业论文(设计)工作,将工作总结报送实践教学科。	各二级学院工作总结	第8学期第16周
16	学校检查总结	随机抽查毕业论文(设计)。	学校毕业论文(设计)工作总结	下学年初②

①②　来自西安翻译学院毕业论文的相关规定。

有的高校论文进度安排是以文字描述的,如:

1. 2018 年 11 月 20 日前,各院系须完成 2019 届本科毕业生毕业论文(设计)的工作计划、指导教师资格审查、论文选题的审定及学生选题情况的汇总。

2. 2018 年 12 月 20 日前,学生完成毕业论文(设计)开题及撰写的各项准备工作,学校要求按专业集中开题,届时将组织专家进行专项检查和督查。

3. 2018 年 12 月 31 日前,开展毕业论文(设计)前期检查,检查按照《延安大学本科毕业论文(设计)前期检查报告》要求进行。

4. 2019 年 4 月上旬,开展毕业论文(设计)中期检查。检查采取院系自查和学校抽查相结合的方式,以院系自查为主,学校抽取学生进行中期汇报。

5. 2019 年 5 月中旬,开展学术不端检测。各院系进行全覆盖检测,学校根据检测结果进行抽检。

6. 2019 年 6 月 5 日前,各院系完成论文答辩、成绩评定等工作,并及时报送相关材料。

7. 2019 年 6 月 10 日前,学校完成总结评优工作。

8. 2019 年 6 月 15 日前,完成 2019 届毕业论文(设计)归档工作。

9. 2019 年 6 月 20 日前,完成 2019 届毕业论文(设计)全过程执行情况的专项检查工作。①

四、字数要求

对于毕业论文的字数,各高校都有相关规定。有高校规定:文科类专业论文字数(正文)应在 8 000 字以上;理科类、术科类等专业论文字数(正文)应在 5 000 字以上;工科类专业由学院确定。设计创作类作品不做字数限制。②

学前教育专业属于文科专业,毕业论文的字数要求(正文)通常是不低于 8 000 字,该字数要求是毕业论文字数的最低要求。有毕业生在撰写毕业论文的时候,眼睛不停地盯着电脑上的字数统计,以为自己的毕业论文只要凑够了 8 000 字就完成了任务,这种凑字数的写法,过程必将很痛苦也很煎熬。建议毕业生在撰写毕业论文的时候,不要被字数限制了思维,按照自己在毕业论文指导教师的帮助和指导下编订的毕业论文提纲撰写论文,尽自己最大能力将研究的问题阐述清楚。毕业论文字数不要低于学校对毕业论文字数的规定。有高校在评审毕业论文时,如果毕业论文字数不足,会酌情扣分,这将影响该毕业生的毕业论文成绩。

五、学术不端检测规定

为了进一步提高本科生毕业论文(设计)质量,加强本科生学术道德建设,规范本科生学术行为,营造学术诚信教育环境,杜绝论文抄袭行为的发生,根据《国务院学位委员会关

①② 来自延安大学毕业论文的相关规定。

于在学位授予工作中加强学术道德和学术规范建设的意见》(学位【2010】9号)、《学位论文作假行为处理办法》(教育部令第34号)文件精神,各高校都很注重毕业论文重复率的检测工作。高校使用"大学生论文抄袭检测系统"对本科生的毕业论文(设计)进行检测。各高校对检测结果均有相关处理规定,例如有高校规定如下:

检测结果的认定及处理办法[①]

1. 被检测的毕业论文(设计)的总文字复制比在30％以内(含30％),可直接参加论文答辩。

2. 被检测的毕业论文(设计)的总文字复制比超过30％的,学生须进行修改并进行第二次检测。

3. 学院推荐参评校级优秀毕业论文(设计)的学生,检测总文字复制比不得高于20％。

4. 第二次检测论文(设计)的总文字复制比仍超过30％的,取消该生本次毕业论文(设计)答辩资格,该生毕业论文(设计)须重新撰写,并延期答辩,具体延期时间由学院提出,最长延期时间为一年。

再比如,有高校对学术不端行为的处理规定如下:

1. 情节轻微:毕业论文(设计)抄袭字数占正文的20％—25％,责令作者对论文进行修改,经专家组重新审查合格后,准允其参加论文答辩,未通过审查者,答辩至少延期半年。

2. 情节较严重:毕业论文(设计)抄袭字数占正文的26％—30％,或符合本文件中抄袭认定的第五条、第七条,答辩至少延期一年。

3. 情节严重:毕业论文(设计)抄袭字数占正文的30％,或符合文件中抄袭认定的第三条、第八条,取消毕业论文(设计)答辩资格。

4. 因抄袭被责令延期答辩的或取消答辩资格的,在第二次申请过程中,再次有抄袭行为的,取消其学位申请资格。

5. 已授予学位人员毕业论文(设计)存在抄袭剽窃、弄虚作假行为,情节严重的,学校将通报所在院系,取消已授予学位人员学位,追回学位证书,追究相关责任人责任。[②]

通常各高校对大学生的毕业论文进行学术不端检测,毕业论文重复率第三次检测依然超过相关规定的毕业生会被取消当年的答辩资格,要延期一年申请参加答辩;毕业论文重复率在相关规定以下的毕业生,才能参加当年的毕业论文答辩。学前教育专业的毕业论文也要进行学术不端检测,所以毕业生在撰写毕业论文的时候,引用部分务必做好标注,严格控制重复率,以免影响参加当年的毕业论文答辩。

---

① 来自延安大学毕业论文的相关规定。
② 来自陕西学前师范学院毕业论文的相关规定。

六、答辩要求

答辩是毕业论文的一个重要环节。学生必须进行毕业论文(设计)答辩。通过毕业论文答辩后,方能取得成绩。学生完成毕业论文(设计)后,须在规定时间内向所在院系提交答辩材料,并提出答辩申请。院系审核通过后,方可参加答辩。答辩时,各院系根据专业设置及学生人数成立若干答辩小组,每个答辩小组设答辩组组长1人,负责组织、协调各项答辩工作;设答辩秘书1人,负责答辩记录。答辩时间各高校均有规定,一般在10—20分钟之间。毕业论文答辩一般由两部分组成。第一部分由参加答辩的毕业生阐述自己的毕业论文,阐述内容通常包括撰写毕业论文的目的、意义、基本内容、研究方法、本研究的创新点及研究结论等;第二部分是答辩组成员提问、参加答辩的毕业生回答,答辩组教师的提问内容主要包括:质询与论文题目密切相关的理论与实践问题、毕业论文(设计)中要求进一步说明的问题、考察鉴别学生独立工作能力的问题。

毕业生出现以下情况者,不予参加当次答辩:未在规定时间内完成毕业论文(设计)、提交答辩材料;指导教师初评成绩不合格;因任何原因累计缺勤时间超过毕业论文(设计)工作总时间的1/3;论文(设计)学术不端检测结果中文字复制比高于30%;同行专家论文(设计)评审结果为"不合格"。[①]

对于毕业论文(设计)的成绩如何评定,各高校也有明确规定,比如:

毕业论文(设计)成绩评定原则[②]

1. 毕业论文(设计)成绩由指导教师评分、审阅教师评分、答辩小组的答辩成绩构成。一般初评成绩占30%,审阅成绩占30%,答辩成绩占40%。各部分比例,院系可根据实际情况确定,但答辩成绩占总成绩比例一般不应低于30%。

2. 毕业论文(设计)最终成绩以优秀(90—100分)、良好(80—89分)、中等(70—79分)、及格(60—69分)和不及格(59分及以下)计入。其中优秀比例控制在25%以内,良好(80—89分)比例控制在55%以内。

3. 毕业论文(设计)中如果发现有代做、雷同、抄袭等现象,成绩按零分计,不得毕业,并视情节程序给予留校察看或开除学籍处分。

第二十五条 毕业论文(设计)最终成绩评定为不及格者,可向所在院系提出申请,参加下一届毕业论文(设计)。

根据各高校规定,学前教育专业的毕业生要参加所在院系统一安排的毕业论文答辩工作。所在院系会根据该院系教师和毕业生的数量,划分若干答辩组,答辩组在答辩组长的组织和安排下,根据院系要求开展答辩工作。毕业生要根据院(系)安排和答辩组的要

---

① 来自延安大学毕业论文的相关规定。
② 来自陕西学前师范学院毕业论文的相关规定。

求,按时参加毕业论文的答辩会。答辩结束后,毕业生将会获得毕业论文成绩和答辩组的评语。

七、优秀毕业论文评选

毕业论文答辩结束后,毕业论文的成绩就确定了。根据学生的毕业论文成绩,各院系要根据高校分配的名额,向学校推荐本院系的优秀毕业论文。具体的优秀毕业论文名额,各高校均有明确规定。比如有高校规定:各院系按学生总数5%向学校推荐优秀毕业论文(设计)。[①] 也有高校规定:毕业论文(设计)成绩评定工作结束后,各院系向学校推荐一定数量(不超过本学年毕业学生人数的3%)的毕业论文(设计)参评校级优秀毕业论文(设计)。[②]

学前教育专业所在的院系,也有向学校推荐优秀毕业论文(设计)的名额。毕业生认真撰写毕业论文,如果毕业论文结构完整、条理清晰、有效地阐述或解决了一个实际问题,是一篇高质量的毕业论文的话,也很可能被推荐为优秀毕业论文(设计)。

八、毕业论文的归档

毕业论文答辩结束后,毕业生应按照学校毕业论文的要求,提交毕业论文相关的各项资料,按照要求的顺序装订、打印,电子版和纸质版均要提交,且电子版和纸质版的内容必须保持一致,由所在院系统一整理归档。关于毕业论文的归档,各院校也都有相关规定。

毕业论文(设计)档案包括教学单位对毕业论文(设计)管理的各项文件、毕业论文(设计)工作领导小组名单、毕业论文(设计)题目、指导教师名单、开题计划审核、中期检查审核、答辩委员会及答辩小组名单、答辩日程安排、论文终稿审核、成绩、毕业论文原件、毕业设计作品及说明书、毕业论文(设计)成绩评语等原始文件。

优秀本科生毕业论文(设计)文本档案由学校档案室保存,电子档案由教学单位永久保存。

毕业论文(设计)的装订使用学校统一规定的封面格式,并按"封面→鉴定表→评价指标→诚信声明→任务书→开题报告→标题、中英文摘要及关键词→正文→参考文献→附录→答谢"的顺序进行装订。[③]

学前教育专业的毕业生在参加完毕业答辩之后,也要按照院系要求提交毕业论文相关的各项资料,电子版、纸质版均要提交,并且要保证电子版和纸质版的内容保持一致。提交后的资料由院系和学校归档保存。

---

①③ 来自陕西学前师范学院毕业论文的相关规定。
② 来自延安大学毕业论文的相关规定。

······· 拓 展 阅 读 ·······

　　学前教育专业的毕业论文,在符合本校毕业论文要求的前提下,也要凸显学前教育专业的专业性和特色。下面呈现两篇学前教育专业的毕业论文,供大家学习借鉴。

毕业论文 1:《幼儿园室内墙面环境创设现状研究》①

毕业论文 2:《幼儿园开展本土化创客教育的现状与对策研究——以 X 幼儿园"木工坊"为例》②

本科毕业论文抽检办法

---

① 来自陕西学前师范学院学前教育专业 2019 届本科毕业生郭喜庆。
② 来自陕西学前师范学院学前教育专业 2019 届本科毕业生姚元。

第二讲

选题:"题好一半文"

第一节 » 选题的意义与原则:"以小见大,不耕熟地"

毕业论文是大学教学的最后一个环节,也是实践教学必经环节,是培养学生综合运用专业基础理论知识,提高创新意识以及实践工作能力的重要途径,是对学生整个大学阶段学习的回顾与总结,是检验和考核学生实践技能、专业知识及其他相关学科知识、研究与创新能力等全面素质的重要手段。毕业论文不仅是学生综合能力的标志与体现,更是衡量和评估高校专业教学质量与水平的重要内容之一。《教育部办公厅关于加强普通高等学校毕业设计(论文)工作的通知》(教高厅[2004]14 号文件)中明确指出:"毕业设计是实现培养目标的重要教学环节。毕业设计在培养大学生探求真理、强化社会意识、进行科学研究基本训练、提高综合实践能力与素质等方面,具有不可替代的作用,是教育与生产劳动和社会实践相结合的重要体现,是培养大学生的创新能力、实践能力和创业精神的重要实践环节。同时,毕业设计(论文)的质量体现了大学本科教学水平高低,也是学生本科学习成果和国家学位资格认证的重要依据。"毕业论文通常为高校学前教育专业人才培养中设置的最后、也是最重要的实践教学环节,同时毕业论文还是对学前教育专业学生的教育学学士学位资格认定的重要依据,通过毕业论文可以全面评价学前教育专业人才培养质量,了解学生对学前教育专业知识的综合运用能力和研究水平。2020 年中共中央、国务院印发《深化新时代教育评价改革总体方案》,提出严格学业标准,探索本科毕业论文(设计)抽检试点工作。2021 年 1 月教育部出台《本科毕业论文(设计)抽检办法(试行)》规定自2021 年 1 月 1 日起本科毕业论文抽检每年进行一次,抽检对象为上一学年度授予学士学位的论文,抽检比例原则上不低于 2%。抽检重点对选题意义、写作安排、逻辑构建、专业能力以及学术规范等进行"合格性"考察。

一、毕业论文选题的意义

"题好一半文。"选好题,是毕业论文写作中具有战略意义的关键一环。开展任何一项研究之前，研究者都需要思考以下三个问题：研究什么？为什么研究？怎样研究？其中思考"研究什么"与"为什么研究"的过程就是确定研究选题的过程。

（一）选题决定毕业论文研究方向与目标

毕业论文写作的开端就是确定选题，从而明确毕业论文研究方向。选题决定着毕业论文研究的领域、方向和目标。毕业论文写作的首要任务就是确定研究选题，然后才能围绕选题需要，开展后续研究工作。选题是毕业论文写作过程中最重要的第一步，这个"头"开好了，后续的研究资料搜集、鉴别、整理、分析以及论文主题的明确、目录的推敲、研究方法的选择、论文写作和修改过程的进行都会比较顺畅。做好论文选题工作，研究思路设计、论证角度选择和篇章结构安排等问题就可以迎刃而解；反之，则可能在每一个环节都遭遇困难，甚至会影响毕业论文的整体进度和论文答辩。确定了选题，研究方向、研究内容、成果、意义以及毕业论文的格调等大体都可通过选题反映出来。选题正确、恰当与否，不仅直接影响和决定学生毕业论文研究的方向与成败，也关系到学生毕业论文的质量高低。因此，撰写论文必须重视选题，首先就要争取"选对题"。确定一个恰当选题的过程亦是学生明确毕业论文写作的目的、树立正确的写作指导思想和建立毕业论文写作自信的过程。

（二）选题决定论文研究成果与价值

发现和提出研究问题，是叩开学前教育研究领域未知世界大门的前提。毕业论文选题是按一定价值标准或条件对可供选择的研究课题进行评价和比较，并对研究方向、目标、领域和范围作出抉择的过程，是解决"研究什么"的问题，是决定毕业论文内容和价值的关键环节。毕业论文全面考查学前教育专业学生对所学专业基础理论、基本技能和专业知识的掌握程度，训练学生针对学前教育理论与实践提出问题和针对问题收集信息与处理信息的能力，以及在指导教师引导下开展规范的学前教育科学研究的能力。恰当的选题需与学前教育专业学生的专业知识结构相适应，是学生经过深入研究后有能力、有条件完成的，学生有取得论文研究成功、获得研究成果的把握。选题有重要的理论意义与实践价值，才值得学生作为毕业论文去深入研究和探讨。明确了选题，学生才能精力集中、全力以赴地开展毕业论文研究工作，才能防止在诸多学前教育研究问题间做漫无目的的游移，才能提高毕业论文研究工作的效率。因此，根据已有的专业理论知识结构，尽早确定适当的选题，有针对性地、高效率地获取专业知识，有益于学生迅速弥补专业知识储备的不足，有助于学生毕业论文顺利撰写，早日完成毕业论文，尽快产出研究成果。

（三）选题恰当有益提升学生研究能力

选题在一定程度上标志着学生科研能力和学业水平的高低。写作毕业论文的目的，主要是检验学生对某一学科基本知识、专业知识的掌握及灵活运用的实际能力和是否具备了一定的研究能力，并以此作为评定和选拔人才的重要依据。[①] 完成毕业论文对学前教育专业学生的理性逻辑思辨能力、学术研究能力、文本表达能力和研究计划统筹规划能力，以及完成预期研究目标和任务所必需的探索精神和顽强意志，都具有难以估量的促进作用。确定恰当的毕业论文选题的过程是学生对所研究的问题由感性认识上升到理性认识，加以条理化，使其初步系统化、明晰化的思考过程。

---

① 岳云堂，赵化山，谭维民.学术论文写作述评[M].北京：北京航空航天大学出版社，1994：8.

学生确定的研究选题,是自己写毕业论文时所要论证的题目。有很多学生把学位论文选题当成确定论文标题。需要注意的是,"论文选题"并非"论文标题",两者不可混为一谈,也就是说,毕业论文研究选题会超出自己所要论证的论文题目。"论文选题"是确定要研究的方向、范围和对象;"论文标题"是在"论文选题"确定以后,使用文字符号对"论文主题"即论文的中心论点给予概括,即所谓"点题"。"论文标题"要求遣词用字确切精炼、科学规范、简单明了、易于检索和新颖醒目。好的"论文标题"能恰如其分地反映研究选题的方向、范围和深度。"论文标题"只是毕业论文内容的外在形式,"论文选题"则是整个毕业论文研究工作的第一个步骤,是整个毕业论文研究工作的前提。"论文选题"工作远比确定"论文标题"复杂。一般来说,"论文选题"选定之后就不宜再更易变换,而"论文标题"则在毕业论文研究工作进行的过程中还可以根据研究进展反复斟酌,多次凝练,直至修改完善,精准点题。

二、毕业论文选题原则

爱因斯坦说:"提出一个问题往往比解决一个问题更重要。"毕业论文要选对题,需要掌握以下三个基本原则。

(一) 适切可行性

适切可行性指所选的研究问题是适合并可以被研究的,存在着被解决的可能性。学生需要对自身完成选题所必须具备的主观条件和客观条件进行理性分析,对能否完成毕业论文选题做出基本评估。研究的适切可行性需要学生综合考虑以下三个方面的条件:"主观条件,涉及研究者自身的条件,包括知识基础、科研能力、实践经验、专业特长、研究兴趣等。客观条件,涉及研究的物质条件,包括研究规模和范围,占有资料的完备程度,研究必需的时间、经费、设备、技术、人力等。时机条件,涉及研究有关的理论工具、技术手段的发展成熟程度等"[①]。学生在选题前要对自身的主观条件、客观条件和时机条件进行综合研判,紧紧围绕幼儿教育理论与实践领域的真相、性质和规律,选择难易适中、适合自己的研究水平、在个人能力可及范围之内的研究问题。

学生作为初学研究者,要从小的、具体的、自身能够把握的、界限比较明确的题目做起,切忌选题泛化、庞杂、无边界,会导致自己做起来空洞浮泛、难以驾驭。选题应有较具体明确的切入点,避免选择过于宽泛或过窄、过于生僻、大而空泛的选题。学生可结合教育实习对幼儿园教育现场进行把握、对幼儿园教育生活事件进行分析,积极探索教育实践,在行动研究中反思,难易度和工作量把握恰当,保证自己能按时和高质量完成毕业论文研究任务。适切可行的选题,不仅能针对性地对幼儿教育现象与问题展开理论分析,而且研究结论具有可操作性,还能对幼儿教育实践有一定的借鉴意义和参考价值。

(二) 专业价值性

专业价值性体现在毕业论文选题的定位。选题必须符合学前教育专业人才培养目标,充分体现学前教育专业综合训练的基本要求。选题必须具有专业价值表现在两方面:

① 陶保平. 学前教育科研方法[M]. 上海:华东师范大学出版社,2006:18.

一是应用价值,即有助于解决学前教育现实问题,如有助于提高保教质量,促进幼儿全面发展等;二是理论价值,即有助于学前教育知识理论拓展,如创新学前教育理论的建构发展和完善,对原有学前教育理论的检验和突破等。选题的专业价值性原则要求根据学前教育实践和理论发展的需要,选择学前教育实践中迫切需要解决、学前教育理论与实践中有较大意义的问题进行研究,选题要与学前教育事业发展、幼儿教育科学研究和社会民生发展需求等方面紧密结合,具有一定的实际价值或理论意义。选题应聚焦学前教育专业理论或实践问题,能运用所学的知识和理论展开探索与分析,符合学前教育专业人才培养目标和实践教学基本要求。选题必须是"真问题",是现实的,而非空洞的,指向明确的研究对象,是学前教育工作中必须要解决的问题;而非无确定研究对象,是否解决不影响学前教育工作开展的问题。研究假设要有理论与事实依据,而非凭空想象进行的假设。研究问题解决后可以产生实际效果和应用价值,而非毫无理论意义与实践价值。

(三) 学术创新性

选题的学术创新性原则指"选题应具有时代感,能把握时代的脉搏,从热点上选题"[①]。教育研究是探索未知的过程,是创新的过程。有无创新关系到毕业论文价值的大小,学术论文的选题必须遵循创新原则。选题时"不耕熟地",是指选题内容应有学术新意,从学前教育理论与实践的新问题、新事物、新理论、新思想、新经验、新设计和新方案中选题。选题要敢于探索新的领域,补充前人的研究成果,修正前人的看法或观点,注重选题的应用性和创新性。"选题要有创见,要着眼于前人所没有解决或没有完全解决的问题,要选择那些有争议而尚无定论的问题,或是从新的角度,依据新的成果,重新研究老的问题。"[②]选题的角度要独特,要从不同的学术角度和理论视域来看,对同一个问题能在未开垦过的学术处女地上进行挖掘,在学前教育理论与实践的矛盾中,在不同理论学派和不同教育观点的矛盾中进行选题。要站在学科前沿善于发现研究空白,关注学科面临的重大现实问题,敏锐捕捉研究热点和空白点,善于从其他相邻学科的区域结合部入手去勘察、开垦新的选题,借鉴、吸收跨学科的理论、方法和技术来探索学前教育问题的解决。对于初次开展学术研究的学生来讲,有些选题本身没有新意,但从独特的视角和运用新的方法来进行研究,也可以视为创新。在选题时要防止重复他人已经解决的研究问题,以免重复劳动。在文献资料缺乏的情况下会导致研究选题可能是盲目瞎碰或低水平的重复。文献检索的目的之一就是为了避免重复劳动,避免重做前人已解决了的问题,避免犯别人已经犯过的错误,少走弯路,提高毕业论文研究效率和学术创新性。毕业论文最终成果形式是学术论文,论文选题和格式要体现学术特点和规范。因此,选题不仅应该有理论意义与实践价值,还要有新意,在占有充实的文献资料的基础上,研究对象和问题清晰,逻辑严密,观点明确,方法适宜,结构合理。

总之,一个好的毕业论文选题应同时遵循适切可行、具有专业价值性和学术创新性三条原则。学前教育专业毕业论文选题一定要在毕业论文研究所需具备的主观条件和客观条件相统一的基础上进行,应综合考虑选题的必要性、科学性和可行性。一方面要求研究

---

① 陶保平. 学前教育科研方法[M]. 上海：华东师范大学出版社,2006：17.

② 张燕,邢利娅. 学前教育科学研究方法[M]. 北京：北京师范大学出版社,2015：163.

选题要具体、明确、可操作;另一方面要求研究问题大小合适、难度适中、具有理论意义和实践价值。如果主客观条件的某些方面不具备研究基础和可能性,毕业论文就难以进行,可能半途而废或无功而返,因此学生在选题时要对以上三条原则做综合考量和全面评估,避免顾此失彼。

第二节 选题的思路与方法:"眼冷心热,小题大做"

俗语说,万事开头难。提出研究问题比解决研究问题更为重要。"眼冷心热,小题大做",需要学生客观冷静地观察、了解与分析学前教育理论与实践领域的现实问题,从小处着手,往深入挖掘。

一、毕业论文选题思路

(一) 根据研究目的与意义选题

研究目的指"研究者从事某项研究的动机、原因和期望"[①]。研究目的因研究者个人生活背景、所属团体以及研究问题不同而有所不同。研究意义指"研究结果对有关人员、事情或社会机构的作用"[②]。根据研究目的,毕业论文可以分为描述性研究、解释性研究和探索性研究三类。描述性研究的目的是系统了解某一科学现象的状况及发展过程,通过对其科学发展现状的准确、全面描述,解答"是什么"的问题。解释性研究则试图对科学发展现象作出普遍因果解释,以解答"为什么"的问题。探索性研究是对某一课题或某一现象进行初步了解,既可以作为一项独立研究,又可以为进一步周密深入研究做准备。换言之,探索性研究的目的是发现问题、提出问题,而描述性研究和解释性研究则是解答问题;描述性研究和探索性研究事先没有明确的理论假设,一般都从观察入手了解和说明研究问题,而解释性研究则要求事先提出一些明确的研究假设,主要运用假设检验逻辑构成相关模型或因果模型。

学前教育专业毕业论文选题要紧密结合学前教育专业需求实际,难度和工作量要适当,要体现出学前教育专业综合训练的具体要求,选择自己熟悉并热衷的领域。需要认真思考:"我进行这项研究究竟是为什么? 为什么我对这项研究如此感兴趣? 我希望通过这个研究获得什么结果? 这个研究将对社会、对别人、对我自己有什么影响? 为什么我对这项研究的结果如此关心? 这项研究的内容与目的之间是什么关系? 它们之间是否存在一定内在的逻辑相关性? 此研究的内容和方法是否有可能达到我的目的?"[③]选题前应该认真对那些有可能促成自己从事此项研究的目的与意义进行深入反思。选题实行学生自选与指导教师推荐相结合的办法,鼓励和提倡优秀本科生参与教师科研课题的研究工作或大学生创新创业训练计划项目,学生也可根据兴趣或前期实验、教育实习项目成果自行选题。

---

①②③ 陈向明. 质的研究方法与社会科学研究[M].北京:教育科学出版社,2000:84.

(二) 根据研究类型选题

从毕业论文类型和研究领域角度可以将选题分为基础研究、应用研究、开发研究三类。这三类研究本身价值有所不同,各有不同特点和作用,但又相互关联、相互渗透、相辅相成。基础研究是应用研究、开发研究的依据和指导;应用研究、开发研究又是对基础研究的验证、丰富和发展。基础研究是否科学,是否具有真理性,需要在实践中加以验证;通过应用、开发研究可以对基础理论加以鉴别、选择。基础理论也正是通过应用、开发研究而不断发展、逐渐完善的。

1. 基础研究

基础研究旨在建立和发展理论体系,以系统阐述并检验各种假说、原理、法则为最终目标。基础研究往往先有某种设想或假说,然后找出其本质规律予以确立和验证。其成果一般表现为发现新领域、新规律,提出新学说、新理论和新观点。基础研究重在学术理论价值。

2. 应用研究

应用研究是运用理论知识,探寻有实用价值的新知识、新途径和新措施以解决实际问题的研究,即如何把科学理论知识转化为技能、方法和手段,使科学理论知识与实践衔接,是联结理论和教育、教学实际的中间环节和桥梁,具有承上启下的作用。例如美国教育家布卢姆应用认知学派的基础理论研究提出教育目标的分类方法,建立了应用模型。凡是与教育现实需要联系紧密的专题研究,如幼儿园管理体制研究、幼儿园课程开发与教学策略研究、幼儿园教育信息技术研究、幼儿园保教质量提升研究、促进幼儿全面发展的研究等,都属于应用研究。应用研究重在社会实践价值。

3. 开发研究

开发研究是以明确、具体的技术形式使研究成果得以推广,直接应用于实践的研究。例如有关提高幼儿园保教质量成果的推广研究就属于开发研究范畴。与应用研究相比,开发研究探求理论研究成果的推广应用形式和途径,是基础研究和应用研究的成果在实践中的可行性、适用性研究。从一定意义上说,开发研究不是为了获得知识,而是展开知识,是将研究成果与经验加以推广和普及。科研成果价值只有通过开发研究,才能得以真正实现。开发研究重在经济价值。

(三) 根据研究实力确立选题

在选题前,应确定主攻方向,明确专业目标,了解自己的研究实力,选择力所能及的选题。选题要综合考虑个人能力、研究时间、本人精力、占有资料等实际情况。研究实力分绝对实力和相对实力两种。绝对实力由学生的知识结构、智能结构、研究经验等构成。相对实力则是学生与同一领域的其他学生实力比较而得出的判断和结论。

学生的研究实力可概述如下:

1. 知识结构

以教育学专业的学生为例。美国教育学家舒尔曼(Lee Shulman)认为,教育学研究者应具有内容知识、教学法知识、课程知识、关于学生及其特点的知识、教育环境知识、教育政治和社会背景知识等。中国的一些心理学家认为,研究者需要本体性知识、文化知识、实践性知识和条件性知识。本体性知识是研究者所具有的特定学科知识,达到某种水平即可。实践性知识是研究者在实现有目的的行为中所具有的情景知识及其相关知识,例如有教师背景的研究生,会受到个人教学经历的影响。条件性知识是研究者所具有的教育学与心理学知识。广博的文化知识具有与本体性知识同等重要的意义。此外,学生还必须具有语文、外语、数学、统计等知识,以及扎实的教育哲学功底、教育科学研究方法论和科学史知识。科学发展史表明,具有宽广理论水平和掌握多种专业知识水平的"通才"最容易取得成果。

2. 智能结构

研究者应具备由观察力、记忆力、想象力、思维力和注意力所构成的智力结构;应有自学能力、发现问题的能力、获取信息的能力、实际动手的能力、分析判断能力、表达能力、组织管理能力、社会活动能力、创造能力及写作能力等构成的复合型研究能力结构。智能结构和知识结构分层次、按比例协调发展,形成完整的、动态的、开放的、可自动调节转换的系统,从而为学生完成毕业学位论文及其学前教育科学研究奠定坚实基础。

3. 科学研究经验

研究者的学术经历及经验积累,体现为研究的前瞻性和超前性上,从中可看出研究者是否有较高的研究素养。学位论文是按照不同专业进行专题研究,发掘别人未曾发现的材料,得出别人尚未得出的结论,仅靠写作水平远远不够。对于学前教育专业本科学生来说,学位论文是其本科学习阶段的最后一环,在指导教师的引导下,通过实践掌握学前教育科研方法,既是对前一阶段学习的考察与检验,又是为将来从事学前教育科研做经验准备。

(四) 根据"小题大做"原则选题

学位论文选题有大小、广狭之分。著名学者胡适主张从小题目做起。他说:"题目越小越好,在小题大做上可以得到训练。千万不可做大题目。"毕业论文写作,宜小题大做,忌讳大题小做。从小的口子切入,然后小中见大;努力做到"小题大做""量力而行"和"以小见大"。王力先生也是这个主张,他在《谈谈写论文》一文里提出:"论文选题范围不宜太大。范围大了,一定讲得不深入,不透彻。"强调应该写小题目,不要搞大题目。小题目反而能写出大文章,大题目倒容易写得肤浅,没有价值。学生通常易犯"大题小做"的毛病,究其原因,是"大题小做"容易凑数,而"小题大做"难做,比如《论幼儿园与小学的衔接》《谈幼儿园文化建设》等宏大宽泛的选题。初入科研之道的学生应培养刻苦钻研的学术作风,从"小题大做"培养起,脚踏实地,勤学苦练,分分毫毫沙成洲,砖砖瓦瓦盖成楼。只要研究深入,小题也能提出新见解,提供新思路,采用新方法,小题也可能产生大的学术影响。

(五) 根据问题时效性和应用空间选题

日新月异的社会发展对学前教育科学研究不断提出新的挑战,需要高度关注论文选题的现实价值和社会效益,回答和解决与千百万民众利益息息相关的现实生活或学前教育研究领域中的实际问题,深入实践,广做调研,聚焦迫切需要回答并解决的问题。也可结合地方特色选题,解决当地特殊问题,了解本地文化特色、学前教育特殊政策及不同的学前教育价值观念,比如少数民族地区园本课程开发研究等,对于丰富总体研究成果、推动全局发展有重要意义。根据选题时效性和应用空间大小等标准选择具有扩展性的课题。选题可以分为下列四种状态。

1. 无效状态

无效状态是指那些已经被研究透了、无论在理论还是在实践上都不可能有所创造和发现的选题,如同一座废弃的金矿遗址,不再有研究价值。

2. 潮尾状态

潮尾状态指那些即将落伍、被人遗忘的选题,也许还有少量内容尚未被发现,但对刚入门的学生来说,研究它会困难重重,往往徒劳无益、无功而返。

3. 热门状态

热门状态指目前最受关注的研究热点和焦点,具有较高的社会价值和经济价值,研究者趋之若鹜。对这类题目,选题策略是要找到热门中的"冷点"进行攻关研究,在确保质量的前提下,追求"短平快"。结合当下受到普遍关注的学前教育热点问题或急需要解决的重要问题,这些问题的解决可以促进和推动学前教育事业的发展和进步。选题能否急社会民生之所急,适应学前教育专业理论与实践领域之所需,在某种程度上体现学前教育学人的学术良知和学术敏锐度。

4. 冷门状态

冷门状态是指在目前研究中被忽略和尘封的题目。这类选题研究资料稀缺,研究难度较大,对研究者素养要求较高。对这类题目的研究应以审慎、严谨、实事求是的研究态度进行研究,以质量和价值取胜。

(六) 根据学术价值和学科发展趋势选题

有学术价值的选题是指在学科领域中具有理论性、新颖性、前瞻性和战略性的选题。初次撰写论文的学生,如果能有新发现、新创造和新突破,一鸣惊人,脱颖而出,当然是难得人才。但一般来说,只要做到某一方面,就具有一定的学术价值。例如:利用已有理论解决某一问题,得出新结果;利用其他学科领域方法来解决本学科问题;发掘、利用新资料,充实或修正本学科内容;选择那些将要成为热门的冷门,从而形成研究优势。这就要求学生善于独立思考,富于创造,勇于发前人所未发。亦可尝试从新角度去论述旧话题,选题时只要把握住老论题的新意义即可,许多选题是古老而又常新的。爱因斯坦曾说:"提出问题往往比解决问题更为重要。因为解决问题也许是一个数学上的或实验上的技能而已,而提出新的问题及其可能性,从新的角度看旧的问题,却需要有创造性的想象力,而且标志科学的真正进步。"哲学家培根的话亦很能证明选题的关键性:"如果目标本身没有摆对,就不可能把路跑对。跛足而不迷路却能赶过虽健步如飞却误入歧途的人。如果一个人走弯路,越是跑得快,那么就会越加迷失得厉害。"选题恰当与否,具有举足轻重的作用,不仅是毕业论文研究的战略起点,而且直接决定毕业论文的全局成败。

(七) 根据自身特长与兴趣选题

注意扬长避短,选择难易适中、符合自己实际能力的选题。每一位学生都有自己的特长。特长是指在科研方面所具有的优点,如有的人擅长思辨,有的人知识广博,有的人善于考证。学生可以认真分析自己的优势和不足,根据自己的特长选题,扬长避短,这是能否选好恰当的题目,使研究取得成果的前提条件之一。选题应从自己的实际条件出发,不可好高骛远,试图初出茅庐就一举成名。研究方法通常以行动研究、调查研究、实验研究等自己能驾驭的研究方法为主,选择符合自己能力与特长的选题,就可以驾轻就熟,收到事半功倍之效。当然,扬长避短不等于片面发展,在发挥特长的同时,还应注意博采众长、补己之短。如果长期困守一隅、故步自封,将使毕业论文研究的路途越走越窄,优势也可能变为劣势。

兴趣是人们对某种事物喜好的情绪和心理指向。这里的兴趣,是指对某一论题有一定认识,并对之产生研究欲望。科研是艰苦的劳动,十分枯燥和单调。只有对自己的选题具有浓厚兴趣,并且随着科研进程而不断加深,才可能不畏艰难,探寻到底。如果对自己的选题没有兴趣,难以有持久动力。一个人如果对某项研究有强烈的兴趣,可发挥其80%~90%的能力。选题与自身兴趣和未来发展愿景相结合,能最大程度地激发学术研究热情,全身心投入到自己的研究工作中,能极大地提高毕业论文工作效率,也能使学生在遭遇研究挫折时锲而不舍。兴趣引起热情,热情导致成果。研究兴趣可产生于选题前、选题中或选题后。如果确定选题前就已经对某个论题产生兴趣,证明该学生对论题有一定认识,并已对之产生研究欲望,可能在此基础上深入研究下去。如果选题过程中,经过涉猎有关学科的研究信息,开始对某个方向产生兴趣,也可以作为选题线索。如果对选题兴趣索然,可以在深入研究之后逐步产生兴趣;假如越研究越索然无味,就应该当机立断更换论题。

二、毕业论文选题确立方法

选题是开展毕业论文写作的起点,不仅影响研究成果的价值大小,更关系着毕业论文写作的成败。好的选题是论文写作成功的一半。毕业论文选题可能来自学生个人研究旨趣,也可能来自学前教育专业发展需求和社会民生需要,也可能来自教育实习中学生对幼儿园一日生活进行观察后引发的思考,还可能来自学前教育专业课程学习、小组讨论研习、前人教育科研成果和文献资料的启发以及指导教师的引导。学生毕业论文选题的方法可从以下七个方面入手。

(一) 从学前教育理论与实践矛盾中提出问题

选题的确定,应以社会需要为出发点,注重社会调查,从社会实践中搜集第一手资料,去粗取精,去伪存真,将感性认识上升为理性认识,最终确立选题。毕业论文选题通常来自学前教育理论与实践的矛盾,学生在教育实习中浸入并参与到幼儿园教育实践中,面对实习中不断涌现的很多新问题,在象牙塔里所学的原有教育理论难以解决,由此产生认知冲突与矛盾,从而得到启发,产生毕业论文选题。所以,在教育实习过程中深入开展观察与调查研究,是毕业论文选题产生的基本途径。

如此就需要学生积极参与社会实践和教育实习,把毕业论文写作和教育实习密切联系并结合起来,真正做到选题源于实践,服务于实践。深入学前教育实践场域,在社会实践和教育实习生活中注意搜集和把握社会民众关心和亟待研究解决的共同问题,从中选择与学前教育事业发展密切相关的问题作为自己的毕业论文选题。通常来自社会实践和教育现实生活中的问题大多属于应用研究,研究结果具有较大的实践意义与应用价值。但需要指出的是,"选择实际问题作为研究课题,并不意味着研究可以缺乏理论基础,也无理论价值,而是指问题与社会实际需求的联系更为直接和迫切"[①]。因此,学生在对来自学

---

① 董奇.心理与教育研究方法[M].北京:北京师范大学出版社,2004:66.

前教育实践领域的选题确定后,还需广泛查阅文献,学习相关理论,以便更好地开展毕业论文的研究。

(二)从学前教育专业文献阅读和讨论中发现问题

选题前学生要扎实做好文献检索工作,通过大量阅读研究文献了解该领域现有研究成果。研究文献通常指"书籍、期刊、报纸、科技报告、学术会议论文、学位论文、科技简讯、科技档案等"[①]。现有研究成果指"在研究者将要探讨的研究现象与问题的范围内,目前学术界已经完成的有关研究及其发现"[②]。选题前应先在自己熟悉或有兴趣的学前教育专业领域范围内广泛阅读有关文献信息,分析已有研究成果。

对前人研究成果进行检索是为了明确以下问题:"前人在这个领域已经做过哪些研究?我的研究在这个领域里处于什么样的位置?通过此项研究我可以做出什么新的贡献?如果此研究问题前人还没有涉及,我的研究可以如何填补这一空白?如果此研究问题前人已经讨论过了,我的研究可以如何提供新的角度和看法?如果前人研究存在明显的漏洞和错误,我的研究可以如何对这些谬误进行纠正?"[③]从而启发、开阔研究思路,扩大研究视野,激活并产生研究观点,为下一步研究做好理论观点、研究角度、材料收集上的准备。需要不断思考并记录,"我将对哪些研究成果进行检索?为什么这些成果对我的研究十分重要?有什么理论和发现可以用来指导或丰富我的研究?目前在什么地方可以找到我所需要的资料?我将使用什么方法来进行文献检索?我为什么要使用这些方法?"[④]

检索文献时,要注意检全、检准;在确定检索词时,注意选取最能概括选题领域内容的核心概念,精确检索并拓展或缩小检索范围。通常在资源类型上,需要检索图书、期刊论文、数据等不同类型文献;语言上,既需要检索中文文献,也需要检索外文文献;此外,还需要检索经典文献和最新文献。大量翻阅文献资料,通过文献阅读了解该领域理论信息从而思考和研究选题方向,选题也就酝酿得差不多了,此乃经验之谈。需要指出的是,从文献阅读和理论领域确定选题时,需要注意以下四点:"一是要充分熟悉真正理解理论,二是要大量查阅有关文献以了解理论研究情况,三是要根据理论作出一个或多个可被研究的推测,四是制定能检验理论推测性假设的研究设计。"[⑤]

(三)从学前教育学科"空缺"处与"交叉"处入手

确立毕业论文选题对学生来讲是有难度和挑战性的一项学习任务,它有利于挖掘学生的学术潜力和学术思维,发扬科学创新精神,在前人研究的基础上不断实践、探索、创新并有所突破,学习用学术语言表达自己的学前教育领域理论与实践问题的新见解和新观点。占领前沿,不耕熟地,不做前人做滥的选题,要保证题目的更新与类型的多样化。一般来说,毕业论文原则上一人一题。同一专业不同学年之间的题目更新率原则上应不低于70%。一般情况下毕业论文对于需要两人或几个人共同完成的课题,必须标明每位学生独立完成的部分或子课题目,并且不得把几个人合作的题目写成一篇论文。

1. 从学科研究"空缺"处入手

著名方法论研究者贝弗里奇在《科学研究的艺术》一书中指出:"假如在学习过程中不

---

① 董奇.心理与教育研究方法[M].北京:北京师范大学出版社,2004:84.
②③④ 陈向明.质的研究方法与社会科学研究[M].北京:教育科学出版社,2000:87.
⑤ 董奇.心理与教育研究方法[M].北京:北京师范大学出版社,2004:67.

曾注意到知识空白或不一致的地方,或者没有形成自己的想法,那么作为一个研究工作者前途不大。"深入分析学前教育专业学科领域中,哪些研究问题尚待解决? 在已解决的研究问题中,哪些研究问题需要补充完善或修正? 当前学前教育理论界争鸣的焦点是什么? 学前教育实践中讨论的热点有哪些? 代表性意见是什么? 主流的观点和意见有何不足? 相反意见有何可取之处? 通常这类选题是对前人研究成果的继承和发展性研究。是聚焦在学前教育专业学科领域已有前人研究但还有探讨余地的选题,还是关注与既往研究观点的不同或对旧主题独辟蹊径选择新角度阐述问题,还是修正研究方法错误或缺陷的选题,需要持续思考这一系列问题,并对选题形成自己的判断、理解和认识。对于学前教育专业学生来说,以"游戏"选题为例,有研究者指出:"目前关于游戏材料和游戏性教学的研究很少,可以继续在这两方面做深入研究。缺乏对幼儿园游戏环境的研究,尤其欠缺对室外游戏环境的研究。"[①]学生可以考虑这些空白点,做进一步深入的探讨和研究。

2. 从多学科研究"交叉"处入手

在知识经济和信息化社会,科学技术发展呈现相互渗透、相互交叉、相互综合的趋势。在学科与学科交叉地带,不断涌现一些新的学科门类,如儿童地理学、学前教育社会学等,必然带来很多新问题和新视角,要求学生在前人尚未探索的多学科交叉新领域寻找选题,在学科综合和比较中发现新问题,产生新思想。控制论创始人维纳说:"在科学发展上可以得到最大收获的领域,是各种已经建立起来的部门之间被忽视的无人区。"采用这种多学科"交叉"处方法寻找选题,要注意学科之间或学科内各阶段之间的渗透性、互补性、承接性、转折性、突变性等。

借鉴其他学科的方法研究本学科的问题,在正确理解其他学科基本原理和方法的基础上,与本学科特点和规律有机地结合。随着现代科学发展,新兴学科和交叉学科不断涌现,打破传统的自然科学和社会科学的分界,学科之间相互渗透成为现代科学发展的重要特点。他山之石,可以攻玉。将一门学科的方法和理论引入另一学科,往往会引发新的重大突破。对于学前教育专业学生来说,以"游戏"选题为例,有研究表明,"目前对游戏与儿童各个发展方面的关系研究也不多,如游戏与语言、游戏与艺术、游戏与科学等方面的交叉研究很少"[②]。学生要善于发现不同学科研究对象与思维方法之间的联系,从其他学科的研究中得到启发,找到发现问题的工具。

(四) 有的放矢、明确要求,了解毕业论文纲要指南

正所谓"知己知彼,百战不殆"。当学生对写论文没有概念,不知道写什么、怎样写时,可以先查阅一下本校的毕业论文大纲。这对于任何专业要写毕业论文的学生来说,都是极有必要的。学生可以通过向导师咨询或是直接在网上检索获得。在《专业毕业论文纲要和指南》上对毕业论文选题、写作阶段及要求、内容、毕业论文的评审、格式和质量标准都有明确的规定。因此,学生只要认真阅读一番,总会有所收获,找到论文写作的目标、依据,明确论文选题要求和写作规范,从而少走弯路,避免辛苦完成的毕业论文因不符合学校要求而遭驳回的命运。

[①②] 李娟,刘晶波. 1996～2006 年我国学前教育领域关于"游戏"选题的研究状况与分析——基于三所高校硕士、博士学位论文的研究[J]. 学前教育研究,2008,(1): 65－68.

(五) 基于个人研究旨趣遴选与自己兴趣密切相关的问题

自己不感兴趣自然就会无所可写，纵然强迫自己写下去，也大多是不尽人意，应付了之，很难写出新意。因此，必须了解自己兴趣所在，在自己感兴趣的领域做好前期准备工作，上网搜集有关文献资料，及时了解该领域研究的最新动态和前沿进展，甚至可以选修一些有关的学科，经常就感兴趣的话题和教师进行沟通和探讨，查阅相关书籍和资料，都是顺利写出一篇高质量的毕业论文的重要保障。做选题前，学生需要认真细致地思考以下问题："我的研究兴趣究竟在哪里？哪些方面的问题能够使我兴奋起来，一想起来就激动不已？为什么我会对这些问题如此感兴趣？这些问题与其他哪些方面的问题有关系？它们之间是什么关系？在这些问题之上和之外是否存在我更加关心的问题？我提出的这些问题是否与我自己的'终极关怀'有关系？有什么关系？"[①]学前教育虽然是一门处于发展中的学科，但涵盖内容极广，教育、社会、文化、科技、经济、政治、文学等无所不包。在为论文做准备的过程中，学生需及早有所留心，早做关注和积累，千万不要临时抱佛脚，也不要随意更换选题。

(六) 选题基于研究价值和理论支撑

选题要与学前教育专业需求相符合，毕业论文选题无论从理论和现实角度来说，都应该具有研究价值和实际意义。选题价值，指经过实际研究得出研究结果，研究具备理论意义与实践价值。如何判断一个选题是不是可行、创新、有研究意义和价值呢？为了明确自己的选题是否为"有意义的问题"，可以从以下方面对自己进行追问："通过这个研究我到底想了解什么？我对这个研究者中的哪些方面特别感兴趣？这些方面我还有什么不知道而又确实想知道的？我的研究结果有可能对什么疑问做出回答？这项研究对被研究者有什么意义？他们可以如何从中受益？"[②]对于研究新手来说，需要通过大量的文献检索和信息咨询来确认。

在拟定一个选题之后，首先自己检索是否有相关、相近研究，然后快速浏览相关研究成果，大致了解所选题目的范围、难易程度，并确认是否有某些方面的创新价值和意义。论文之所以为论文，必然具备成文的条件，论点、论据和结论缺一不可。这里的论点是论文的主题，新颖是对其最基本的要求。一些陈旧的题目或者早已有定论的东西最好不写，即使写也要能够挖出新意或者找到新的角度，否则，仅从论点和题目来看，就会使论文大打折扣。论文的完整离不开材料的支撑，论文成文切忌资料不经过消化加工而盲目堆砌，更不是对资料的整理和重排。资料仅是论文的佐证材料，是论文的有机组成部分，论文必须反映出学生对相关问题的一定的独立见解和创新，至少要能够自圆其说，切忌空谈。

论文切忌无病呻吟，空发议论或者感想，切忌把毕业论文写成读后感或教材。一篇质量高的论文最起码的要求是一定要有理论的支撑。学前教育专业论文一般需要一定的教育学、心理学、社会学或人类学等学科理论来支撑。理论就好比一个健康的机体中的骨骼，离开了骨骼的支撑，再强大的机体也会弱不禁风。因此，论文动笔之前，一定要对论文

---

① 陈向明. 质的研究方法与社会科学研究[M]. 北京：教育科学出版社，2000：77.
② 陈向明. 质的研究方法与社会科学研究[M]. 北京：教育科学出版社，2000：79.

要涉及的相关理论做到心中有数。

(七) 选题要反复打磨并及时与导师沟通

指导教师是学生完成一篇高质量毕业论文的关键力量和智库资源。指导教师了解本领域的前沿成果,可以帮助学生避免在前人研究成果的基础上原地打转。学生务必及时地、积极主动地与导师加强密切沟通,认真倾听导师的指导意见。对于自己突然冒出的研究思路与想法一定要及时征询指导教师的意见,尤其是理论方面的东西切不可想当然,否则,错误的、不当的理论、思想和观点会使毕业论文呈一副病容,或出现"硬伤",造成严重后果。

论文选题要在教师指导下反复打磨。首先,题目表述不宜过长。题目表述太长的话表明作者缺乏概括能力和抽象能力,题目表述要求尽可能精炼、简洁,力求做到多一个字太长、少一个字太短的水平,本科毕业论文标题一般20字以内即可。其次,核心概念不宜过多。本科毕业论文的核心概念最多两个,最好一个。核心概念一旦超过两个,论文到底研究什么对学生来讲就比较难把握,而且概念太多会导致通篇解释各种概念,实质研究内容被冲淡。再次,研究工作易推进、可操作。选题时要提前考虑选题需要的数据、文献和资料是否易查、易获得,研究方法是否可行、可操作等,在前期就考虑给自己铺好一条平坦大道,不要给自己挖各种坑。

对学生来讲,确定选题之后,最大的挑战就是选择适宜的研究方法。学生需要深入了解学习研究方法,参与调查研究,全程掌握有关实证研究的方法,形成相应的研究经验。最后,需要明确的一点是,毕业论文一遍写成的想法,纯属天方夜谭。凡学位论文一般均应数易其稿,完稿后应仔细阅读与检查修改文内不妥之处,再交导师批改,然后按导师意见认真修改补充后再交导师审核、批改,再次按导师批改作最后补正成文。很多情况下,论文的答辩委员会还会对论文提出修改意见,接下来还有一番修订工作要做。做到了以上各步,距离一篇成功的论文仅有一步之遥了。剩下的那一步就是定稿的打印和排版一定要符合论文的行文规范和打印要求,论文的制作要力求规范精美。

三、毕业论文选题程序

毕业论文选题的确定过程并非一蹴而就,而是一个摸着石头过河、不断摸索、反复论证和修改完善的过程。通常要经过以下五个基本程序。

(一) 初步确定选题

毕业论文的选题可能来源于指导教师的科研课题,也可能来自指导教师拟定的选题指南,也可能来自学生个人的学术课题(含大学生创新创业训练计划项目等),或是学生在教育实习中的困惑与反思以及自己的个人研究兴趣,在此基础上学生通过初步查阅文献资料提出自己的选题方向。此阶段通常是朦胧模糊的,只是确定了毕业论文研究的大致方向和领域范围。

(二) 选题初步探索

初定选题后,学生必须围绕初选的研究问题进行初步的探索,可通过广泛查阅文献资料,向专家和导师咨询请教,进行实地考察等方式进行,探索是为了对拟定选题的研究历史与现状,必要性与可行性,意义与价值以及研究方法等方面进行清晰了解、全面把握和理性判断。此阶段的最终目的是使选题趋于具体化、明确化和可操作。

(三) 将选题具体化

在初步探索的基础上,学生需要从抽象到具体、从整体到局部、从宏观到微观,通过逐层分解将选题具体明确化。即将初定的宏大选题分解为多个有待研究的具体问题,再将每一个具体问题具化为一个个可操作、直接着手开展的小题目,形成问题网络,以便具体着手研究。此阶段的任务是选题聚焦,对初定选题进行分解,逐步缩小选题范围,使宽泛模糊的选题变得清晰明确。

(四) 撰写选题报告

在上述基础上,学生需要综合各方面的情况撰写选题报告,对研究目的、意义,国内外研究现状,本研究的具体问题,研究对象与范围,研究思路与方法以及技术路线和进度安排等方面进行说明。此阶段是对毕业论文选题是否有价值、是否有新意、是否可行等方面进行实事求是的客观分析与书面论证的过程。

(五) 反复论证修改

选题报告完成后,学生需将选题报告提交指导教师或相关专家审阅和论证,广泛征求大家的意见,集思广益,对选题报告进行修改完善,使选题趋于精准、明确、有意义和可操作。此阶段是对毕业论文选题的价值、创新和可行性进行综合论证的关键环节,目的在于避免学生因选题不当而造成的人力、物力以及财力的浪费,进一步完善选题方案,为最终获得毕业论文研究成果创设有力支撑。

第三节　选题注意事项:"小处着手,大处着眼"

一、毕业论文选题注意事项

(一) 小处着手,大处着眼,力求立论科学,观点创新

判断一篇论文有无价值或价值之大小,首先是看文章观点和内容的科学性如何。论文的科学性是指文章的基本观点和内容能够反映事物发展的客观规律。文章的基本观点必须是从对具体材料的分析研究中产生出来,而不是主观臆想的。文章的科学性通常取决于作者在观察、分析问题时能否坚持实事求是的科学态度。在科学研究中,既不容许夹杂个人的偏见,又不能人云亦云,更不能不着边际地凭空臆想,而必须从实际出发,力争做到如实反映事物的本来面目。小处着手、大处着眼,是论文的创新价值所在。

一般来说,毕业论文的创新性就是要求不能简单地重复前人的观点,而必须有自己的独立见解。对于初次从事科学研究的学生来说,创新性可以表现为在前人未探索过的新领域,前人未做过的新问题上做出成果;也可以表现为在前人成果的基础上作进一步的研究,有新的研究发现或提出新的观点和看法,形成一家之言;还可以表现为从一个新的研

究视角,对已有研究问题、材料或观点重新进行探索、实践、分析、反思、概括和总结。

(二) 根据自身实际情况和兴趣,选择适合的论文选题

首先,要选择有浓厚研究兴趣的题目。对研究课题有浓厚的兴趣,会表现出更大的毅力和主观能动性,使人克服困难,集中精力去研究。其次,选择能够发挥自己业务特长的题目。研究者应从个人的条件、能力出发来选择和确立论题。在选题时,要考虑你对本专业领域中的哪一部分最熟悉,最有把握,就选择哪个论题。再次,选择自己占有资料较为充分的题目。资料是研究的基础,要充分掌握在题目限定范围内的材料,尽可能搜集必要的典型的材料。最后,寻找空白点和薄弱环节。

目前,教育科研的内容非常丰富,对热点问题的研究也很多,对于刚刚起步的研究者来说,最好选择那些尚未有人研究或虽然已经有人着手研究但还有许多问题没有得到解决的论题。另外,在选择论文题目时还要注意:避免选题过大、过难和选题陈旧。学生确定选题之前,可通过文献检索对该选题所涉及的学术资料有充分了解,了解学前教育专业前沿研究动态。"前人有哪些研究成果? 他们是怎样研究的? 研究重点和研究方法是什么? 哪些问题已解决或基本解决? 哪些问题尚未解决? 哪些有待于进一步修正和补充? 国内外对此问题的主要分歧是什么? 焦点在哪里? 有几种代表性意见,代表人物是谁?"[1]对于前人还未涉及的选题通过相关文献查阅,从侧面了解其研究价值。深入思考此选题宜采用哪些方法和手段,从哪里入手,相近学科和课题能否借鉴,所有这一切如若在没有占有学术文献资料的基础上,是不可想象的。

(三) 坚持理论联系实践,紧密结合教育实习中的问题困惑

撰写论文必须坚持理论联系实际的原则,在选题和观点上都必须重视教育现象中出现的新情况、新问题。要深入实际,结合自身教育实习工作,进行社会调查研究,获得大量的感性材料,然后运用科学的逻辑思维方法,对这些材料进行去粗取精,去伪存真,由此及彼、由表及里的加工制作,从而发现有现实意义而又适合自己研究的新课题。研究方法与成果表达要多样化,要结合选题指南和自己的能力,开展多样化的研究,如调查研究、行动研究、实验研究、叙事研究、案例研究、文本研究、文献研究等。成果表达多样化,可以有学术论文、实验报告、调查报告和毕业设计等多种形式,鼓励学生结合选题指南积极开展毕业设计。

(四) 文题相符,相得益彰,力求论据翔实,论证严密

好的题目,是文章的点睛之笔。但是毕业论文如若没有核心内容支撑题目,通篇是讲个人感受的抒情鸡汤和自说自话,当透过标题这个眼睛看向毕业论文本身时,读者会感觉空洞乏味、虚无缥缈,那么论文题目这双眼睛也失去其价值和意义。所以,对于学前教育专业毕业论文写作来说,好选题离不开体现有意义、有价值的理论基础、研究思路与方法、资料搜集与分析,以及研究结论等要素的有力支撑。

毕业论文仅有一个好的选题和观点是不够的,还必须有充分、翔实的论据材料作为支持,旁征博引,多方佐证,文题相符,相得益彰。力求论据翔实,论证严密,每确立一个观点,必须考虑:用什么材料做主证,什么材料做旁证,要使自己的观点能够得到别人的承

---

① 陶保平. 学前教育科研方法[M]. 上海: 华东师范大学出版社,2006: 52.

认，就必须有大量的、充分的、有说服力的理由来证实自己观点的正确性。

论文的论据要充分，还须运用得当。一篇论文中不可能也没有必要把全部研究工作所得、古今中外的事实事例、精辟的论述，以及所有的实践数据、观察结果、调查成果等都引用进来，而是要取其必要者，舍弃可有可无者。因而在已收集的大量材料中如何选择必要的论据显得十分重要。一般来说，要注意论据的新颖性、典型性、代表性，更重要的是考虑其能否有力地阐述观点。论文中引用的材料和数据，必须正确可靠，经得起推敲和验证，即论据的正确性。具体要求是：所引用的材料必须经过反复证实。第一手材料要准确，要反复核实，要去掉个人的好恶和想当然的推想，保留其客观的、真实的部分。第二手材料要究根问底，查明原始出处，并深领其意，不得断章取义。论证是用论据证明论点的方法和过程。论证要严密、富有逻辑性，这样才能使文章具有说服力。从文章全局来说，作者提出问题、分析问题和解决问题，要符合客观事物的规律；从局部来说，对于某一问题的分析，某一现象的解释，要体现出较为完整的概念、判断和推理的过程。

二、毕业论文题目表述例举

"题目是论文的眼睛"，能显精神，传神韵，见水平。恰当的毕业论文选题是具有操作性的、宜小不宜大的，是与自己的专业学习内容紧密联系的，是自己能够驾驭的。一个好的论文题目表述时要尽可能涵盖研究范围、研究对象、研究内容和研究方法。需要注意的是，毕业论文题目表述一方面要求精炼、简洁，不宜太长，如果题目过长表明作者缺乏抽象概括能力和逻辑归纳能力。另一方面，毕业论文题目表述要精准，避免引发歧义或者语义模糊不清，导致论文在写作过程中出现跑题现象。

(一) 存在问题
目前，学生在论文选题表述中易出现的问题有以下两个方面。

1. 问题表述笼统模糊、针对性不强
选题太大的现象比较普遍。例如《幼儿教师的人文关怀》，题目过大，研究内容不明确；《幼儿园和小学衔接研究》只出现了研究主题，要研究的问题并不清晰。选题笼统，幼儿园与小学的衔接问题涉及教育学的方方面面，需研究者根据自己的兴趣和着眼点自主修改，适度缩小研究范围。有些题目虽捕捉到教育实践中的现实问题，但问题不聚焦，如《农村留守儿童的教育问题研究》，农村留守儿童的教育问题是近年来出现的一个突出的社会问题，因此具有一定的研究价值，但该选题涵盖的内容太大，是研究农村留守儿童的家庭教育还是学校教育，在题目中均没有限制。

2. 选题难度太大、可操作性不强
这类选题有诸如《城乡幼儿教育比较研究》《园本课程评价指标体系研究》等，类似选题完全可以作为一个大的课题去研究，非一篇本科毕业论文所能驾驭。如《幼儿数学学习困难的影响因素分析及干预措施》，这项研究需要深入研究现场做大量观察，干预措施的形成需要进行教学实验研究，对于学生来讲，难度太大、可操作性较低。有些题目，如《西部特殊儿童教育师资现状调查研究》需要得到教育行政主管部门的支持和配合，仅凭在校大学生的力量几乎难以保质保量完成。

(二) 对策与建议

1. 概念分解 + 限制范围

对于目前学生在选题时出现的问题,可通过概念分解、缩小外延、限制范围的方法与策略进行问题聚焦。

（1）概念分解

例如,选题《基于游戏培养儿童创新意识的研究》,此题目中"创新意识"的概念外延较大,对于学生来讲,不易开展研究,可以考虑将"创新意识"分解为:"好奇心""探索兴趣""质疑欲望""独立性""求新求异意识"等,缩小研究范围,然后取其中一个方面进行研究。再如,选题《幼儿园小学衔接研究》,此选题中的幼儿园与小学衔接问题涉及教育学的方方面面,题目过大,需适度缩小研究范围,研究者根据自己的兴趣和着眼点,可从《幼儿园小学课程目标衔接研究》《幼儿园小学课程内容衔接研究》《幼儿园小学课程实施衔接研究》《幼儿园小学课程评价衔接研究》等多角度对研究问题进行分解,缩小研究范围。

（2）限制范围

例如选题《发挥主体作用的研究》,存在问题表述笼统模糊、针对性不强,研究内容泛化等现象,可以考虑进一步限制研究范畴,细化研究边界,逐步明确研究对象,细化为《发挥儿童主体作用的研究》;可进一步缩小研究边界,调整为《基于音乐活动发挥儿童主体作用的研究》;研究内容还可以进一步细化、具体化,进一步聚焦《幼儿园音乐活动中发挥儿童主体作用的研究》,在此基础上还可以深入到《幼儿园小班音乐活动中发挥儿童主体作用的研究》,最后研究问题范围进一步聚焦《幼儿园小班音乐欣赏活动中发挥儿童主体作用的研究》。

2. 题目 = 研究对象 + 研究内容 + 研究方法

好的研究题目一般会简明扼要地体现"研究对象 + 研究内容 + 研究方法",使读者通过阅读题目就能全面了解研究的大致内容。下面举例说明:

（1）《男性学前教育专业高校毕业生就业状况调查及对策研究》

研究对象：男性学前教育专业高校毕业生

研究内容：就业状况及对策

研究方法：调查研究

（2）《小班幼儿入园适应教育的实践研究》

研究对象：小班幼儿

研究内容：入园适应

研究方法：实践研究

（3）《"发现法"在幼儿园科学领域教学中的应用研究》

研究对象：幼儿园科学领域教学

研究内容："发现法"在幼儿园科学领域教学中的应用

研究方法：应用研究

三、毕业论文"实证研究"取向：实证研究论文例举

2010 年教育部出台的《国家中长期教育改革和发展规划纲要(2010—2020 年)》中提

出,促进地方普通高校向应用型转型,地方高校普遍开展人才培养方案和实践教学等方面的全面改革,为了适应转型发展的需要,进一步培养学生创新精神与实践能力,很多高校规定毕业论文需按照应用型办学定位在社会实践和实验室工程实践中完成。本科毕业论文开展实证研究是地方高校应用转型改革发展的新举措,对实现高水平应用型人才的培养目标具有重大意义。学前教育作为一个充满实践性的专业,学生本科毕业论文从之前的关注理论思辨研究向注重实证研究的范式转变,一些院校要求本科毕业论文必须采用实证研究范式。

实证研究是社会科学中一种重要的经验研究方法,是"用观察、调查、实验等获得的经验材料来检验证明或推翻理论假说的研究活动"①。学前教育专业毕业论文采用实证研究范式要求学生必须在选题阶段就要综合考虑研究问题与研究方法的契合性,学生应根据毕业论文研究选题的性质、难度、复杂性和前瞻性等,识别和分析研究问题,从而选择与之相适应的教育实证研究方法。实证研究是教育研究从经验走向科学的转折点,当前备受国内教育领域的关注和重视,但提升和加强教育实证研究并非否定教育思辨研究。学前教育理论思辨研究基于"应然"对学前教育理论领域发展和实践场域现状做出价值判断,关注教育概念建构和教育理论观点,通过逻辑思辨哲学推理来解决学前教育问题;实证研究基于"实然"对学前教育实践领域的具体问题及现象规律进行事实判断,通过数据分析说明问题。学前教育对象及其过程的复杂性决定了学前教育研究方法的多样性。因此,笔者倡导学前教育本科毕业论文宜采用教育实证研究与哲学思辨研究有机结合,优化并完善学前教育论文的建构样式和研究范式,既强调学前教育专业毕业论文的理性内涵与理论支撑,又注重提高学生的教育实证研究能力与水平,激发学生关注并探究学前教育发展研究领域的前沿热点问题,积极投身到学前教育社会实践探索中并不断深入反思。

下面是一篇质性研究范式的实证研究论文,通过这个例子,可以初步了解实证研究论文选题的基本思路与过程。

不同专业发展阶段幼儿园教师心目中的"好老师"形象分析②

张亚妮　牛婉羽　陈　浩
陕西学前师范学院幼儿教育学院

摘　要:幼儿园教师心目中的"好老师"形象不仅是其对职业理想的认知,而且是其专业发展现状的反映,可以为如何促进教师专业发展提供启示。本研究采用质性研究方法对30位不同专业发展阶段的幼儿园教师进行深度访谈,运用扎根理论以及NVivo11软件对实习教师、新手教师、熟手教师、专家教师四个专业发展阶段教师心目中的"好老师"形象进行分析,结果发现实习教师心目中的"好老师"是单纯、有心的理想型教师,新手教师心目中的"好老师"是具有明确工作任务导向的务实型教师,熟手教师心目中的"好老师"是具有奉献精神

---

① 冯向东.关于教育的经验研究:实证与事后解释[J].教育研究,2012(4):18-22.
② 张亚妮,牛婉羽,陈浩.不同专业发展阶段幼儿园教师心目中的"好老师"形象分析[J].学前教育研究,2019(12):52-60.

的持续成长型教师,专家教师心目中的"好老师"是心怀教育信仰、富有教育智慧、善于研究且有影响力的成熟型教师。幼儿园文化、个人职业角色转化、生育事件等对教师心目中"好老师"形象的改变有着重要影响,幼儿园"好老师"形象应是多元化的专业人员的形象。

关键词:幼儿园教师,教师形象,"好老师",扎根理论

一、问题提出

幼儿园教师在学前教育事业发展中扮演着至关重要的角色。我国非常重视幼儿园教师培养工作,制定政策法规以促进幼儿园教师专业发展,树立幼儿园教师的好形象。2010年11月国务院印发《关于当前发展学前教育的若干意见》,提出"加快建设一支师德高尚、热爱儿童、业务精良、结构合理的幼儿教师队伍"。2012年2月教育部印发《幼儿园教师专业标准(试行)》从专业理念与师德、专业知识和专业能力三个维度对幼儿园教师提出要求,并强调"师德为先、幼儿为本、能力为重和终身学习"的基本理念。2017年10月,十九大报告提出要实现"幼有所育",并将其放在必须取得"新进展"的7项民生要求的首位。2018年11月教育部印发《新时代幼儿园教师职业行为十项准则》,明确提出要引导广大教师努力成为"有理想信念、有道德情操、有扎实学识、有仁爱之心的好老师",落实立德树人根本任务。同月,国务院发布《中共中央国务院关于学前教育深化改革规范发展的若干意见》,从学前教育事业发展全局出发,要求到2020年时幼儿园教师队伍"综合素质和科学保教能力得到整体提升"。为了满足国家和社会对幼儿园"好老师"的期待,剖析幼儿园教师如何理解"好老师"形象,促进教师不断思索和拷问如何使自己向"好老师"的目标迈进。基于国家政策文件,立足于现实的教育生活,采用质性研究方法对30位不同专业发展阶段的幼儿园教师进行深度访谈,运用扎根理论以及NVivo11软件对实习教师、新手教师、熟手教师、专家教师四个专业发展阶段教师心中的"好老师"形象进行分析,尝试揭示不同发展阶段教师心目中"好老师"形象,建构不同层次幼儿园教师心目中的"好老师"模型,分析影响"好老师"形象发生变化的因素,探究幼儿园教师心目中"好老师"形象引发的省思。

二、文献回顾

国外关于"好老师"的研究主要聚焦于"好老师"特征以及"好老师"标准两方面,研究对象多是中小学教师,关于幼儿园"好老师"的研究相对较少。

第一,"好老师"特征的研究。美国学者Shanoski和Hranitz向50名教师进行了调查研究,研究发现好老师具备以下特征:首先,具备高学历,一般都超过学士学位水平。大多数好老师任教在15至20年之间,并完成了硕士学位,有部分教师拥有博士学位。其次,好老师最主要的特点是爱孩子并具备良好的沟通技巧,不仅可以与孩子进行有效沟通,还可以与家长进行良好交流。再次,灵活性和幽默感被认为是好老师的特征。最后,熟练的指导者和诊断者。好老师在对儿童进行指导与诊断的过程中表现得非常娴熟与高效。[1]Sunan等人在对泰国教师的研究中得出好老师具有勤奋努力、慷慨无私、自律、行为端正、雄心勃勃、真诚善良和思想中立等优秀品质。认为好老师应当创造真正的美德,培养美德或增加美德。[2]Marlena和Marina从学生、教师以及家长的角度探析好老师的特征,学生认为好老师应当对学生有耐心,教师认为应当具备科学管理的能力,家长则认为应具备扎实的学科知识和高超的教学技能。[3]从以上研究可见,扎实的专业知识、高超的教学技能以及良好的道德素养被视为好老师的重要特征。

第二,"好老师"标准的研究。Cartwright认为好的幼儿园教师应具有十二项专业素养,具体包括:内在安全感、自我觉知的能力、正直、具有专业理论背景、具有环境科学社区与幼

儿书籍的通识性知识、热爱并尊重幼儿、信任幼儿、无条件的关爱、判断力、公正客观、笑容可掬、榜样示范。[4]澳大利亚的好老师标准包括：具备较丰富的通识性知识，能在实践教学活动中不断反思自己，爱岗敬业，公平对待每一位儿童，使每位儿童都得到发展，建立与儿童和家长互相信任的关系，正确处理与同事以及社区的关系。

我国对幼儿园"好老师"形象的研究主要沿着三条路径进行。

第一，以幼儿园教师实际教育生活或教育实践为核心建构"好老师"形象。有学者通过撰写6名教师的生活史展现好幼儿教师关于教育的实践、关切、课程和哲学，探索何以使幼儿教育更有质量。[5]有学者基于自身在幼儿园的实习经验，着重提出好教师的重要素质就在于能践行师德要求，公平地对待每一个孩子，不以自己的情绪或喜好而区别对待幼儿。[6]有学者通过对幼儿园中利益相关者的调查，指出理想幼儿教师形象的特点应包含良好的职业道德、健全的人格特征、得体的仪表仪态、和丰富的知识技能四个方面。[7]

第二，以幼儿视角探寻孩子心中"好老师"形象。有学者以4—6岁幼儿为调查对象对其心中好老师形象进行探究，研究发现好老师的外在形象既包括得体的着装打扮，也包括温和的语言和动作，内在形象则聚焦在幼儿教师的权威性与情感性的互动、师德品行与知识技能的准备等方面。[8]有学者对4所幼儿园96名幼儿进行观察、访谈和测试，发现不同年龄段的孩子对理想幼儿教师形象的心理需求不同，既包括以外表、言语、动作为核心的外在形象特征，也包括以性格、能力、情感为核心的内在形象特征。[9]有学者对幼儿心中"好老师"进行调查，结果表明要想成为幼儿心中的"好老师"，必须以热教善思为根本动力，以性格友好为根本保障，以保教能力为核心要素，以良好仪表为重要条件。[10]有学者提出好老师应该重视自己的仪容仪表，保持大方干净的印象，并且应有良好的教育态度和教育行为，公平对待每一位孩子，关心其成长。[11]

第三，以社会大众对幼儿园教师形象的认知问题为主题探索"好老师"形象的培养。有学者基于社会分层视野对家长心中期待的幼儿园教师形象进行调查，研究发现虽然社会不同阶层对幼儿教师的期待不同，但都希望幼儿教师在知识结构上是"博而又专"的，能力素质要贴近幼儿的实际生活，最重要的是要有真心关爱孩子的情感，有高尚的师德。[12]有学者通过访谈发现家长和专家学者在面对幼儿教师专业能力的期待问题上显示出较大差异，家长出于工具理性和现实需要考虑，更强调教师为孩子带来的直接影响能力，而对教师自我专业发展、科研水平等专家学者所重视的项目则很少提及，并且家长虽然也都强调"以儿童为中心"，重视"全面发展"等，但对其内涵的解读与专家学者也有较大差异，表现为"一知半懂"或理解的低级化、片面化。[13]有学者借助传播学框架，提出近年来由于媒体报道的幼儿园虐童事件，导致幼儿园教师形象呈现断崖式坍塌，媒体造成大众对幼儿教师的认知偏差，因个别事件影响对幼儿教师队伍的整体判断，并据此提出在未来要加强幼儿教师师德培养和媒介素养教育等举措。[14]

从既有文献中不难发现当前关于幼儿园"好老师"形象的研究大多是基于家长或幼儿的立场进行考察的，对教师心目中的"好老师"形象关注较少；虽也有研究将教师纳入到研究对象中，但并非作为研究主对象予以完整呈现，缺乏对不同层次幼儿园教师的系统研究，大多立足于一种规范化、标准化和功利化的取向，将幼儿园教师作为"教育工具"或"教育中介"来加以评判，缺少对作为主体的人的幼儿园教师教育生活状态的关心，批判有余而关怀不足。本研究正是要倾听来自不同层次的幼儿园教师对"好老师"期待的声音，既关注一线教师对"好老师"的理解与认同，也利用这一机会将教师的心声呈现出来，让其发出声音。

三、研究设计

(一) 研究方法

质性研究是"以研究者本人为研究工具,在自然情境下采用多种资料收集方法对社会现象进行整体性探究,使用归纳法分析资料、形成理论,通过与研究对象互动对其行为和意义建构获得解释性的一种活动。"[15]选择质性研究方法,有利于从一线幼儿园教师的角度了解其对"好老师"的认识和理解。对处于不同发展阶段共30位幼儿园教师进行深度访谈,运用扎根理论以及 NVivo11 软件对实习教师、新手教师、熟手教师和专家教师等四个发展阶段教师心中的"好老师"形象进行分析,探析不同发展阶段教师心目中"好老师"形象,尝试建构不同层次教师心目中的"好老师"模型。美国学者 Barnet Glaser 和 Anselm Strauss 于 1967 年在《扎根理论的方法》中首次提出"扎根理论",扎根理论主要依赖三级编码:开放式编码、主轴编码、选择性编码。[16]这是一种自下而上建构理论的方法,即在收集原始资料的基础上,寻找反映社会现象的核心概念,通过在概念之间建立联系从而构建理论。采用扎根理论对访谈资料进行分析,依据扎根理论的三级程序进行编码。

(二) 研究对象

选取 6 所幼儿园为研究现场,采取分层抽样方式,从实习教师(大四实习学生或入职不满半年处于实习期)、新手教师(入职 1—3 年)、熟手教师(入职 4—9 年)和专家教师(从事幼教工作 10 年以上、获省市级教学能手、学科带头人或取得高级职称)四个层次分别选取 6—8 人进行深度访谈,了解其对"好老师"的看法和观点,共访谈了 30 位幼儿园教师(见表1),其中10 位受访样本用来检验理论饱和度。

表1 访谈对象基本信息表

项目	类别	人数	百分比
层次	实习教师	7	23%
	新手教师	6	20%
	熟手教师	10	33%
	专家教师	7	23%
性别	女	28	93%
	男	2	7%
学历	硕士研究生	6	20%
	本科	16	53%
	大专及以下	8	27%
是否学前教育专业	是	23	77%
	否	7	23%

(三) 研究工具

1. 访谈提纲

在正式访谈之前,提前编制好访谈提纲进行预访谈,选取了 3 名实习教师和 3 名熟手教师作为预访谈对象,在预访谈过程中对访谈提纲进行不断修改和调整,最终进入现场的正式访谈提纲见表2。

表2　访谈提纲提要表

姓名		性别		学历		专业		教龄	
访谈 问题	1. 您认为一个好的幼儿园教师应该是怎样的？ 2. 您身边哪些教师让您觉得是好老师,他/她做了哪些事情？ 3. 您认为自己是好老师吗？请陈述理由。 4. 为了成为一名好老师,您会如何做？幼儿园给您提供了哪些支持或机会？ 5. 您心中的"好老师"一直是这样子吗？如有变化,为什么产生这种变化？								

2. 分析工具

运用 NVivo11 软件对访谈逐字稿进行编码和分析。本研究共访谈了 30 位幼儿园教师,每位老师访谈时间约 40 分钟,在征得访谈对象允许的情况下做好访谈录音,现场做好访谈观察记录,整理访谈文字稿30份,共15万余字,所有文字稿导入 NVivo11 进行编码与分析。进行了编码的一致性考察,由两位研究者共同商定节点名称,对所有研究资料分别编码,最终编码一致性系数介于 0.823 与 0.935 之间,说明编码者对三级编码的确认程度基本一致。

（四）数据编码过程

开放式编码(一级编码)是将收集的资料打散、赋予概念,再以新的方式重新组合起来的过程。[17] 按照 4 个层次将每一个层次的访谈文字稿分别导入 NVivo 中,对每一句话进行自由节点编码,如果有一段分别包含几个节点的则分别标记,把意思相近和重复的进行合并,经过多次反复的编码,最终从原始资料中抽象出 176 个本土概念。

主轴编码(二级编码)的主要任务是发现和建立概念类属之间的各种联系。[18] 通过整理自由节点编码,认真阅读每个节点下面的内容,重组或合并不同节点名称,例如以下 4 个自由节点:"组织教学活动能力""组织常规活动能力""组织游戏活动能力""组织各个活动的衔接的能力",从语境和语义分析,都指的是组织活动的能力,因此二级编码为"组织活动能力"。依照这样的方法,将 176 个一级编码重组合并形成了 16 个二级编码。

选择性编码(三级编码)是在所有已发现的概念类属中经过系统分析,选择"核心"类属,使分析不断集中到那些与该核心类属有关的码号上面。[19] 按照三级编码的分析要求,邀请了 X 幼儿园的 W 园长和教育学原理 C 博士共同参与本阶段研究。经过长时间的研讨、分析、归纳与反复总结对比,提炼出"好老师"形象的 4 个核心范畴,分别是教师道德、专业知识、专业能力和个人特性。(见表3,为专家教师心目中"好老师"形象节点层次与材料信息示例)

表3　专家教师心目中"好老师"形象节点层次与材料信息表

核心 类属	树状节点 和子节点	节点材料 来源数[a]	参考 点数[b]	参考点举例
教师 道德	职业情感	6	17	对孩子的爱,爱出高度,爱出层次,爱出水平,这个爱不是简单的爱
	工作态度	5	15	工作态度积极认真,有责任感,有担当
	职业追求	5	7	有教育信仰,永远阳光和上进,对教育永远充满热情
	仪容仪表	2	4	形象清爽、可爱,善于待人,眼神干净,言行举止优雅

续表

核心类属	树状节点和子节点	节点材料来源数[a]	参考点数[b]	参考点举例
专业知识	保教知识	3	4	只有具备基本的保教知识，才能解读孩子
	幼儿发展知识	3	3	对不同年龄阶段孩子的心理特点和年龄特点有所了解，关注孩子的个体差异，能正确地指导孩子
	儿童观	6	14	跟孩子有更多地接触，能够直接作用于孩子，是以儿童为中心的，能给孩子高质量陪伴的老师
	教育理念	5	6	能看懂孩子，理解孩子，包容孩子，接纳孩子
	教学策略	1	2	教学趣味性强，随机应变能力强，能接住孩子抛来的球
专业能力	五大技能（弹、唱、画、舞、手工）	2	2	技能要有，它是一个工具，你不用它怎么把孩子组织好
	教育教学能力	7	23	教学关键环节和关键点的把握非常准确，目标的适切性、各年龄段孩子的发展水平分析得非常清楚
	处理关系的能力	2	3	善于协调关系，协调孩子的关系、协调家长的关系，协调教师与教师之间的关系
	科研能力	3	3	积极做课题，参与很多子课题，开展行动研究，带着我们老师在实践中做
个人特质	自我特性	7	38	人品好，为人处世方面有大格局，爱思考，有持续不断学习的能力，有一定的引领示范作用，能引领家长
	行事风格	1	1	行动力强，执行力强
	他人评价	3	3	孩子喜欢，家长认可、信任并满意

[a]表示包含该节点访谈材料的数量；[b]代表所有访谈材料中包含该节点出处的数量。

四、研究结果与分析

（一）实习教师心目中的"好老师"形象

实习教师们心目中"好老师"形象：单纯、有心的理想型教师。在职业生涯准备阶段，实习教师对"好老师"形象的构建更多是以自我为中心设想的，出于感性直观而缺乏系统反思的，是带有他们做学生的经历中的知识、态度和信念进入幼儿园的[20]，此时的"好老师"形象仍未超脱自身现有的学生身份，是以自我为中心认可的"好老师"，并以对幼教工作的美好期待作为"好老师"形象的重要支撑。由于此时的教师形象缺乏实际经验的支持，更多体现出一种一般意义上"好老师"共有的自然属性，即缺乏对幼儿园教师职业特殊性的深入思考。实习教师心目中的"好老师"形象模型见图1。

从图1中可见，实习教师心目中的"好老师"形象由四个部分构成。在教师道德方面，强调建构起以爱孩子为核心的集爱心、耐心、细心和责任心等四心为一体的师德体系，反映出实习教师重视作为与儿童打交道的专业人员所必须的基本个人道德素质。在专业知识方面，教育理念和教育策略被认为非常重要，访谈中实习教师们普遍认可以保证幼儿安全为中

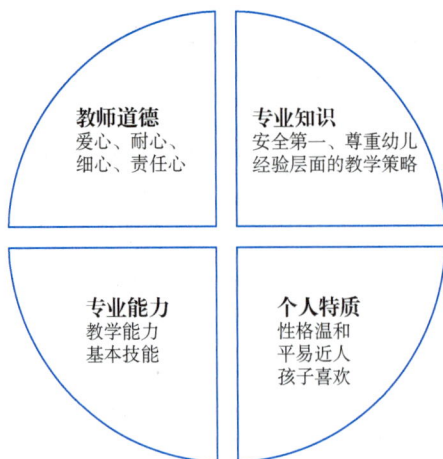

▲ 图1　实习教师心目中的"好老师"形象图

心、以尊重幼儿主体性为关键的教育理念,对教育策略的说明则多停留在理论探讨和实践原则与策略经验上。在专业能力方面,实习教师认为教育教学能力最为关键,反映出实习教师对幼儿园教师身份角色和职责定位的认识。在个人特质方面,实习教师们普遍认为性格温和、平易近人、幼儿喜欢的就是"好老师",较为关注个人自我特性,并且描述语词基本与一般意义上形容个人性格友好无异,未能完全反映出教师职业的特殊要求和幼儿园教师职业的特殊性。

（二）新手教师心目中的"好老师"形象

新手教师心目中"好老师"形象:务实且具有明确工作任务导向的教师。初入职的幼儿园教师处于职业适应期,独立带班对新手教师是个挑战,幼儿园管理者一般会根据教师应聘岗位的意愿和工作需要分配新入职教师到班级里做配班教师或承担保育工作,有些还要承担幼儿园事务性工作。总体来看,新手教师仍处于工作适应和业务熟悉阶段,配合有经验的教师共同完成幼儿园保教工作任务。与准教师相比,新手教师对幼儿园教师职业有了较为全面的认识和了解,其心目中的"好老师"形象与准教师相比更加具体务实、具有明确的工作任务导向,指向保教工作中的复杂问题解决。其心目中的"好老师"形象模型见图2。

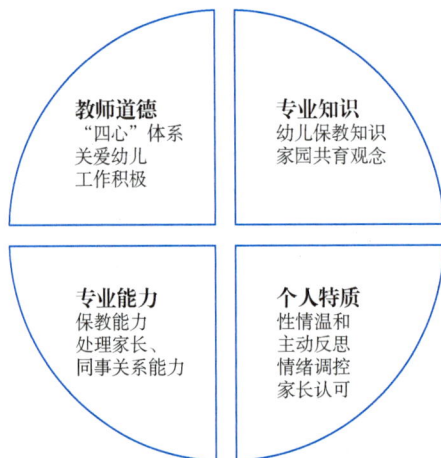

▲ 图2　新手教师心目中的"好老师"形象图

从图2可见，新手教师心目中的"好老师"形象也由四个部分构成。在师德体系方面，新手教师将主动承担责任和乐于付出、工作积极、勤快纳入进来，体现出新手教师在师德考量方面从围绕用心呵护幼儿展开到同时关注工作质量和发展状态。在专业知识方面，尤为突出的是在教育理念中重视家园共育，增添了与家长成为朋友、与同事成为伙伴的关系维度，反映出新教师对"好老师"的理解进一步深化，认识到教育理念不仅是针对幼儿而言的，而是针对整个幼儿教育的全过程，包括其中关涉到的各方人士。在专业能力方面，除了之前的教育教学能力和幼儿园教师的弹琴、歌唱、绘画与手工、舞蹈和讲故事五项技能外，新入职教师也认识到处理关系能力的重要价值。在个人特质上，从关注儿童对自己的评价到重视家长的认可，从自我性格描写到增添了与工作相关的诸如"爱思考""思维灵敏""情绪调控""不断学习的能力"等描述。这与富勒、卡茨、伯顿等关于教师发展阶段理论中所呈现的新手教师的特征相吻合，学者们普遍认可该阶段教师处于生存关注期，教师关注的焦点是自身能否胜任工作，在乎来自工作环境中的评价。[21]该阶段教师心目中的"好老师"形象多与工作适应相关也佐证了这一观点。

（三）熟手教师心目中的"好老师"形象

熟手教师心目中的"好老师"形象：具有奉献精神的持续成长型教师。熟手教师随着在园在岗工作时间的延长，对幼教工作有了更为深刻的认识和理解，取得了职称晋级、职务上调，获得了一些荣誉称号。熟手教师在受到奖励获得荣誉后，一方面对其个人职业发展而言是一种认可和肯定，另一方面也激励其站在新的专业高度，再次对自己的教育工作进行反思并继续向前谋求突破和发展。其心目中的"好老师"形象模型见图3。

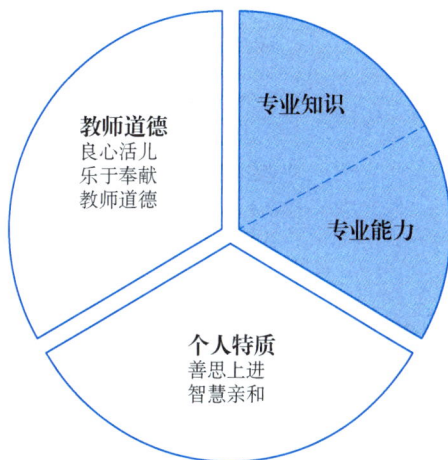

▲ 图3 熟手教师心目中的"好老师"形象图

从图3可见，熟手教师心目中的"好老师"形象由三部分构成。在师德体系方面，熟手教师提出了两个重要概念：乐于奉献和良心活儿。在访谈中，几乎所有的熟手教师都提出幼教工作的强度和各方面待遇之间的落差，现有的研究也证实了熟手教师相比新手教师情绪耗竭程度更高，产生职业倦怠的压力提升。[22]这就意味着如果没有真正热爱孩子而甘于奉献的精神，熟手教师可能会产生对工作的拒斥懈怠，正如一名老师所说"工资不够，理想来凑，我们是用对孩子的爱来填补回报的空缺"。另一方面，幼儿弱小且表达能力未完善，幼儿园教师如若不善于管理自己的职业倦怠等负面情绪，易对幼儿造成心理上的伤害，且家长又难以发现。这就使得熟手幼儿园教师认为其工作干得如何与良心好坏有着密不可分的联系。熟手教师在专业知识和专业能力两方面进一步深化和细化，且二者经由实践和反思进行相互促进和转化，并逐渐演化趋于融合为教育实践智慧。所以在模型构建中，将二者放在同一板块中，但又由于二者并未完全融合，故用虚线将其隔开；在个人特质上，熟手教师已有相对明确的个人风格，能处理好自我个性和工作要求之间的关系，访谈中有教师提出"好老师"要具备教育机智，其展现出的教师形象是积极上进、有智慧且持续成长的。

（四）专家教师心目中的"好老师"形象

专家教师心目中的"好老师"形象：是心怀教育信仰、富有教育智慧、善于研究且有影响力的教师。访谈中7位专家型教师均为省内知名园长或省、市级学科带头人。与前三个阶段相比，其心目中的"好老师"形象有了质的飞跃。是以教育信仰为核心，以针对教育实践过程优化为对象的教育智慧和以针对教育实践质量提升为对象的教育科研为两翼，以教师示范、专业引领和社会影响为支撑的同心圆结构模型，这几个方面不可分离也无法替代，体现出幼儿园"好老师"形象是作为一个有机统一体的专业性存在。其心目中的"好老师"形象模型见图4。

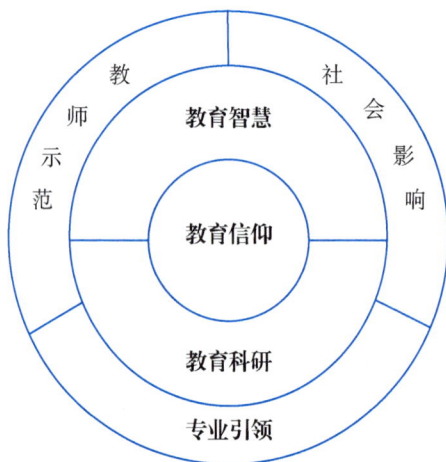

▲ 图4 专家型教师心目中的"好老师"形象图

从图4可见，随着教师自身的成长，师德逐渐从一种外在的要求转化为内在的义务感并持续发酵成为个人的使命和信仰，师德不再是对教师的某种外在规训，而生长为一种强烈的、内在的精神力量，促使幼儿园教师从平凡走向卓越。对待专业知识和专业能力的问题上，二者已融合为一种创造性的教育智慧，表现为在实践中灵活运用知识并能主动反思总结经验，展现为对教育情境中"应当做什么"的价值适切性判断与"应当如何做"的合理性行动相融合与统一的境界。[23]此外，专家教师相对前三个阶段的教师而言，更加关注课题研究的能力，愿意主动承担研究工作，坚信教学实践智慧与教育科研的工作能相互激发、促进并能真正取得成果，可以说，专家教师既是教育工作者，也是教育学习者和研究者[24]。在个人特质方面，专家教师心目中的"好老师"形象拥有高水平的自我效能感，并且尤为值得关注的是，专家教师看重"好教师"的表率作用，不仅对自身专业发展有较高要求，还期望能对其他教师有示范引领的作用。在此阶段，幼儿园教师个人的内在魅力不断转化为外在的影响力，并能自觉担负起更高的责任。

五、反思与讨论

(一)影响"好老师"形象发生变化的因素

幼儿园教师心目中"好老师"的形象不是一成不变的,诸多因素都会影响教师心目中"好老师"形象的建构与变迁。根据布朗芬布伦纳的生态系统论,个人发展始终处于环境系统内并受其与个人互动关系的影响,环境系统以嵌套结构的形式分为微、中、外、宏四个系统,并将时间维度也纳入到其生态学模型中。[25]教师心目中的"好老师"形象与其个人发展有着密不可分的关系。访谈中发现,形成不同教师心目中"好老师"形象差异及引发个体教师心目中"好老师"形象变迁的原因主要有以下几个方面,一是受个体所处的微观环境系统中的幼儿园文化的影响,二是与个人职业角色变化有关,三是与时间维度中"生态转变"尤其是生育事件的发生有关。

第一,幼儿园文化对教师心目中"好老师"形象的改变有间接和持续的影响。根据文化的基本定义即"文化是人类在社会历史发展过程中所创造的物质财富和精神财富的总和",可以将幼儿园文化定义为是幼儿园在长期办园的发展过程中由全园教职工共同创造并认可的教育实践方式及其所产生的一切成果的总和,既包括物质层面的文化,也包括精神层面的文化。"我们幼儿园的老师都比较阳光,拥有一种积极向上、正能量的园所文化,我在幼儿园工作 34 年了,很多东西都在变,唯一不变的就是这种昂扬、积极和团结的氛围,硕士研究生来了之后,园所的氛围和文化是他们成长的沃土。"不同的园所有不同的文化,同一园所在不同时期也有不同的文化,幼儿园的文化没有绝对的好坏之别,但确实有价值序列上的差异。研究发现,宽松、自由、民主的幼儿园文化更能促进幼儿教师的专业发展,其心目中好教师的形象也就越发开放与进步。

第二,个人职业角色的转化会对"好老师"形象的改变产生渐进和持久的影响。个人的角色与其在组织中的职位有着密切联系,不同职位下的个人有着不同的角色设定。[26]教师随着经验和能力的提升以及幼儿园内部工作的调整,在工作角色上会发生变动,特别是从一线教师向幼儿园管理者的转变,如晋升为保教主任、副园长和园长等,这样的人事调整会影响其关于"好老师"形象的理解,因为此时其心目中的"好老师"形象不仅要面对孩子和家长,还要面对教师进行管理。"当了园长后我对好老师的理解确实变了,尤其是自己独立管了一所园以后,社会责任感比原来要强很多,不再简单理解为爱孩子的就是好老师,要独立思考很多事情,不仅要对园里所有的孩子和家长负责,还要对教师和社会负责,越来越觉得这是个很有意义,也很有光荣感和使命感的工作。"这种形象的调整是出于站位视角的不同,作为教师管理者而言,不仅要做好孩子的保教工作,更要顾及整个教师队伍质量建设和日常教育管理的问题。

第三,生育事件对幼儿园教师心目中"好老师"形象的理解有直接和巨大的影响。与现有的关于生育事件对职业女性职业生涯影响研究不同,传统研究观点大多认为生育事件对女性职业发展带来的大多是负面影响[27],如可能会造成女性职业发展中的知识资本退化、发展机会损失等。[28]但对于幼儿园教师而言(绝大多数为女性),虽然会出现职业生涯的暂时中断,但生育和照顾孩子的过程又增加了其对孩子的亲近与关爱,并且由于其获得了教育工作者和孩子母亲的双重身份,更加理解家长的关心和需要,更好地处理与家长的关系。"对我来说,变化是在做了母亲以后,更会从家长的角度去想,到底什么样的是好老师。以前我会觉得家长养孩子养的太细了,关系到孩子的事儿就爱小题大做,但是自从当了妈妈以后,我现在就特别能够理解家长,有孩子和没孩子变化很明显。"幼儿园教师与其他学段教师最大的区别就在于保教融合、保教一体,对孩子身体养护和教育工作是其全部工作的核心。经历过生育事件后的幼儿园教师在保教工作中更加得心应手。

（二）高学历教师心目中"好老师"形象带来的启示

目前，拥有硕士学位的幼儿园教师仅占专任幼儿教师总数的约 0.17%，普遍为本专科学历毕业，分别占总数的约 21% 和 57%。不难发现高学历幼儿园教师在学前教育行业属于"稀缺资源"[29]。在本研究的受访对象中有 6 名硕士研究生学历教师。

第一，高学历的幼儿园教师在知识资本方面拥有更大的优势。接受新理念、学习新事物的能力较强，本身条件较为优越；同时，幼儿园非常看重高学历幼儿教师的培养，在课题申报、教学研究和外出学习方面均给予很大优先权，进一步促进了其心目中关于现代好教师形象的塑造。"我希望做一个热情的、性格好的老师，可以天天传递快乐。但是这个好像也不够，还得有更高的追求。希望自己未来有点影响力，这个影响力并不是说自己多有名气，而是带来一些成就感，比如当看到孩子有情绪，别人怎么都安抚不下来时，我能很快地判断出是什么原因，应该怎么办；在工作中当大家都觉得对某个问题走投无路、苦恼的不得了的时候，我能一针见血地指出关键，让这个问题重新拨开云雾见月明。"高学历幼儿园教师比低学历幼儿园教师拥有更多的抱负和志向，有对自我更高的期待和要求，对"好老师"形象有超出同期低学历教师的设想，有助于其在短期内实现教师专业的越阶发展。

第二，高学历的幼儿园教师在专业发展上背负更大的压力。由于硕士学位教师在幼儿园教师中属于凤毛麟角，但却能得到来自幼儿园最大的支持，也使得高学历幼儿教师背负着比普通教师更大的压力。因为幼儿园领导和教师对高学历教师的期待值很高，关注度强，所以他们会有强烈的紧迫感，担心做不出成绩。"有时候会害怕自己做不好，因为别人可能会说，'你是研究生，连这点小事儿都做不好？你看理论学的多，实践还不是不行？'当然做好了别人也可能会认为这是理所当然的。"同时，高学历幼儿园教师在校学习时间长，长久以来的交往圈子更多的是"非功利、学术型"的，其思想更为具有批判性和建设性，探讨的话题更多是以"学习生活"为主线，这与其他很早进入"工作生活"的幼儿园教师的共同话题较少，在论及专业问题时会有一种"曲高和寡"的感觉，导致彼此之间可能产生"道不同不相为谋"的心理，并且幼儿园与高校环境不同，面对来自内部的竞争和利益冲突，彼此间也会产生嫉妒、争执，尤其是高学历幼儿园教师更受领导器重，在面对幼儿园内资源倾斜时更可能会引发他人的不满，进而被排斥。以往的研究也证实了这一点，高学历幼儿教师与同事的关系适应方面的确存在一些问题。[30]

（三）非学前专业毕业的幼儿园教师心目中"好老师"形象引发的省思

在本研究的受访对象中有 7 名非学前教育专业出身的幼儿园教师。在描述其心目中的"好老师"形象时，着重突出"一定要有专业知识和掌握专业技能，"这反映出困扰非"科班出身"幼儿园教师的现实问题之一就是专业知识与技能基础相对薄弱。从现实来看，幼儿园教师的严重短缺无法满足学前教育资源不断扩大的需要。[31]仅通过学前教育专业毕业的学生补充师资是无法满足学前教育事业发展的要求的，所以吸收跨专业进入幼儿园工作的合格教师可以缓解师资的供需矛盾。同时，不同专业背景的教师在进入幼儿园后也可以扩大幼儿教师队伍的异质性，增强队伍活力，提升队伍智力。《国务院关于当前发展学前教育的若干意见》也明确提出要"为有志于从事学前教育的非师范专业毕业生提供培训""公开招聘具备条件的毕业生充实幼儿教师队伍"，为致力于学前事业的非专业教师提供必要的进入渠道。非学前专业毕业学生进入幼教行业不仅是一种权宜之计，也是有政策保障和鼓励的。"我觉得最大的困难就是技能的问题，本身不是这个专业毕业的，虽然很想提升自己技能，但好像觉得现在年龄有点大了，学技能的话很难，尤其学钢琴，很难有质的飞跃，当然我还是坚持学习，希望能有所改善。""我不是科班出身，专业素养不够扎实。一方面，我会继续加强学习，做一些关于幼儿科学领域教学的研究，多读书、参加培训都是好的渠道。另一方面，我要深入的观察和分析孩子，从实践中积累经验，这方面是比较欠缺的。氛围很重要，我们园的平台很好，整个幼儿园的大方向是为了提高教育质量，有很多优秀的人，可以进行深入的交流。"有意思的是，非学前教育专业出身的幼儿园教师在谈及自身距心目中"好老师"形象差距和所面临的挑战时，反映出一种更强的进行专业发展的动机和意愿。非学前教育专业的幼儿园教师表现出对幼儿教育工作的热爱和想提升自己相关知识技能的态度，与之相伴的还有一种专业"危机意识"，担忧自身能否胜任幼教职业，想尽力缩小与专业科班出身的幼儿园教师之间的差距。这"一欲一忧"的感情相互交缠，在对孩子的真心关爱下得以统一。

（四）面向未来的幼儿园"好老师"形象思考

幼儿园教师心目中的"好老师"形象不仅是其对职业理想的认知，具有引导方向和价值引领的作用，同时也是其专业发展现状的反映，可以通过这一形象为促进幼儿园教师专业发展提供策略与建议。为了更好地回应社会对幼儿园"好老师"的需求，有必要面向未来对幼儿园"好老师"形象进行展望。

首先，幼儿园"好老师"形象应该是专业人员的形象。很多家长、甚至幼儿园教师自己都认为好老师，就是爱孩子、有经验、能理解孩子并耐心照顾孩子的人。模糊了教师与教养者的定义，没有认清教师与父母在角色上的真正区别。[32] 教师能做和应做的远远超出这些。幼儿园教师最重要的是要能引领幼儿成长、实现幼儿的个性的、自信的和快乐的发展。"高尔基说过，爱孩子是母鸡都可以做到的事情。老师的爱和一般的爱是不一样的，老师的爱带有教育的意味。对孩子有爱心、有责任感，这个是毫无疑问的，此外教师还应该有高度的教育智慧，这体现在教师善于观察和反思，能够读懂孩子的行为，能透过现象看本质，了解孩子的真正需要和意图，从而能有效地支持孩子进一步发展学习。"幼儿园教师需能将"以幼儿为本"这一教育理念与"全面发展"这一目标融合进保教实践当中，通过不断地专业实践和专业反思凝练出教育智慧，塑造出社会分工中不可替代的、与其他层级教师相区别的专业保教人员的形象。

其次，幼儿园"好老师"形象应该是多元化的形象。在教师个体正式迈入教师团队成为其中一员之前，都有着不同的个人家庭背景、教育经历、对有关教育的不同程度的理解和认知，入职后又有了正式的对教育实践知识的掌握和对既往经验的检验反思，这些共同促成了其教育信念的建立，也因此会有不同的教育形象的期待。[33] "每个教师都是不一样的，他们自身的个性和特点给孩子带来的影响就不一样，比如 W 老师是很理性的人，会以辩证的思维看问题，他给孩子的感受也是这样，孩子就会向他学习；另一个 H 老师就很感性，待人接物都很儒雅和煦，他带出来的孩子性格就很温和，他们都是好老师。"当然多元并不意味着混乱，多元的空间应在符合教育规律和幼儿发展规律的基础内，即促进幼儿全面和谐健康成长的目标下进行。这样的多元才是社会接纳和认可的，社会不会因教师的"千人一面"而感到高兴，但也不可能接受有损幼儿发展的个性。真正的幼儿园"好老师"形象不仅关乎教师自身性格与职业特性的统一，也合乎幼儿的需要，因为社会成员总是多样的，幼儿在园中能安全地通过教师认识和了解社会，有个性的、开放的教师形象实际上也向幼儿传递出社会应有的样态。

行文至此，研究告一段落，但研究者的反思未终止。质性研究需要研究者带着自己关心的问题进入研究现场，研究问题需要聚焦，但在聚焦的同时又要保持足够开放，既投入全身心去倾听和理解研究对象的关切和声音，又开放头脑积极建构知识，不断形成对问题的新认识，进而建构新理论。在"好老师"的质性访谈中，研究者用心去倾听每位受访幼儿园老师的话语,在情感上给予积极回应,在理智上深度追问,走进其内心世界。在对与研究对象的关系是该亲密还是疏离,对自己是局内人还是局外人的角色一度感到困惑,要做到既亲密又疏离,在局内人和局外人之间保持骑墙姿态并不容易。质性研究者需要致力于思考如何把自己的主观性客观化,培养出完全关注与物我两忘的能力。

参考文献

[1] Shanoski L A, Hranitz J R. Learning from America's Best Teachers: What Research Tells Us. [J]. Educational Trends, 1991: 8.

[2] Sunan S, Ketkanok W. Latent profile analysis of the good teacher characteristics in the 21st Century in the Northeastern Region of Thailand[J]. Educational Research and Reviews, 2018, 13(4).

[3] Marlena Plavšić, Marina Diković. Do Teachers, Students and Parents Agree about the Top Five Good Teacher's Characteristics? [J]. Bulgarian Comparative Education Society, 2016.

[4] Cartwright S. What Makes Good Early Childhood Teachers? [J]. Young Children, 1999, 54(4): 4-7.

[5] Nachbar R R. The Good Preschool Teacher[J]. Day Care & Early Education, 1990, 17(3): 39-40.

[6] 沈建洲. 一个实习生眼中的幼儿教师——兼议幼儿教师的职业素养[J]. 学前教育研究, 2001 (06): 10-11.

[7] 展秀萍. 幼儿园教师形象及其建构[D]. 兰州: 西北师范大学, 2013.

[8] 徐慧艳. 4—6 岁幼儿心目中的幼儿教师形象研究[D]. 武汉: 华中师范大学, 2013.

[9] 李晓航. 幼儿心目中的理想教师形象研究[D]. 长春: 东北师范大学, 2011.

[10] 杨翠. 幼儿眼中的"好老师"[D]. 重庆: 西南大学, 2010.

[11] 戴莉. 幼儿眼中好老师标准的调查研究[J]. 学前教育研究, 2005(11): 18-20.

[12] 杨大伟. 社会分层视野下家长对幼儿教师期待的研究[D]. 武汉: 华中师范大学, 2016.

[13] 赵菲. 家长对幼儿教师专业能力的期待研究[D]. 重庆: 西南大学, 2011.

[14] 吴文涛, 张旭. 现实·媒介·认知: 幼儿教师形象的三重建构[J]. 教育发展研究, 2017(10): 26-31.

[15] 陈向明. 质的研究方法与社会科学研究[M]. 北京: 教育科学出版社, 2000: 12.

[16] 陈向明. 质的研究方法与社会科学研究[M]. 北京: 教育科学出版社, 2000: 327-335.

[17][18][19] 陈向明. 质的研究方法与社会科学研究[M]. 北京: 教育科学出版社, 2000: 332-338.

[20] 但菲, 贺敬雯, 张梦涛. 职前幼儿教师实践性知识的发展: 现状、影响因素及教育建议[J]. 教育研究与实验, 2017(02): 77.

[21] 朱政. 幼儿教师职业适应性的阶段发展研究[D]. 济南: 山东师范大学, 2011: 9-11.

[22] 左志宏, 席居哲. 幼儿教师职业倦怠与职业承诺特点: 新手与熟手的比较[J]. 学前教育研究, 2008(11): 23.

[23] 张亚妮, 程秀兰. 基于"学习故事"的行动研究对幼儿园教师实践智慧生成与发展的影响[J]. 学前教育研究, 2016(6): 50-59.

[24] 林泳海, 曹亚萍, 姜勇. 专家型幼儿教师成长的几点思考[J]. 广西师范大学学报(哲学社会科学版), 2007, 43(2): 86.

[25] 谷禹, 王玲, 秦金亮. 布朗芬布伦纳从襁褓走向成熟的人类发展观[J]. 心理学探新, 2012, 32(2): 106-107.

[26] [英]戴维·布坎南, 安德杰·赫钦斯盖. 组织行为学(第五版)[M]. 李丽等译. 北京: 经济管理出版社, 2011: 485.

[27] 邹治, 徐梦玲. 生育对女性职业生涯发展的影响研究综述[J]. 当代经济, 2018(23): 144.

[28] 苏津津, 李婕. 生育对职业女性职业生涯发展的影响及对策[J]. 中国人力资源开发, 2015(5).

［29］中华人民共和国教育部. 2017 年教育统计数据［EB/OL］. http://www. moe. gov. cn/s78/A03/moe_560/jytjsj_2017/qg/201808/t20180808_344711. html,2018-08-01/2019-01-02.

［30］杨利霞. 研究生学历幼儿园教师入职适应研究［D］. 南京：南京师范大学,2012：42－49.

［31］梁慧娟. 改革开放 40 年我国学前教育事业发展的回望与前瞻［J］. 学前教育研究,2019(01)：17.

［32］Carolee Howes，Marcy Whitebook，Deborah Phillips. Teacher Characteristics and Effective Teaching in ChildCare：Findings from the National Child Care Staffing Study [J]. Child and Youth Care Forum，1992，21(6)：400.

［33］Aslan N. Teacher images in Spain and Turkey：a cross-cultural study［J］. Asia Pacific Education Review，2016，17(2)：262-263.

A Qualitative Study on the Image of "Good Teacher" in the Eyes of Kindergarten Teachers
——An Attempt to Apply the Grounded Theory Method

Zhang Ya-ni　Niu Wanyu　Chen Hao

(College of Early Childhood Education，Shaanxi Xueqian Normal University，Xi'an，Shaanxi，710100，China)

Abstract：In order to meet the expectations of the country and the society for "good teachers" in kindergartens，analyze how kindergarten teachers understand the image of "good teachers"，and promote teachers to constantly ponder and question how to make themselves step towards the goal of "good teachers". Based on the relevant national policy documents and based on the real educational life，this paper conducted in-depth interviews with 30 kindergarten teachers at different professional development stages with qualitative research methods，analyzed the "good teacher" image in the minds of teachers at four professional development stages，including grounded theory and NVivo11 software，tried to reveal the "good teacher" image in the minds of teachers at different development stages，and constructed the "good teacher" model in the minds of kindergarten teachers at different levels. The study found that prospective teachers mind "good teacher" is the ideal of pure，a heart type teachers，novice teachers mind "good teacher" is practical and has clear task oriented teachers，skilled teachers' minds "good teacher" image is a dedication to the sustained growth of teachers and expert teachers is the idea of a "good teacher" image with education beliefs，education wisdom，good at study and influential teacher. This paper reflects on and discusses the factors that influence the image of "good teacher"，the enlightenment brought by the image of "good teacher" in the eyes of highly educated teachers，and the reflection caused by the image of "good teacher" in the eyes of kindergarten teachers who graduated from non-preschool majors.

Key Words：kindergarten teachers，good kindergarten teacher，grounded theory

------- 拓 展 阅 读 -------

选题指南例举①

① 来自陕西学前师范学院学前教育专业 2024 届本科学生毕业论文选题指南。

第三讲

设计与实施：“大胆假设，小心求证”

第一节 任务书和开题报告设计：“胸中有丘壑，匠心绘蓝图”

一、毕业论文任务书

毕业论文任务书是指导教师向学生下达毕业论文工作任务的一种表格式文书。它对学生完成论文研究与撰写有着引导、启发及示范的作用。学生应根据任务书的要求，认真实施，积极完成任务。

任务书一般主要包括论文题目、任务内容、基本要求、论文进程时间安排、主要参考文献等内容。

(一) 论文题目

题目是论文最重要的信息点，它能让读者快速地明了文章主题。在撰写论文题目时应注意以下事项：

第一，题目要力求简洁、特异、明确，能准确反映文章主题和特定内容；

第二，题目要包括文章的主要关键词；

第三，题目一般不超过 20 个字，尽量不要使用副标题，除非简短的题目实在无法包含完整的信息；

第四，题目中不要使用标点符号，以及不被众人所熟知的缩写、简称等；

第五，英文题目应与中文题目相一致。

(二) 任务内容

论文任务书的目的是培养学生综合运用所学的基础理论与专业知识，在指导教师指导下，提出有一定理论意义与实用价值的问题，分析并解决问题；训练学生独立检索与阅读中外文资料，提高学生搜索、整理、筛选信息资料的能力；掌握教育科学研究的基本方法，了解论文的写作技巧与规范化要求。

因此，论文任务内容一般包括以下五个方面。

第一,提出选题的初步设想(研究什么);

第二,搜集、整理与论文有关的、充分的文献资料,扩充查阅范围;

第三,分析、筛选已有的信息资料,提出研究设想与计划(如何研究);

第四,构思论文框架,编写论文提纲,向指导教师提交开题报告;

第五,撰写论文初稿,反复修改,提交初定稿及打印稿。

(三) 基本要求

毕业论文基本要求是指学校在毕业论文结构、行文表达、格式规范以及学术诚信等方面对学生提出的严格规范。一般情况下毕业论文的基本要求主要包括以下五个方面。

第一,毕业论文所涉及的主要问题能较好地体现对所学专业的基础理论、基本知识和基本技能的掌握;

第二,观点明确,论据详实,论证严密,结论明确,具有科学性和逻辑性;

第三,研究方法正确,实验步骤合理,数据资料完整;

第四,文字通畅,表述清楚,撰写规范;

第五,毕业论文的体裁应为学术性论文,调查报告、工作总结或单纯的案例分析等不能作为毕业论文。

不同的学校和不同的培养层次与要求,在论文写作格式以及字数要求上会略有不同,需要视具体情况而定。一般本科层次院校要求:文科类专业论文字数(正文)应在 8 000 字以上;理科类、艺术科类等专业论文字数(正文)应在 5 000 字以上。

(四) 论文进程时间安排

论文进程包括选题、撰写开题报告、完成初稿、论文修改、定稿等过程,在任务书中要将论文步骤明确,时间分配要科学合理,并具有一定的弹性。学生则要在自己撰写的开题报告中按照这一计划进度要求,并按最后批准的规定期限完成各阶段的工作任务。

(五) 参考文献

任务书中的参考文献是规定学生必须阅读的重要文献,包括国内文献和国外文献。参考文献的种类包括:期刊论文类、学位论文类、书籍类、报纸类等。中文文献的搜集可以利用中国知网、维普、万方以及百度学术等数据库,外文文献可以通过 Web of Science、Glgoo 学术、Elsevier 等数据库进行搜集。参考文献的搜集要注意文献的出版时间,尽量搜集最近五年内的文献,最新的期刊才可以体现研究的动态与趋势,但若文献资料非常有限则可放宽时间期限。另外参考文献的格式与排序要按照学校的具体要求而定。

论文任务书例举如下:

本科生毕业论文(设计)任务书

院(系)：×× 专业：学前教育

姓名	××	学号	××

题目：幼儿教师职业幸福感现状研究

主要内容：
1. 收集文献资料,利用学校图书馆或网络数据库查阅相关资料。
2. 通过阅读文献资料以及咨询有关专家,编制调查问卷与访谈提纲。
3. 在×年×月×日前完成开题报告。
4. 进行数据收集与分析,进行论文写作。
5. 在×年×月×日前完成论文初稿,在×年×月×日前完成论文终稿。

毕业论文(设计)要求及完成的工作：
1. 要求能比较深入地研究,要对幼儿教师职业幸福感情况进行深入调研和分析。
2. 研究思路要清晰,对相关概念要理解透彻,研究问题要明确,论述分析要深入,逻辑结构要严谨,研究结论要合理。
3. 理论依据要充分,查阅参考文献应在20篇以上,设计的方案要实际可行,研究要遵循经济合理、创新实际的原则。
4. 注意论文整体内容相统一,前后观点一致,摘要、目录、内容之间要一致。
5. 要按照有关论文管理制度、格式及要求进行撰写,并提交相关文件和资料。
6. 严格按照论文写作计划进行,在不同阶段分别撰写有关文件。

		起止日期	各阶段任务
进度安排	1	11月17日—11月30日	论文定题;收集资料,确定研究方法。
	2	12月1日—12月31日	继续收集资料,撰写文献综述;完成开题报告。
	3	1月1日—3月15日	收集实践中的资料和数据;完成初稿。
	4	3月16日—4月30日	修改论文,完成二稿。
	5	5月11日—5月20日	论文修改与定稿;进行格式调整;进行答辩。

应收集的资料、主要参考文献：
束从敏.幼儿教师职业幸福感研究[D].南京师范大学,2003.
张晶晶,李佳孝.幼儿教师职业幸福感研究述评[J].教育科学论坛,2013(08)：78—80.
……

指导教师签字： 教研室主任签字：

年 月 日 年 月 日

二、开题报告设计

填写开题报告是撰写毕业论文的重要环节,做好开题报告有助于学生明确研究方向,理清研究思路,把握研究重点,找到研究方法,为顺利完成毕业论文的写作奠定良好的基础。一般学前教育专业毕业论文的开题报告主要包括以下十个方面:选题来源、选题类型、研究的目的和意义、国内外研究现状、选题研究的内容、要解决的主要问题、选题研究的技术路线、研究方法、研究进度安排和主要参考文献。不同学校对开题报告基本内容的要求可能略有不同,但大体都包括以上几部分,下面对开题报告的主要部分进行详细阐述。

(一) 选题来源

选题来源指研究者获取研究课题的途径,毕业论文的课题一般来源于指导教师科研课题、教师拟定、学生学术课题(含大学生创新创业训练计划项目等)或学生自拟选题。

1. 指导教师科研课题

现在大部分大学教师都有一定的科研项目或科研任务,很多学生也有机会参与到教师的科研当中,承担一定的科研任务。学生在跟随指导教师研究的过程中,学习和了解到与自己专业相关的一些问题,如果对其中某个问题特别感兴趣,产生了自己的一些想法和观点,那么学生可以在此基础上进行深入调研,确定自己的研究课题,这就是从教师科研中产生的论文题目。但需要注意的是,学生要把握好课题的难易程度。因为教师的科研项目不是一般的论文写作,学生在从其中获得选题灵感时注意把握课题的难度,有些题目虽然具有研究价值,但对学生来说或许难度太大,无法自行开展。因此,学生在以自身兴趣为基础进行选题的同时还要兼顾自身实际的科研水平。

2. 教师拟定

题目是整篇论文的核心,要能够让答辩老师立刻就清楚论文的主旨是什么。有些学生会选择使用教师直接拟定的题目,教师拟定的题目更符合学术要求,更具有研究意义,但教师为学生提供的题目是指向性的,有可能不够明确清晰,需要学生进一步聚焦研究问题。例如,教师为学生提供的题目为《发挥幼儿主体作用研究》,这一题目的研究范围过于宽泛,操作起来难度较大,需要将其进行分解,聚焦研究问题,因此可定为《小班科学教学活动中幼儿主体作用研究》,或《幼儿园集体教学活动中幼儿主体作用研究》等,研究问题更加具体清晰,题目更加明了,操作起来也更加顺畅。

3. 学生学术课题

有些大学生在校期间参加了学术课题研究,或者一些创新创业训练计划项目,学生或许会选择其中的某一个兴趣点或者研究新发现延伸为自己的毕业论文选题。另外,在参与这些课题与项目的过程中积累了大量的研究资料,部分资料就可用于毕业论文写作之中,节省了时间与人力。

4. 学生自拟选题

一般情况下,毕业论文的题目是学生自己确定的,题目选定的灵感可能来源于某节课堂之中、幼儿园实习之中,亦或许来源于与别人交谈之中等。学生自拟的题目更符合本人的研究兴趣,也与学生实际的研究能力相契合。但缺点是学生自拟的题目可能会出现题目过于宽泛、缺乏创新性、表述不准确等问题。因此,学生确定研究选题之后要与毕业论文指导教师进行沟通交流,避免上述问题的出现。

(二) 选题类型

学前教育专业毕业论文的选题类型一般分为理论研究和实践研究,两种研究类型既有区别又有联系。

1. 理论研究与实践研究的区别

理论研究是以揭示学前教育规律,探明或建立理论为主要目的的科学研究。它主要是通过理论与实验的探讨,以寻找新的事实,发现新的现象,揭示未知规律,从而修正或发展旧的理论,或者构建新的理论。[①] 理论研究注重一般知识、原理与规律的建立,因此理论研究可以直接丰富学科知识与理论体系,这类研究不指向实际问题,但一个科学的理论研究可以使某一学科具有突破性的发展。例如,"学前教育学发展史研究""学前儿童心理发展研究"等就属于这类研究。

实践研究主要指在实验、实习、工作实践和社会调查等实践中通过运用理论或规律以解决实践中的实际问题而进行的研究。实践研究将基础研究得出的理论与原理运用于实践之中,一方面解决了实际问题,另一方面用实践检验了理论。例如,"大班幼儿自我保护能力培养的实践研究""信息技术与幼儿园音乐教学深度融合的实践研究""集体情绪谈话活动提高中班幼儿情绪理解能力的实践研究"等就属于这类研究。显然,实践研究的研究成果可直接指导教育实践,为幼儿教师和幼儿解决具体问题。

2. 理论研究与实践研究的联系

理论研究与实践研究对于学前教育学科的发展以及学前教育实际问题的解决起到相辅相成的作用,理论来源于实践并指导实践,实践反过来又运用理论并检验理论。实践研究的假设、构思以及对研究结果的分析与评价都要依据理论的支撑与指导,因此理论研究指导着实践研究,同时实践通过对理论的运用去检验理论的实际效用。所以说,理论研究与实践研究既是彼此独立的,又是相互联系的。

(三) 研究目的与意义

研究目的主要是说明为什么要选择这个研究方向或者这个研究题目,通过该研究要得出什么结论或者需要解决什么问题等,换句话说就是研究选题所预期达到的效果。根据研究目的,又可确定研究目标,也就是将综合、笼统的研究目的细化成具体的研究目标,以明确后续操作的方向。

研究意义是在研究目的基础之上阐述做此研究有什么样的价值,或者说通过该研究解决某种问题、达到某种结果有什么样的意义。研究意义一般包括理论意义与实践意义。理论意义指该研究成果对学前教育领域或者相关领域的知识与原理起到何种作用。理论意义一般包括以下几个方面:为长期教育实践提供了相关的知识,弥补了某些理论方面的不足或空白;提高了研究成果的普适性;提高了测量工具的效度和信度,或改进了先前的研究方法等。实践意义是指该研究成果可以对幼儿教师、幼儿园或者教育部门等群体起

---

① 刘电芝.现代学前教育研究方法[M].重庆:西南师范大学出版社,1999:3-4.

到哪些实践指导意义。比如,有助于国家的政策体系与本地的教育实际相结合,为教育行政部门政策的制定提供参考依据,对提高教师专业发展水平具有实践意义。

研究目的与意义撰写例举如下:

《幼儿教师网络自主学习现状研究》[①]的研究目的与研究意义

1. 研究目的

本研究以探寻××地区幼儿教师网络自主学习存在问题及解决对策为主要内容,通过对幼儿教师网络自主学习的情意、能力、条件、外部支持等方面的调查,在了解当前幼儿教师网络自主学习现状的基础上,总结归纳出影响幼儿教师网络自主学习活动开展的主要因素,并针对上述内容提出相应的改进策略,在丰富现有网络自主学习研究成果的同时,也为发展幼儿教师网络自主学习献计献策,促进幼儿教师自身专业发展。

2. 研究意义

(1) 理论意义

虽然目前有关自主学习领域的研究和理论成果已经很丰富,但以幼儿教师作为研究对象的网络环境下的自主学习研究数量非常少。因此,本文从成人教育学专业视角切入,对幼儿教师网络自主学习进行研究,丰富成人教育学理论,同时也可以在一定程度上丰富网络自主学习理论。

(2) 实践意义

通过对幼儿教师网络自主学习现状进行调查研究,可让他们明晰自己在学习中存在的问题,并且在今后的学习过程中,扬长避短,在业务水平上得以提升的同时也能不断提高自己的科研能力,促进自身专业成长,进而推动幼儿教师队伍整体素质的向前发展。另外,通过研究幼儿教师的网络自主学习行为,有利于为教育部和学校制定相关的政策措施,促进幼儿教师得到更好发展提供一定的参考和帮助。最后,通过对幼儿教师网络自主学习进行相关研究,开辟幼儿教师自我发展新路径。

(四) 国内外研究现状(文献综述)

国内外研究现状又称文献综述,指在全面收集、阅读大量的研究文献的基础上,通过对文献的整理与分析,将相关研究的已有研究成果、存在的问题以及新的发展趋势等进行系统、全面的叙述和评论。[②] 因此文献综述包括两个方面,既要对已有研究的重要内容进行叙述,还要对已有研究的优点、存在的问题以及新的发展趋势做出自己的思考与评论。

1. 撰写文献综述的意义

(1) 为学位论文的选题寻求切入点和突破点

通过撰写综述,对不同研究视角、方法,不同研究设计方法,特别是不同观点进行分析、比较、批判与反思,可以深入了解各种研究的优点和不足,研究者可以向其他学者学习从而激发新的思想和研究灵感,找出以往研究的问题与不足,全面了解相关领域的研究现

---

① 马聪聪.幼儿教师网络自主学习问题及对策研究[D].桂林:广西师范大学,2016.
② 张庆宗.文献综述撰写的原则和方法[J].中国外语,2008,005(004):77-79.

状,在掌握研究现状的基础上寻找论文选题的切入点和突破点,预测后续研究成功的可能性。

（2）避免重复劳动,提高研究的意义和价值

有专家估计,我国有40%的科研项目在研究前其实在国内外已经有了相关成果。重复研究不仅浪费了大量的时间和精力,还将导致科研本身长期处于低水平的状态。据美国科学基金委员会、美国凯斯工学院研究基金会调查统计,一个科学研究人员在一个科学研究项目中用于研究图书情报资料的时间,占全部科学研究时间的1/3至1/2。[①] 因此,文献综述的作用在于充分掌握已有研究的现状,避免重复前人已经研究过的课题,提高研究选题的创新性以及研究价值。

（3）文献综述是学位论文的重要组成部分

文献综述是一切研究的基础,文献综述在论文写作中占据着重要的地位,文献综述的好坏直接关系到论文的成功与否。文献综述的作用在于介绍研究现状,理清研究问题的发展历程,阐明选题依据,找出已有研究的问题与不足,以提出选题的创新之处。因此,一篇好的文献综述可以反映选题的科学性与创新性,同时可以使学位论文评审老师充分了解该研究的价值,判断学生对该选题的已有研究掌握的深度和广度。

（4）提高学生对文献资料的整理与分析能力

若要写好文献综述,需要搜集大量的文献资料,并运用科学的方法对搜集到的资料进行整理与分析。学生在搜集文献资料过程中,可进一步熟悉科学文献的查找方法和资料的积累方法,在查找的过程中也扩大了知识面,为今后的科研活动打下基础。另外,在完成文献资料的搜集与整理之后,还要对其进行分析、分类与归纳,将文章中具有类似观点的文献纳入一类;对于观点相对的文献,应谨慎把握,寻找适应的切入点,突出矛盾点及差异的原因,[②]这个过程可以提高学生的逻辑分析能力。

2. 文献综述的格式

文献综述的写法多样,没有固定的格式。但一般认为可以按以下四种形式去撰写:按年代顺序综述,按发展阶段综述,按不同主题（问题）进行综述,按不同的观点进行比较综述。[③] 不管采用什么样的撰写格式,都要从纵横结合的角度进行撰写。

所谓"纵"指围绕某一专题,按时间先后顺序或专题本身发展层次,对其历史演变、目前状况、趋向预测作纵向描述,从而勾勒出某一专题的来龙去脉和发展轨迹。但需要注意的是,撰写综述不要孤立地按时间顺序罗列事实,写成了流水账,在不同学者的观点之间要有串联性的语言进行过渡。有些专题时间跨度大,科研成果多,在描述时就要抓住具有创造性、突破性的成果作详细介绍,而对一般性、重复性的资料可以省略。这样既突出了重点,又做到了详略得当。所谓"横"即从国内与国外的角度对某一专题的各派观点、各家之言、各种成果等加以描述和比较。通过横向对比可以看出国际水平与国内水平的实际

① 王景发,魏志鹏. 论文写作与开放存取[M]. 兰州:甘肃人民美术出版社,2014:70.
② 吴丽萍. 文献综述的写作及对提高法学本科生毕业论文质量的影响——以西北政法大学法学本科为例[J]. 高教研究与实践,2018,37(04):57-60.
③ 陈玉云. 教育教学文献综述的撰写[J]. 教学与管理,2009(16):35-37.

情况与差距。通过纵、横描述，才能全面系统地认识某一专题，并作出比较可靠的趋向预测，为新的研究工作提供参考依据。

3. 文献综述写作步骤

（1）文献的检索

搜集文献资料是撰写文献综述的第一步，也是最重要的一步。检索是指通过各种文献数据库搜索与研究主题相关的文献，文献数据库包括英文文献数据库和中文文献数据库，教育学常用的英文数据库包括 Education Research Complete，EBSCO，ERIC，Social Services Abstact 等数据库，教育学常用的中文数据库包括中国知网、万方、维普、读秀、超星电子图书等数据库。常用的检索方法有顺查法、逆查法、引文查找法和综合查找法，有时也可以边搜集边阅读，根据阅读中发现的线索再跟踪搜集。具体的检索方法在本讲第三节会详细介绍，这里不再赘述。

（2）文献的筛选和分类

文献的筛选包括粗选与精选，粗选即根据选题先确定一个大致范围，尽可能地搜到所有与研究主题相关的文献，若相关文献非常丰富，则可过滤掉一些年限陈旧的文献，但保留具有典型性与代表性的文献。粗选时一般可以从文献的题目、摘要、引言、结论和参考文献进行泛读、选择。精选指对粗选过的文献进行简单的阅读或浏览，寻找与选题密切相关的文献。精选时要从文献的论点、论据的正确性和论证的严密性方面进行认真阅读，详细体察，做好摘录和分析。[①] 在阅读的同时可以将文献按照一定的标准进行分类，以便后续研究中使用。可以参考的标准有：①按学科领域分类；②按学术观点、学术流派分类；③按问题研究的历史发展阶段分类；④按研究程序或研究方法的运用分类等。

（3）文献的加工整理与评论

阅读文献之后要根据阅读笔记对文献中的观点进行整理与分析，并进行评述。首先，将文献中的重要观点按照一定的原则进行整理，使之系列化、条理化。其次，对不同的观点进行合理的分析、比较和评论。在这个过程中要保持公正客观、独立自主的思维，既要肯定其优点，又要指出存在的问题与不足。对于不同或矛盾观点的分析和评论，要注意选择合适的视角，要找出造成不同的原因，不可妄加猜测与评论。

（4）预测研究趋势

文献综述是选题的依据，通过梳理前人的研究观点，总结该学科领域当前国内外的主要研究成果及其应用价值、实际意义，并指出目前存在的不足之处。应当指出的是，现有研究存在的问题可以从以下四方面寻找：是否存在理论基础的片面性，研究设计或研究方法是否运用得当，是否存在那些尚未引起研究者注意的问题，研究成果是否具有普适性。通过寻找已有研究的缺陷，提出有待进一步研究的问题，展望今后的发展趋势或前景，从而提出新的研究设想，体现研究选题的价值与意义。这是撰写文献综述的目的，是文献综述的点睛之笔，也是后续研究的方向标。

4. 文献综述撰写注意事项

第一，搜集的文献应全面，具有代表性、可靠性。很多学生由于初次接触学术文献的

---

① 陈道兰.本科毕业论文的文献综述写作[J].中国西部科技，2010，9（10）：93 – 94.

搜集,对文献资料的搜集方法运用得不是很熟练,因此会出现搜集范围不够广泛,或搜集的资料包括很多低质量的文献,使得学生不能系统全面地把握研究现状,从而造成片面理解现有研究的观点,甚至自认为没有相关研究,从而造成重复性的研究。因此,在搜集文献的过程中要注意搜集范围的广度与深度,同时注意避免雷同的观点,保证文献的代表性。另外,应尽量搜集核心期刊或者具有权威性的期刊与图书,保证文献的可靠性。

第二,在进行文献阅读时应注意以下问题:一是要梳理每一项研究的理论框架和研究背景,清楚文章的研究方法以及主要研究成果。二是在对重要文献进行了系统的阅读后,需要对文献中的研究观点、成果、方法等进行一定的归纳、比较与分析。三是阅读文献时要带有批判性意识,即研究者应对选定的文献以批判性的角度来进行阅读,这里的批判性并不是指对其他学者的观点进行批评,而是要带有问题意识以及思考该观点提出的依据。要批判地分析研究中存在的问题、观点的不足,以便发现尚未研究的问题。四是阅读时要做好笔记,如将重要文章的主要内容,包括重要观点、技术方法、重要数据和研究结果等记录下来,以便为后续的写作做好准备。

第三,文献综述要紧紧围绕课题研究的"问题",确保所述的已有研究成果与本选题研究直接相关,其内容是紧密围绕研究选题,能全面系统地反映相关研究已取得的成果及发展趋势。有些学生在撰写文献综述时介绍了很多与研究选题没有直接关系的研究现状,使得读者对研究主题产生迷惑。例如,"民办幼儿园教师职业幸福感现状研究"这一课题,作者在对核心主题的相关研究进行综述之外,还对民办幼儿园教师专业发展的相关研究进行了综述,使得读者搞不清楚核心主题到底是什么,降低了文献综述的作用与价值。

第四,文献综述要文字简洁,尽量避免大量引用原文,避免对以往研究成果进行简单介绍与罗列。撰写者要用自己的语言把作者的观点说清楚,从已有研究成果中得出一般性的结论,并结合本国本地区的具体情况和实际需要提出自己的见解。如果只是对已有文献的观点进行简单罗列,没有自己的评价与见解,会使综述显得杂乱无章。这种错误的撰写方式多是从一个观点直接跳到另一个观点,中间没有任何过渡性的话语,只是将不同学者的观点进行堆砌,缺乏逻辑结构,使得读者无法从中发现研究文献或者文章观点是如何演变的,其轨迹是如何发展的,成为浏览式的综述。

第五,文献的综述要全面、准确、客观,用于评论的观点、论据最好来自一次文献,尽量避免使用别人对原始文献的解释或综述。另外,引用文献中的观点和内容应在引用处标明出处,明确哪些是别人的观点,哪些是自己的见解,这既方便后续研究过程中查找相关文献,同时也是对被引用文献作者的尊重。[①]

第六,个人观点不要在综述中占太多篇幅,清楚文献综述的重点在于综合分析已有研究的成果与观点,"述"即个人观点起到的是"点睛"作用,是阐明从"综"中获得的思考与启示,不应是综述的主体,个人的观点应在论文中进行详细的论述。

(五) 选题研究的内容

研究内容是对题目的细化和解释,是研究问题的具体化,研究者所提出的往往是一个综合性的问题,如果不能将其分解的话,也就难以将问题进行明确,就难以生成具体的研

---

① 许道云,李智,张丽. 本科毕业论文撰写方法与写作规范[M]. 贵阳:贵州大学出版社,2016:7-8.

究内容，因此研究内容所显现的是论文的问题域。研究内容阐明了研究者将对哪些具体的问题进行研究，研究内容应该围绕研究目标（研究问题的具体化，即将研究问题分解为小的研究目标）来展开论述，研究者应根据研究目标具体安排研究内容。毕业论文一般应设置两到三项研究内容，各项研究内容之间应具有一定的逻辑关系，研究内容的撰写应符合研究的思路。撰写研究内容时常用的动词有描述、分析、探讨、揭示、阐明、构建、提出等。作者在填写研究内容的时候可以参照上述常用词语，根据具体的研究题目来设定研究内容，使研究内容更清晰具体，富有层次性。

在开题报告中填写研究内容时应注意以下几个事项：

第一，研究内容的制订必须符合实际。一个研究在有限的时间内、在特定的研究保障条件下，只可能解决一定的问题，而不可能将所涉及的所有问题都解决，所以研究者在论述研究内容的时候务必要符合实际。

第二，研究内容的填写要注意表述清晰。研究内容的填写要注意表述清晰，但要注意不可将研究问题与对策写得过于详细与清楚，否则会给评审教师一种研究还没开始，结果却已经出来的感觉，让答辩教师担心学生在后续研究中可能会出现操作疏漏的问题。

（六）选题研究的技术路线

选题研究的技术路线体现的是研究过程的逻辑关系，是达到研究目标的途径，是向答辩教师展示研究的基本思路，研究的技术路线也可以被称为研究思路。研究思路体现的是各项研究内容的先后顺序，因此研究思路要紧密围绕研究内容来写，用关联词将研究内容串联起来，做到既不遗漏研究内容，也不新增研究内容。研究思路的表达方式一般为：首先……，其次……，最后……。常用的研究思路一般是：首先在研究的前期进行理论研究和文献综述；其次，进行实证研究，调研并分析调研结果，建立事实依据；再次，进入探索阶段，提出新的体系；最后，总结成果，检验并完善成果。为了清晰呈现研究思路，可在文字叙述的基础上，将研究思路的具体内容做成一张思维导图，采用图文并茂的方式使得研究思路更加明了、直观。

（七）"拟解决的关键问题"与研究方法

"拟解决的关键问题"是研究的主攻方向，一篇论文只能有一个中心问题，在一个中心问题之下可分设两到三个具体问题。如果一个选题，要解决两个或两个以上的主要问题，就有可能导致主攻方向不明确，在论述过程中容易出现逻辑混乱、主次不分的现象。很多学生在开题答辩时被答辩老师问得目瞪口呆，多数原因在于学生没有把自己的研究问题弄明白，以致在答辩的过程中思维容易产生混乱。因此，学生要清楚本研究的关键问题或者说核心问题是什么，核心问题之下又可以分为哪些具体的小问题，只有研究问题逻辑层次搞清楚了，研究内容才会更加全面、清晰。

研究方法是解决研究问题、实现研究目标的技术手段。研究方法与研究的问题是直接对应的，研究方法不仅仅与论文所要解决的中心问题相互对应，更重要的是要与研究内容中的具体问题基本对应。[①] 因此，研究者首先要明晰研究内容所涉及的每一个问题，然后根据各类问题设计适合的研究方法。如果无法做到如此精细的话，至少也应该对拟解

---

① 曹正善. 论开题报告的逻辑结构[J]. 学位与研究生教育，2008(01)：15-18.

决的关键问题所需要的研究方法进行明确。在开题报告中填写研究方法时要注意以下三个问题：

一是避免使用不规范的、自造的研究方法名称。研究方法要是通用的、规范的研究方法名称，比如文献法、问卷法、观察法、访谈法、调查研究法、实验研究法、个案研究法等，不应该出现自创的方法名称，比如实战演练法、讨论思辨法等。

二是切忌仅列举研究方法的名称或仅解释研究方法本身的定义，而应做到论述该研究方法的具体用法，能够紧扣研究问题对研究方法进行论证。

三是注意研究方法操作的规范性与严谨性。在使用研究方法之前要对研究方法的操作步骤有清晰的认识，并严格遵守操作程序，谨慎解决操作过程中遇到的问题，不可对其忽视，否则会使研究结果出现偏差，甚至错误。

学前教育专业毕业论文开题报告例举（开题报告中的研究进度安排与参考文献两部分内容已做省略）如下：

开题报告例举①

第二节　研究思路与方法设计："欲善其事，先利其器"

"欲善其事，先利其器"，研究思路与方法设计是论文撰写前必做的准备工作，一个清晰合理的研究思路可以为后续的研究过程指明行动方向，对整个研究的进展阶段做到心中有数。研究方法是解决研究问题、完成研究目标的工具和手段，因此研究方法的选择取决于研究问题的需要。简言之，研究思路是对论文逻辑结构的构思与规划，而研究方法则是实现研究目标的必要手段，因此科学合理的研究思路与方法设计有助于论文的顺利完成，有助于研究问题得到有效解决，有助于论文质量得到有力保证。

一、研究思路

开题报告中的研究思路是指基于某种理论依据，对研究对象如何进行研究，解决什么问题，运用什么研究方法，经过什么步骤，达到什么目的等方面的构思，并将这些构思按照逻辑层次综合起来形成整体研究思路。研究思路的清晰度基于研究者对研究内容把握的透彻度。因此，研究者在制定研究思路之前必须搞清楚自己的研究问题到底是什么，基于

---

① 来自陕西学前师范学院学前教育专业 2019 届本科毕业生姚元。

问题导向,确定研究内容,根据研究内容的需要,寻找对应的研究方法,设想方法运用的程序以及运用此方法达到什么样的效果或者成果,在这样逐渐深入思考的过程中清晰自己的研究路线。

当然,需要我们了解的是,一个科学合理的研究思路需要研究者具备大量的理论知识积累作为大脑有力构思的基础。因此,在开题报告与论文撰写前,学生要充分查阅和研究国内外相关的权威文献资料,在充分掌握已有研究动态以及相关知识的基础之上,针对研究对象,尽可能提出独特的研究思路。另外,研究思路的撰写还需要研究者具备较强的逻辑思维能力。因为在进行研究思路撰写前,应形成一定的逻辑框架,然后根据逻辑框架的结构进行填充整理。研究思路的写作逻辑可以为:"以……为切入点,运用……的理论和方法,通过……环节或途径,最终实现了……目标。"研究思路在通过文字表述方式进行阐明的同时最好能够将其图示化,路线图直观形象、一目了然,可以使研究思路的呈现方式更加清晰明了。

在构建研究思路图时还要注意文字的高度概括性,应具有针对性和简洁性。在撰写研究思路时还应注意不要将研究思路写为研究步骤,二者具有不同的概念。研究思路强调的是研究者对研究问题、研究目标、研究内容以及研究方法等的再度审思,是将以上研究各方面统一的一条主线,而研究步骤是指研究工作的开展的程序,它是以研究思路为前提和基础而生成的。为了帮助毕业论文撰写者更直观地明了二者的区别,这里提供了相关案例,如下所示:

《幼儿教师自主研修的现状及影响因素研究》[①]的研究思路与研究步骤

一、研究思路

1. 探寻幼儿教师自主研修的现实状况。本研究基于建构主义学习理论,通过文献梳理、专家咨询了解了幼儿教师自主研修的结构维度。在此基础上通过项目分析和探索性因素分析,构建了幼儿教师自主研修的结构维度,形成调查问卷,并结合部分教师半结构式的深入访谈,了解幼儿教师自主研修的现实状况。

2. 探索幼儿教师自主研修的影响因素。通过文献梳理、专家咨询了解幼儿教师自主研修影响因素的结构维度。在此基础上通过项目分析和探索性因素分析,构建幼儿教师自主研修影响因素的结构维度,形成调查问卷,通过多元逐步回归分析、路径分析,并结合部分教师的半结构式深入访谈,探索了各影响因素对幼儿教师自主研修的影响作用和影响方式。

3. 对优秀幼儿教师 H 自主研修的历程做个案研究。本研究采用质性研究的方式,从个人生活史的角度出发,通过深度访谈、成果分析、教育叙事等方式对 H 教师自主研修的历程做个案研究,以期发现优秀幼儿教师自主研修的典型特征和影响因素,并提出有针对性的建议和思考。

二、研究步骤

1. 查阅文献资料。借助 CNKI 和万方数据库等期刊网,以及广泛阅读教育管理学、教师教育学、学前教育学、教育方法等书籍,进而对有关信息进行梳理、归纳和分析。

---

① 杨毅. 幼儿教师自主研修的现状及影响因素研究[D]. 沈阳:沈阳师范大学,2013.

2. 研究设计。在阅读大量文章和书籍的基础上,结合实地考察,逐步明确本研究的研究内容和研究方法,并对整个研究进行详细的设计。

3. 编制问卷和访谈提纲。根据研究内容的需要,采取相应的研究方法,最终形成《幼儿教师自主研修现状及影响因素》的问卷和访谈提纲以及《优秀幼儿教师 H 自主研修的个案访谈提纲》。

4. 资料收集与整理。对正式问卷进行施测,收集回来的数据资料利用 SPSS17.0 进行分析,对访谈资料进行质性分析。

5. 完成毕业论文。按照 SPSS17.0 统计的结果,对其进行相应的描述统计分析,并以质性研究来丰富研究结果的分析与讨论。按照指导教师和答辩委员的指导意见进行修改,最终形成毕业论文。

二、研究方法

所谓方法是指到达目的地所必须采取的手段、措施、途径等,是联结起点与目的地的中介物。学前教育研究方法即解决研究学前教育问题所采用的手段、措施、程序、途径等。研究方法是与研究问题直接对应的,如果没有对问题的认真分析,研究方法也就无从谈起。[①] 一篇学位论文的核心问题之下必定包含几个具体的小问题,不同的问题需要采用不同的研究方法,如果不思考问题与方法之间的对应关系,对方法的理解就不可能充分,解决研究问题的可能性也不大。因此,要以问题为根本,根据研究任务的实际需要和研究者本身具备的实际研究条件,对选择何种研究方法提出设想,并考虑如何把所定方法有机地安排在整个研究过程中。

在学位论文中撰写研究方法时需要注意避免这样一个误区,即将研究方法简单列举,比如,"本研究运用文献法、历史法、访谈法、调查法等研究方法",并简单摘抄些各种研究方法的阐述,从而把研究方法的运用变成了研究方法的讲解。而要避免这种问题的最好办法就是叙述和呈现如何解决研究问题。[②] 比如说实验研究是用来解决什么问题的,要把采用的基本实验设计说明白,然后说明可能的干扰因素及其消除办法等;再如调查研究是用来解决什么问题的,说明对象的设计和工具的设计,以及可能存在的问题和弥补措施等。简言之,在叙述研究方法时不可简单罗列,要将具体研究方法解决的问题以及运用的过程叙述清楚。

关于教育研究方法的种类有很多,在学前教育专业毕业论文中常用的方法包含以下六种:

(一) 文献法

1. 文献法的含义

在进行学前教育研究的过程中,研究的前期任务是搜集与整理与选题有关的文献资

---

① 曹正善. 论开题报告的逻辑结构[J]. 学位与研究生教育,2008(01):9−12.
② 李润洲. 走出开题报告撰写的三个误区——一种教育学的视角[J]. 学位与研究生教育,2014(2):8−11.

料,以了解国内外的研究现状,当选题确定之后要深入分析、鉴别、整理文献来进一步熟悉研究现状并使研究过程更为有效。这种搜集、鉴别、整理文献,并通过对文献的研究形成对事实的科学认识的方法即为文献法。[①]

随着时间的推移,大量的教育文献资料累积了无数与教育有关的事实、数据、理论及方法等,成为人类宝贵的精神财富,也为后来的研究者提供了可供借鉴的理论依据。从时间的角度看,文献法是一种"历史"的研究,这里的历史是相对的,无论是数百年前,还是在昨日,只要是别人研究过的问题都成为"历史"的研究。另外,文献法的运用本身就是批判与继承的过程,其目的在于比较与借鉴,通过对已有文献观点的再度审思与重构,形成新的思想与理论。因此文献法具有历史性、继承性与创造性的特点。[②]

2. 文献法的优点与局限

(1) 文献法的优点

第一,文献研究法可以使更多研究者间接接触到不可接触到的人或场景,特别是在学前教育研究的初期,各国为了学习其他国家的教育理念以及实践经验,都积极向国外派遣学者与专家进行实地学习、访问与调研,但是这种考察和访问不适用大量的研究者,因为对于大部分研究者而言并不能经常获得去外国实地考察与访问的机会,只有优秀的学者与专家才有这样宝贵的机会。但通过研究外国的教育文献,了解其他国家的教育政策、理念以及实践等,是每个研究者都可以做到的,而文献法可以扩大研究者的范围,可以使更多研究者有机会间接接触到不可接触的人和场景。[③]

第二,避免重复劳动,增强科研效益。文献资料可以为研究者提供研究选题有关的信息,通过文献检索,在充分了解前人研究成果的基础上,可以避免不必要的重复劳动,增强科研效益。诺贝尔奖获得者杨振宁曾指出,我国的科研项目有40%是和国外重复的,有国外学者研究也表明,因为重复劳动而消耗掉研究者时间的85%。因此,阅读相关研究领域的已有文献是研究前的必做工作,科学研究不能盲目开展,必须先搞清楚已有的研究成果,避免重复劳动,避免使选题失去研究的价值与意义。

第三,观点坦白度较高,研究费用较低。文献法与其他研究方法(观察法、调查法、实验法等)相比不易受研究对象、场地、研究情境的影响,人们较愿意通过学术文献反映真实思想,所以文献研究的坦白度较高。[④] 另外,研究者获取教育文献的方式有很多,获取教育文献的途径较为便捷,耗费的时间也较少,尤其是外国教育文献,不再像以往那样困难,可以在相对较短的时间内收集到大量的文献,且研究费用较低。比如图书馆里的图书、报刊,档案馆里的档案资料以及网络资源等。

第四,文献法适合于纵向研究。通过文献法可以做纵向趋势分析,即以时间为线索,了解研究领域在一段历史时期的发展成果以及趋势。如研究我国新中国成立以来幼儿教师的专业发展,以1949年到目前的时间段为线索搜集该时期内的相关文献资料,揭示我

---

① 杨晓萍. 教育科学研究方法[M]. 重庆:西南师范大学出版社,2006:112.
② 刘电芝. 现代学前教育研究方法[M]. 重庆:西南师范大学出版社,1999:72.
③ 肖军. 教育研究中的文献法:争论、属性及价值[J]. 当代教育理论与实践,2018,10(04):152 – 156.
④ 刘电芝. 现代学前教育研究方法[M]. 重庆:西南师范大学出版社,1999:74.

国幼儿教师专业发展的演变情况。

（2）文献法的局限

第一，记载偏差。有很多教育文献并不是教育研究的成果，或者作者本身对某种事物或者教育现象带有偏见，造成文献内容也有偏见倾向，从而造成记载的偏差，甚至有些作者为了自身的利益故意捏造扭曲客观事实。因此，学生在阅读文献时，要理性地对待文章中的观点，具有批判意识，避免被此类文章的观点误导。这也提醒我们尽量搜集较为权威的文献资料。

第二，部分文献出现内容残缺。虽然现在网络资源很丰富，但还是有很多纸质版的文献资料，那么纸质的文献资料难免在保存的过程中因为保护措施不当受到损害，例如搬迁、失火、水浸等原因，因而造成文献的残缺。

3. 文献法运用的一般程序

文献法的运用其实就是根据研究选题搜集相关的文献资料，然后对搜集到的资料进行筛选、整理与分析，最后将文献分析成果运用于论文写作过程中。其中的具体操作步骤在本讲第三节进行了详细描述，在此不再赘述。

（二）观察法

1. 观察法的含义

观即感知，察即分析研究。观察研究是研究者通过感官或借助于一定的科学仪器，在一定时间内有目的、有计划地感知、考察客观对象并进行有效的记录，以收集研究资料并据以分析解释、得出结论的一种研究方法。[1] 观察的重要特点在于其是在自然的条件下所进行的。所谓"自然条件"，即对所观察的现象或行为不加以人为的控制，使它们以本来面目客观地呈现出来。但是，在实际操作过程中为减少误差又必须将其加以一定的控制，如观察者要将观察路径、方式等纳入控制范围，因此，观察法应是一种有目的、有计划，且有一定控制的研究方法。[2]

2. 观察法的优点与局限

（1）观察法的优点

第一，操作简单易行。观察研究不需要复杂的仪器设备，也不需要特殊的条件，观察过程中的所有程序都是在自然状态下进行的，一般不会影响被试的学习、工作与生活。

第二，通过观察法获得的资料相对客观、可靠。观察法需要研究者深入研究现场获得一手的资料，这样，观察者可以了解真实的自然情景，而且不容易受主观因素的影响，因此观察法所获资料相对客观、可靠。

第三，观察法特别适用于以幼儿为研究对象的研究。首先，幼儿言语表达和理解能力较低，行为的随意性较强，自控能力较差，使用其他研究方法往往很难奏效，而观察法的目的在于考察儿童的言行，不要求他们做出语言回应，因此避免了其他研究中可能发生的如幼儿不理解指示语或不予理睬的干扰因素。其次，幼儿不容易受到干扰，也不会刻意去掩饰，观察结果较为自然真实。

---

① 左瑞勇. 学前教育科学研究方法：理论·操作·应用[M]. 重庆：重庆出版社，2008：58.

② 张宝臣，李兰芳. 学前教育科学研究方法[M]. 上海：复旦大学出版社，2012：57.

（2）观察法的局限

第一，无法推断出所观察现象的深层原因，因为观察研究主要针对外显的行为，只能说明有什么、是什么，只能说明事物之间的表面联系，不能揭示事物之间必然的、内在的联系。

第二，受被试活动时间的限制，研究者无法观测到全面系统的情况，不利于深入地揭示被试的行为。

第三，观察法的样本容量较小，所取得的资料不够系统，普适性程度不高，可进行推广的范围较小。

3. 观察法的类型

根据不同的角度可以将观察法分为不同的类型，具体有以下几种分类方法：

依据观察的情景不同可分为自然观察与实验观察。自然观察是指在一般的日常情景中，随着情景的自然发生与发展进行观察，不采取任何人为的干预。实验室观察则是指被试处于有控制、有特定刺激的实验室中，观察者观察特定条件下的特定行为。[1]

依据观察者是否参与到活动中可分为参与式观察与非参与式观察。参与式观察是指观察者亲自参与到观察对象的活动中，并充当活动中某个角色，使活动中的其他成员以相应的态度对待观察者，这种方式可以观察到事物的深层次结构。非参与式观察是指观察者不参与到观察对象的活动中，而是以旁观者的身份进行观察，这种观察方式较为客观。[2]

依据观察及记录的程序与方法是否有严格的设计可分为结构式观察（封闭式观察）与非结构式观察（开放观察）。结构式观察有详细的观察计划、明确的观察目标，在观察内容、程序、记录方法等方面进行了详细的设计，观察结束后可以对观察结果进行量化处理。非结构式观察没有比较严格的事先设计，比较机动灵活，但难以进行量化的处理。[2]

依据观察内容的不同要求可分为系统观察和局部观察。系统观察要求全面整体地了解观察对象或现象，通常需要一个较长的观察过程和预先设计好的计划。局部观察是只了解某一方面的情况，获得有关局部问题的认识。[3]

根据公开程度可分为隐蔽型观察与公开型观察。隐蔽型观察是指被观察者不知道观察者的身份，这种观察不会影响观察对象的心理与行为，能够获得较为真实的资料。公开型观察指观察对象知道观察者的身份，但有可能造成"观察反应性现象"，所获资料不能很好地反映真实情况。[1]

4. 观察法的一般程序

（1）观察前的准备工作

首先，确定观察目标与对象。确定观察目标是观察法进行的第一步，根据观察目标确定观察对象，只有明确了观察目标与对象才可以进行后续的操作。其次，选择观察类型以及实施方式。这一步是确定"用什么方法观察"和"如何进行观察"，根据观察的目的、内容

---

① 刘晶波.学前教育研究方法[M].北京：人民教育出版社，2014：212.

② 李丽芳.教育科学研究方法[M].石家庄：河北人民出版社，2004：119－120.

③ 刘晶波.学前教育研究方法[M].北京：人民教育出版社，2014：210.

以及具备的实际条件确定观察的类型，以及实施方式。最后，观察者要明确自己的责任，熟练使用观察工具。观察者是否可以熟练操作观察工具对观察结果的可靠性和有效性具有很大影响，因此观察者要提前熟悉观察工作的操作程序，并练习观察工具，直至达到熟练操作的程度。

（2）实施观察

观察可以通过两种方式进行，分别是时间取样与事件取样。观察者可根据自己的实际需要选择其中一种观察方式。

时间取样是指在特定时期内进行观察。比如观察者要观察小班幼儿的进餐行为，观察者每周抽出一天的时间，选取一天中幼儿进餐的时间段，连续观察四周，观察仅限于选取时间内幼儿进餐的行为，其余时间和事件一概不予观察。

事件取样是指以特定事件为观察标准，不限定观察时间，观察时间可任意选取。如观察班内幼儿教师的合作行为，可在任意时间内进行观察，但要记录完整的事件过程。

（3）做观察记录

在观察过程中，需要观察者边观察边做记录，以便于后续的分析。观察记录的方式有很多种，常用的有日记描述法、轶事记录法、连续记录法以及图表式记录。

日记描述法，又称儿童传记法，是以记日记的方式，每天记录儿童的心理和行为表现。观察者可以记录儿童在发展过程中各方面具有重大意义的行为现象，也可以记录儿童在语言、认知以及情绪等特定方面的新进展。无论是哪种记录方式都需要观察者进行长时间、持续的观察与记录。

轶事记录法是把观察到的有价值的、有意义的心理和行为事件记录下来，不一定每天都记，观察者记录的往往是被观察者的典型行为或异常行为等，此记录法不受时间的限制，观察者可以随时记录感兴趣的事件。

连续记录法指观察者按照时间顺序不间断地将被观察者的心理与行为记录下来。这种记录方式要求观察者能够持续不断地观察记录，并要求用精确、连贯的语言进行描述。它与日记描述法的区别在于，它是全面的观察与记录，按时间顺序把看到的所有的言行记录下来。

图表式记录指通过图表的形式进行记录。较为常用的图表式记录为频数记数图和项目清单。图表式记录一般采用数字、符号或代码进行记录，也可以配上简洁的文字进行简单的解释说明。

（4）整理与分析观察资料，撰写报告

因观察类型不同，观察记录结果的形式也有所不同。有无结构的记录方式，即以文字叙述为主，还有一类结构式的记录方式，即图表式的记录方式。研究者需要把所有的记录材料加以整理和分析，详细检查是否有遗漏或不全的资料，如存在此类问题，要继续进行观察，直到补全为止。同时，研究者在分析资料时要理清客观事实，同时对观察结果提出自己的见解与认识，并加以理论概括，最后形成研究报告。

5. 观察法运用的注意事项

（1）减少观察中的干扰

通常情况下，无论被观察者是成人还是幼儿，观察者的出现总会影响被观察者的心理与行为。即便观察对象是幼儿,其反应相对成人小得多,但一点影响也没有是不可能的。因此,观察者可以通过隐蔽观察或与观察对象熟悉后再观察等策略来减少观察中的干扰。

（2）观察者要客观

在观察时,观察者注意不要对被观察者的言行进行分析与评价,只进行客观描述就可以,自己的见解可以在资料分析时进行阐述,以避免观察者将主观意愿带入描述中,影响资料的客观性与可靠性。

（3）观察记录要系统、准确

观察者根据观察的目的与内容选择合适的记录方式,无论采用何种方式,都应注意记录内容的全面与准确,不可出现遗漏或者残缺的问题,在记录的过程中也不可加入观察者的主观判断,要保证资料的完整与客观。

（4）注意观察结果的信度

观察结果的信度是指观察结果的稳定性与可靠性,指不同观察者之间对相同情景观察结果的一致性,以及观察者自身对被试在相同情景中观察过程的一致性。[①] 可通过对观察者的严格训练提高观察结果的信度。

观察法应用例举如下:

观察法应用例举[②]

(三) 调查法

1. 调查法的含义

调查法是科学研究中常用的基本方法之一。"无论是自然科学还是人文科学,研究者要获得关于研究对象的基本事实和资料,对其现状和发展趋势作出客观的描述和预测,或者为进一步的实验研究和更高层次的抽象理论提供基本依据,都可以运用调查法。"[③]引申到教育领域,教育调查法是指"在教育科学理论指导下,通过运用问卷、访谈、开座谈会、测验、成品分析等手段,有目的、有计划、有系统地对某种教育现象或事实进行考察(包括口头的或书面的、直接的或间接的),掌握有关教育实践的历史、现状和发展趋势,并在大量掌握材料的基础上,进行分析综合,得出科学的结论,以指导今后的教育实践活动的方法"[④]。

2. 调查法的优点与局限

（1）调查法的优点

调查法不受现场条件及时间的限制,比较灵活机动。教育调查法的途径多样,既可

① 张宝臣,李兰芳. 学前教育科学研究方法[M]. 上海:复旦大学出版社,2012:61.
② 胡娟. 不同噪音强度对幼儿行为影响的研究[J]. 学前教育研究,2006(6):15－17.
③ 刘电芝. 现代学前教育研究方法[M]. 重庆:西南师范大学出版社,1999:97.
④ 张宝臣,李兰芳. 学前教育科学研究方法[M]. 上海:复旦大学出版社,2012:70.

以通过细致的访问、座谈等方式深入研究某些事物与现象,又可以采用问卷的手段进行区域性或大范围的调查研究,也可以二者结合。因此,调查法研究范围较广、涉及面较大。

(2)调查法的局限

虽然调查法在教育科学研究中应用广泛,但也有一定的局限性,它只能揭示事物之间的某种关联(相关关系),而不能可靠地揭示事物之间的因果关系,所以它常常以研究教育的现状作为主要研究内容。同时,教育调查法要受被调查者合作程度的制约,对其结果的真实性可能会产生一定影响。

3. 调查法的类型

(1)全面调查、抽样调查和个案调查

按调查对象的范围可分为全面调查、抽样调查和个案调查。全面调查,也称普查,是对研究对象的全体进行的无一遗漏的调查。全面调查可以对所调查内容全面了解,但正因如此,全面调查难以深层次地探究事物的内部联系,获得的材料通常是调查对象的基本情况。一般只适用于描述性研究,而且需要花费较大人力、物力及时间,在学前教育的研究中较少采用。

抽样调查是指从全体研究对象中抽取部分研究对象进行调查,用样本调查的所得结果说明总体情况。抽样调查的范围较小、时效性高、节省费用,避免了全面调查的诸多弱点,是学前教育研究中最常用的调查方法。

个案调查是在研究对象的范围内选取个别有显著特征的对象进行调查的方法。抽取的个案可以是某个机构,也可以是某个个体,无论是何种形式,研究对象的数量都比较少,因此可以对调查对象进行深入的接触、了解和全面、细致的分析,通过把握典型研究对象的特点及发展变化的路径,并对其进行进一步概括、验证,进而推论出一般性的理论与规律。个案调查往往是作为抽样调查的探索研究或补充研究,它可以使抽样调查的研究结果更为深入、丰满。但个案调查对象的选取是个案调查开展过程中最重要的程序,如果选取的对象不具备典型特征,其调查结果的代表性就得不到保证。

(2)科学性的典型调查、反馈性的普遍调查和预测性的抽样调查

按调查的内容可分为科学性的典型调查、反馈性的普遍调查和预测性的抽样调查。科学性的典型调查多属于专题性研究,是通过对具有代表性的个别事物或个别总体的调查研究,得出某专题研究的一般结论。例如,关于学龄前儿童心理健康状况的调查。反馈性的普遍调查,其目的主要是了解现状、分析当前存在的问题及提出相应的解决策略,这类调查具有样本大、材料全,研究结果可靠性高的特点。例如,"关于我国幼儿教师自主专业发展现状的调查""我国幼小衔接现状的调查"等都是一种把握现状的普遍调查。预测性的抽样调查,主要是用于对某一时期的教育发展趋势和动向进行预测性的研究。

(3)描述性调查和解释性调查

根据调查的性质可分为描述性调查和解释性调查。描述性调查是尽力了解某一事物、问题的全貌或发生过程,其目的是要解决研究对象"是什么"的问题,如我国幼儿教师队伍建设资金投入情况调查、我国学龄前儿童身体发育情况的调查等都属于描述性调查

研究。解释性调查研究是探讨现象之间关系的研究,其目的是要解决某些教育或心理现象"为什么"如此的问题。它可以分为因果关系研究和相关研究。因果关系研究是在了解事物现象或问题的基础上进一步探索其产生的原因。例如,"小班幼儿入园焦虑的成因及对策探讨"的研究就属于因果关系研究。相关研究是探索现象之间相互关系的研究,其目的是了解现象之间有无联系及联系的密切程度。例如,"学习共同体对幼儿教师自主研修的影响研究"就属于相关研究。

4. 调查法的一般程序

（1）明确调查目的,确定调查对象和手段

明确研究的目的并选择恰当的研究问题是科学研究的首要工作。因此,在调查之前应充分论证调查的选题,明确调查要达到的目的和所要解决的问题,然后进一步衡量该课题是否恰当,寻找合适的研究方法。最后,查阅与本课题有关的文献资料,以进一步了解研究课题,包括研究结果如何、哪些问题已经解决、哪些问题尚未解决、研究方法是什么、存在哪些优缺点等,便于在研究中不走弯路,不浪费时间和精力。

在调查目的明确后,就应确定调查对象。在学前教育的调查研究中应确定调查的对象是幼儿,还是保教人员,抑或是幼儿的父母;所调查人群是正常人群,还是特殊人群;所调查的地区范围等。在明确调查目的与调查对象后,就要确定调查手段,如问卷法、访谈法等。在调查中应根据研究内容,选择合适的调查手段,做到既切实可行,又经济简便,以保证最大限度地搜集到与课题有关的信息和资料。

（2）拟定调查计划

拟定教育调查计划是调查研究工作能否顺利进行的重要保证,一个好的教育调查计划往往是课题成功的良好开端。教育调查计划一般包含以下四个方面:一是明确调查题目和目的,即调查课题的具体名称和主要内容以及此次调查的主要目的和意义。二是明确调查对象和范围,包括调查对象的基本特征、抽样方法、样本容量等。三是明确调查手段和方法,说明确定用哪一种手段和方法进行调查,也可以将多种方法和手段结合使用。四是明确调查步骤和时间安排,即说明调查将分几步进行,每一步骤的具体内容及相应的时间安排、调查经费的使用安排等。

课题研究是一个不断变化的过程,事先拟定的调查计划是否与实际情况相符合必须在实践中进行检验。我们应当根据调查中发现的新情况,不断地对调查计划加以修改和完善。在制订计划的过程中,为了使计划制订得更加切合实际,可以先进行探索性调查,初步了解研究对象的情况,或者咨询专家取得有效指导。

（3）搜集材料,实施调查

在教育调查过程中可以采用问卷、访谈、测验等手段来搜集资料,同时为了保证所获材料的信度,在搜集材料时应注意以下三点:一是保证材料的客观性。在教育调查过程中,调查者不能带上主观偏见和倾向性,应实事求是地收取材料,不能带着观点去找材料,也不能任意取舍材料,否则就失去材料的客观性、真实性。二是在搜集材料时注意不能把事实和意见混在一起,"意见"往往带有主观色彩。对被调查者提供的材料,需进行核实,以保证材料的可靠性。三是尽可能采用多种手段或途径,从不同角度、不同层次和不同环境中广泛地搜集材料。

（4）整理、分析材料

在教育调查中，直接收集到的材料称为原始材料，必须对之进行整理与分析，使之达到系统化与条理化，以便弄清材料之间的相互关系，发现教育现象与事物联系的规律，解答调查者提出的问题。材料整理与分析的操作程序一般是筛选、汇总与分析。

筛选主要是将不完整、不可靠的材料去掉，以保证材料的完整性与真实性；汇总是把分散、片段、零乱的原始材料进行整合与分类，使大量分散的、错综复杂的材料成为条理清楚、易于比较分析和研究的材料。分析材料时应从材料的数量及内容方面分析事物，以求较为深入地掌握事物的特征及其规律，即从定性分析和定量分析相结合的角度进行分析。

（5）撰写调查报告

调查报告的撰写是调查研究过程中最后、也是最重要的一步，单纯地进行调查研究，其本身并没有什么意义，只有认真叙述结果，进行讨论，才能真正发挥调查研究的作用。调查研究和作为其成果的调查报告，不是东拼西凑地罗列情况，而是一项实事求是的具有创造性的工作。因此，调查报告非常重要，必须认真地写好调查报告。

5. 学前教育专业毕业论文常涉及的两种调查法：问卷法与访谈法

（1）问卷法

① 问卷法的含义

问卷法是以书面提出问题的方式搜集资料的一种研究方法，即把所要研究的事项编制成问题或表格，以邮寄、当面作答或追踪访问的方式对问题或表格进行填答，从而了解被试对某一现象或问题的看法和意见。[①]

② 问卷法的特点

收集资料的范围较广；比直接访问调查更经济简便；由于可以不署名，在某种情况下结论比较客观；因为问卷是事先拟好的题目或问题，因此可以限制调查对象谈论与调查目的无关的问题，这样便于对调查结果的统计和分析。但是，若问卷问题设置太多或太难会影响所得结果的真实性。学前教育中的许多问题十分复杂，就更难以从简单的问答中获得全面的了解，尤其是在直接对幼儿进行问卷调查时，由于幼儿的书面表达能力有限，其难度更大，限制更多。因此，用问卷法研究学前教育问题，更多的是调查幼儿的家长、教师等成人。

③ 问卷的结构

通常一份完整的问卷包括标题、指导语、问题与选择答案、结束语几部分。

标题是调查内容的高度概括，它既要与调查研究内容一致，又要注意对被调查者的影响。

指导语是写在问卷开头的一段话，是用来指导被调查者填写问卷的说明或注意事项，一般包括以下内容：调查的内容、目的与意义；关于匿名的保证；对被调查者回答问题的要求；调查者的个人身份；如果是邮寄的问卷，写明最迟寄回问卷的时间；对被调查者的合作表示感谢。如："您好！我是××大学的××，我的研究课题是'民办幼儿园教师专业发展

① 宋乃庆，陈时见. 教育研究方法［M］. 重庆：重庆出版社，2006：75.

现状研究’。由于研究需要，现对民办幼儿园教师进行问卷调查，分析民办幼儿教师专业发展过程中存在的问题。您的回答没有对错，本问卷为匿名填写，请您不必有任何担心和顾虑，希望您能参与配合，如实填写，谢谢您的支持与合作！”

问题与答案：问题和答案是问卷的主体部分。问题是问卷的核心内容，编制的问题要简洁明了，人称称谓要前后一致，答案设置要清晰易懂，答案形式分为封闭式和开放式两种，根据实际需要设置合适的答案方式。

结束语：结束语要对被调查者的合作再次表示感谢，以及提醒被调查者不要漏填与复核的请求。如：“问卷到此结束，请您再从头到尾检查一次是否有漏答或答错的问题，最后，再次衷心感谢您对此次调查的支持与合作！”

④ 问卷的编制

首先，明确调查的核心概念。如“幼儿教师职业幸福感调查研究”，其调查的核心概念就是“幼儿教师”和“职业幸福感”。其次，根据研究范围，划分问卷维度，确定题目。维度划分的依据可以来源于文献的梳理与分析，也可以来源于已有权威量表。维度划分确定之后，要在每个维度之下提出具体问题，并咨询有关专家进行修订。再次，进行试测。试测可以从总体样本中抽取 30—50 人作为试测样本，以检查问题表达方式、难度、顺序是否合适，问题内容是否合理，考察问卷的信度与效度是否良好。最后，再次修订。根据试测的结果对问卷进行改进与完善，直到完全符合要求。

⑤ 问卷的发放

问卷的发放形式有当面发放、替代发放、邮寄和电子问卷。当面发放的回收率较高，调查者也可以当面给答题者做解释说明，但此种方式比较耗费时间与精力。替代发放意为委托别人替代自己发放问卷，这种方式比较省时省力，但可能会使答题者怀疑调查者的真诚度。邮寄的方式一般适用于距离较远的调查对象。在互联网发展迅速的今天，大家更常用的是电子问卷，电子问卷的发放方式可以实现跨地区调查，较为节省人力与时间，但回收率不高。无论是采用何种发放形式，调查者都要竭力保证问卷的信度，要在发放之前向答题者强调答题要求以及表达自己的谢意，不可潦草、匆忙地发放。

⑥ 问卷的回收与问卷回答的偏斜估计

回收问卷之后要将无效问卷进行剔除，同时计算有效回收率。一般情况下，只有有效回收率达到 70% 以上，才可以做数据分析。如果有效回收率在 50%—70%，只可以采纳建议。如若有效回收率在 30% 左右，资料就失去研究的价值。回答偏斜是指调查对象的回答未真实反映情况，这会影响结果的准确性，因此应对回收的问卷进行回答偏斜估计。

回答偏斜主要体现在以下两个方面。一是虚假倾向，即回答者基于社会规范或社会认可的方式而违背真实情况。如“您的孩子撒过谎吗？”事实上孩子撒过谎，但出于规范行为家长回答“没有”，这就是一种回答偏斜。对于这种回答可以通过变换提问方式来解决。如上题的表述方式可以变为“您孩子的每次回答都是诚实的吗？”二是无回答，即答题者对整个问卷或某一题目不予回答，这也是一种回答偏斜。出现这种问题的原因有很多，可能是因为回答者想规避这一问题，或者是问题不易理解，抑或问题太多等。针对不同的原因，调查者要对问卷做出适当的修正。如果不予回答者太多，则说明是问卷本身的问题，要及时进行修改完善。

调查问卷法例举如下：

调查问卷法例举①

（2）访谈法

① 访谈法的含义

访谈与我们的日常谈话不同，它是指研究者根据研究目的，通过有计划、有准备地与研究对象直接交谈，引导被访问者做出回答来收集所需资料的调查方法。② 访谈一般以面对面为主，也可采用网络视频形式或电话的形式，但最好的方式是采用见面直接交流的方式。访谈既可以作为独立的研究方法，也可以作为其他研究方法的补充与辅助。

② 访谈调查法的优点与局限性

调查法的优点是：获得的资料更可信、有效，因为直接与调查对象交流，不仅可以从调查对象的言语中获得资料，还可以从调查对象的体态语言和表情中获得更为真实可信的信息；调查法适用的范围更广泛，对于书面表达能力较差的儿童，最适合的调查方法就是访谈法。调查法的局限性表现在：访谈法在使用上的限制较大，此种方法不适用于样本较大的研究，否则会耗费大量的人力、物力与时间；调查对象容易受调查者的影响，如调查者的表情、着装、动作等不可控的干扰因素或许会影响访谈对象的心理；若调查者带有主观意向的提问会使访谈出现偏差。鉴于访谈法的优点与局限，一般访谈法作为问卷法的补充使用。为了克服访谈法的局限，在进行访谈前要做好相关准备。

③ 访谈调查法的类型

依据不同的分类标准，访谈调查可分为不同的类型。具体有：

根据访谈的问题是否标准化分为结构性访谈、非结构性访谈和半结构性访谈。结构性访谈又称标准化访谈，是指严格按事先拟定的访谈计划进行的访谈，即访谈者提前将问题标准化，访谈内容已在计划中做了周密的安排，相当于面对面的问卷调查，便于资料的收集与分析，但是这种形式缺乏灵活性，难以对问题做深入的探讨。非结构性访谈又称非标准化访谈，它没有固定的访谈问题，访谈者按一个粗线条的访谈提纲或某一个主题与被访者进行非正式交谈。这种方式可获得深层次的比较真实可靠的资料，但是也比较耗费时间，答题者容易离题，需要调查者把握方向。半结构性访谈是在运用访谈提纲的基础上进行的，即调查者对访谈题目事先计划好，但也给调查对象留有一定的空间来表达自己的观点，提纲可以根据实际情况进行调整，它既可以避免结构性访谈的呆板，又可以避免非结构性访谈的费时费力，因此半结构性访谈是常用的访谈方式。③

---

① 来自陕西学前师范学院学前教育专业 2019 届本科毕业生姚元。
② 刘晶波. 学前教育研究方法［M］. 北京：人民教育出版社，2014：268.
③ 杨丽珠. 学前教育科学研究与论文写作［M］. 大连：辽宁师范大学出版社，2002：164－165.

根据访谈对象的数量分为个别访谈和集体访谈。个别访谈指研究者对调查对象逐一进行面对面的谈话，它具有访谈者与访谈对象之间易于沟通、方式灵活、所收集到的资料细致全面等特点。集体访谈是调查者邀请若干被调查者一起访谈，它可以集思广益，互相探讨。一般以 6～8 人为宜，最好不要超过 10 个人。在集体访谈中，调查者要注意把控调查对象的交谈主题，避免跑题。

根据人员接触情况，访谈调查可分为面对面访谈、电话访谈、网上访谈。面对面访谈是双方直接进行沟通并获取资料，通过此种方式调查者可以获取更深层次的资料。电话访谈是研究者借助电话与访谈对象进行交谈，一般在双方距离较远时采用此种方法。网上访谈是调查者基于网络进行的访谈，可以采用视频形式，也可以采用书面语言形式，比较灵活，也便于资料的收集，但要求双方都要有网络以及电脑等设备。

④ 访谈法的一般程序

首先是准备阶段。首先要制订访谈计划，对访谈中涉及的主要问题作出明确的规定，如访谈调查的目的、类型、内容等。其次，编制访谈提纲，提纲中可设有开放式问题，也可以是封闭式问题，或者半封闭半开放式问题。最后选择访谈对象，选择访谈对象首先应考虑调查研究的目的，然后确定访谈调查的总体范围，再在总体范围内选取调查研究需要的样本。

然后是访谈阶段。在初次访谈时，访谈者首先要进行自我介绍，其次要想办法尽快接近被访者，并向被访者进一步说明访谈的目的与意义。在访谈的过程中，访谈者要建立轻松自由的氛围，尽可能保持亲切与平静的态度。在融洽的氛围下，访谈者要按照原计划进入访谈，认真做好记录，若有条件可以同时使用录音笔，但要征得被访者的同意。

接下来是结束阶段。结构性访谈一般在 45 分钟左右，集体访谈和非结构访谈不要超过 2 小时。[1] 当然，调查者可以根据实际情况进行调整，什么时间结束应以不妨碍调查对象工作为原则。访谈结束时，要向被访问者表示感谢，如果此次访谈效果不理想，可以约定下次的访问时间，让被访者能够提前熟悉相关内容。

最后是撰写研究报告。获取访谈资料只是研究任务的开始，真正的工作在于对资料的整理与分析，判断是否完成访谈目的，是否需要进一步访谈，若不需要，则对资料进行深入分析，得出研究结论，撰写研究报告。

访谈提纲例举如下：

幼儿园开展市土化创客教育的访谈提纲[2]

教师个人信息：姓名、年龄、性别、教龄、职务、所教学科、教师类型

1. 您是什么时候知道创客教育的？从什么途径知道？在这之前知道创客教育吗？你为什么要实施创客教育活动？

---

[1] 张宝臣，李兰芳. 学前教育科学研究方法[M]. 上海：复旦大学出版社，2012：82.

[2] 来自陕西学前师范学院学前教育专业 2019 届本科毕业生姚元。

2. 您认为创客教育能给幼儿带来什么？给教师带来什么？

3. 您在活动前怎么规划创客教育活动过程？采用什么方式？在哪里获得相关资源？

4. 您觉得空间中的设备资源是否合理？有没有缺少的资源？如果没有，为什么没有？有没有考虑与校级领导协商创建一个创客空间？

5. 您怎样评价创客教育教学结果成效？您觉得这种评价方式合理吗？为什么？

（四）行动研究法

1. 行动研究法的定义

《国际教育科学全书》中指出，行动研究法是由社会情境的参与者进行的反思研究，其目的是提高实践的理性认识，加深对实践活动及其依赖背景的理解。[1] Corry 在《改进学校措施的行动研究》中第一次将行动研究引申到教育领域。教育行动研究指"人们在教育实践的情境中进行的，旨在解决实际发生问题的，边探索边实践的研究方法"。[2]

2. 行动研究法的优点与局限

（1）行动研究法的优点

行动研究具有鲜明的实践性，此种研究方法的设计、实施与结果都离不开实践，对于缺乏实践经验的大学生来说，采用行动研究方法可以解决理论脱离实际的问题。行动研究的目的在于解决教育实际问题，提高教育教学质量，因此它能够有效地解决教育实践中的问题。行动研究有利于提高教师教育教学水平，促使教师成为研究者。教师根据实际工作中遇到的问题开展行动研究，不断地反思与完善自身工作，通过研究的方式提升自身专业能力。

（2）行动研究法的局限

行动研究是基于实际问题而开展的，其对解决实际问题卓有成效，但这种研究方法在丰富理论成果方面却收效甚微。由于行动研究是在真实的、特定的工作环境中进行的，研究者关注的是如何利用这种研究方法解决实际问题，使得某些行动研究缺乏普遍性与代表性。

3. 行动研究的类型

依据不同的分类标准可以将行动研究分为不同的类型，这里主要借鉴宋虎平在《行动研究》一书中根据参与者不同将行动研究做出的分类：[3]

（1）单个教师的行动研究

单个教师的行动研究指教师对该班教育教学实行此方法，或将自己的新观点转化为教育行动。单个教师行动研究的结果的最初受益者是该班教师和学生。

（2）协作型的行动研究

协作型的行动研究指研究人员、教师、政府主管部门、资助者等组成研究队伍，一起参

---

[1] 田学红等. 教育科学研究方法指导[M]. 杭州：浙江大学出版社，2006：160.

[2] 卢家楣. 教育科学研究方法[M]. 上海：上海教育出版社，2012：192.

[3] 杨晓萍. 教育科学研究方法[M]. 重庆：西南师范大学出版社，2006：253－256.

与行动研究，这是最为理想的行动研究层次。其优势在于研究成员之间可以互相学习、优势互补，吸收外界智慧，提高研究效率。但研究者需要注意避免"专家权威"而造成的不利影响。

（3）学校范围内的行动研究

学校范围内的行动研究指在外界专家的指导下，学校组织若干教师组成研究团队自行开展研究。此种行动研究类型侧重于提高教师鉴别和解决问题的能力及更好地指导学校的各项改革。由于此种类型的行动研究组成员包括学校领导，这就促成了资料的搜集、组织与表达，使得研究开展更为顺利。

4. 行动研究法的实施程序

行动研究主要分为三个步骤：计划—行动—反思。

（1）计划

做好计划是行动研究的第一步，也是最重要的一步，而计划制订的依据又来源于问题的发现与提出。幼儿教育实践是一个复杂发展的过程，每个教学活动，或每位幼儿都有自身需要解决的实际问题。因此，发现并提出问题是行动研究的首要工作。研究者要以敏锐、批判性的眼光发现问题，以缜密、科学的思维做出合理解决问题的研究方案，包括总体计划、操作路径、考察措施等。

（2）行动

"行动就是按计划、有控制地实施，是在获得了关于背景和行动本身的反馈信息，经过思考并有一定程度的理解后，有目的、负责任、按计划采取的实际步骤。"[1]这一环节主要包括两方面的工作，一是实施计划，二是搜集资料。作为行动者，要将研究计划付诸实践，并时刻监控行动的进展，边行动边观察，同时还要不断搜集研究过程和结果的数据资料。数据资料是判断研究目的是否达到的依据，因此要采用多种方法（观察与记录、访谈、问卷调查等）搜集数据资料，并对其进行深入、详细的整理与分析。

（3）反思

教师行动研究中的反思指研究者对整个研究过程做出客观、全面的评价，包括问题的提出、计划的制订、方案的实施、数据资料的分析及实施效果等方面。通过反思发现研究过程中存在的问题，找出结果与计划不一致的原因，从而修订原计划，形成新的行动方案。在这个过程中，研究者需要对自己提出这样几个问题：第一，研究问题是否清晰；第二，研究方案是否周密；第三，资料的记录与收集是否全面；第四，资料的分析与解释是否科学合理；第五，预期的目标是否达到。研究者通过反思自答以上问题对研究过程进行评价，并在此基础上修改完善计划，开始下一轮的行动与反思。因此，行动研究是"一个螺旋上升的发展过程，每一个螺旋发展圈包括计划、行动、考察与反思四个相互联系、相互依赖的环节"。[2]

---

① 李丽芳. 教育科学研究方法［M］. 石家庄：河北人民出版社，2004：209.

② 陈向明. 质的研究方法与社会科学研究［M］. 北京：教育科学出版社，2000：455.

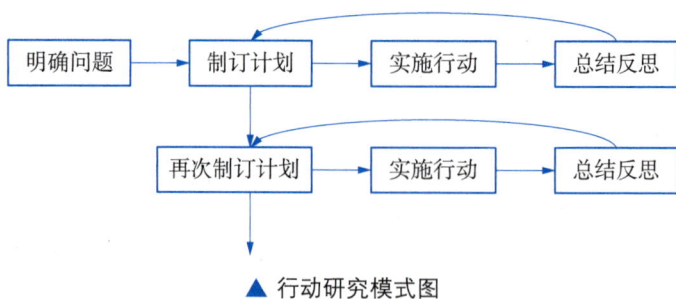

▲ 行动研究模式图

行动研究法例举如下：

行动研究法例举①

（五）实验法

1. 实验法的定义

所谓实验，是指在控制一定的条件下创设一定的情境，以引起被试的特定行为。如果引申到教育领域，教育实验研究就是在教育实践过程中，通过创设一定的情境，来引发实验对象的特定行为。②

2. 教育实验法的优点与局限

（1）教育实验法的优点

实验法对研究对象数量没有严格要求，对研究时间也没有限制，因此教育实验法的研究领域非常广阔，研究内容非常丰富。实验研究要对与实验无关的因素进行控制，排除无关因素的干扰，因此获得的研究成果更为客观与可靠。

（2）教育实验法的局限

教育实验研究内容通常是人的心理及行为，而人的心理与行为是极其复杂的，因此实验研究的难度相对较大。实验法对条件和操作者要求较高，在实验研究中任何的疏漏与错误都可能导致整个实验研究的失败，因此对实验条件以及实验者的思维能力要求较高。

3. 教育实验法的类型

（1）按实验目的分类可分为探索性实验、验证性实验和推广性实验

探索性实验是指为了探索一个新的教育理论问题或实践问题而从事的实验研究，这种探索往往是开创性的。验证性实验侧重于对已有研究成果进行检验，以对其进行补充与完善。这样的实验一般是在探索性实验基础上进行的，或者说是对探索性实验的再实

---

① 张亚妮. 论幼儿园教师实践智慧生成[D]. 西安：陕西师范大学，2016.
② 卢家楣. 教育科学研究方法[M]. 上海：上海教育出版社，2012：84.

验。推广性实验是应用性实验，它是将已有研究成果广泛应用于教育实践之中。[1] 探索性实验是开创研究成果，验证性实验则是对探索的结果进行验证，而推广性实验则是将验证通过的成果进行推广，由此来看，以上三类实验是紧密关联在一起的。

（2）按实验的方式进行分类可以分为实验室实验和自然实验

实验室实验是指采用复杂的仪器，在人为创造的高度控制的环境中有效控制无关变量，准确揭示自变量与因变量的共变关系的实验，实验室实验一般研究心理活动的变化及规律。自然实验是指在自然情境中，尽可能的控制无关变量，通过控制或改变某些条件，以探讨某一教育现象的因果关系的实验。自然实用法研究结果推广性更强。[2] 自然实验法在教育研究中应用比较普遍。

（3）按实验的控制程度分类可分为前实验、准实验和真实验

前实验是指在一定教育理论假设下，有目的、有意识地去控制自变量，但对无关变量没有控制或控制较弱的实验。准实验是指在明确的教育理论假设指导下，有目的、有计划地变革交易中的某些因素，对无关变量有较强控制，从而验证理论假设的实验。真实验指在明确的教育理论假设指导下，有目的、有计划地变革教育中的某些重要因素，对无关变量进行严格控制，从而准确揭示变量因果关系的实验。[3]

4. 实验设计

（1）实验设计的定义

实验设计包括从问题的提出、假说的形成、变量的选择等一直到结果的分析、论文的写作等一系列内容，它展示了研究过程的概貌，并试图解析研究的全过程。也可以说实验设计是实施实验的一个计划方案，以及与计划方案有关的统计分析。[4]

（2）实验设计的注意事项

一是精准地操纵自变量。自变量即为实验操纵的因子，是指不受外部因素的影响而自我产生变化的变量，是研究者施加于被试的可以操纵的教育影响，[5]因此在实验设计中选择自变量，确定自变量的数量、强度、大小、幅度难度等非常重要。二是有效地控制无关变量。无关变量指除实验因子外也影响实验效果的因子，只是这些因子不是实验所要探究、关心的实验因子。[6] 只有将这些无关因子控制起来，使实验因子单独发生作用，这样就完全可以证明实验结果源于对自变量的操纵。三是科学地观察因变量。因变量是结果变量，是通过自变量的作用产生变化的变量。[7] 实验结果是否准确，是否能全面地反映实验的情况，不仅取决于自变量的操纵、无关变量的控制，也取决于研究者对因变量的观测是否仔细与准确，因此，研究者要知道如何观测因变量，观测哪些因变量。

① 宋乃庆,陈时见. 教育研究方法[M]. 重庆：重庆出版社,2006：93.
② 刘电芝. 现代学前教育研究方法[M]. 重庆：西南师范大学出版社,1999：146.
③ 宋乃庆,陈时见. 教育研究方法[M]. 重庆：重庆出版社,2006：94.
④ 徐红. 教育科学研究方法[M]. 武汉：华中科技大学出版社,2013：168.
⑤ 杨晓萍. 教育科学研究方法[M]. 重庆：西南师范大学出版社,2006：301.
⑥ 宋乃庆,陈时见. 教育研究方法[M]. 重庆：重庆出版社,2006：96.
⑦ 杨晓萍. 教育科学研究方法[M]. 重庆：西南师范大学出版社,2006：303.

5. 实验法的一般程序

（1）准备阶段

在准备阶段做的主要工作就是仔细检查实验所具备的条件是否全部落实，实验方案是否制订完善，测量工具是否科学有效，实验环境是否可以确定，实验物质是否得到充足的准备等，只有将整个实验所需的一切准备齐全，才能保证实验的顺利实施。

（2）实施阶段

实验实施是实验者按照实验设计，操作实验自变量，控制无关变量，观察、记录、测量因变量，搜集资料的过程，也就是将实验方案进行落实的过程。在实施阶段要做好两方面的工作：一是调控实验进程，保证实验过程按实验方案的要求、程序进行。根据实验方案的要求，有计划地操作自变量，控制无关变量，根据实验规范，对研究进程及时进行阶段性小结。二是重视资料的搜集工作，整个搜集工作要有明确的目标、严格的要求和科学的方法。[1]

（3）实验总结阶段

实验总结阶段是将材料进行归类整理，并统计分析出实验结果。首先，对所有资料进行归类整理，包括文字资料和数据资料。文字资料又包括文献记载、观察记录和访谈记录等，要对这些材料进行仔细审查，分析资料是否真实可靠，然后将筛查过的资料进行分类，提高资料的利用率。数据资料同样需要对其进行筛查，将不完整、有遗漏、不准确的数据删掉，然后将完整、真实的数据进行分类。其次，统计分析实验结果。在完成实验资料的整理之后，对其进行分析，得出研究结果，并对研究结果进行整理加工，运用定性分析和定量分析的方法，揭示教育现象的本质和规律，从而得出研究结论。

（4）撰写实验报告

实验报告是实验过程的最后环节，它是反映实验研究过程与结果的一种研究报告。撰写实验报告的目的在于表明实验结论和价值，提供让他人验证的材料，有助于科研的进展，理清研究思路，发现新的问题。实验报告一般包括问题的提出、研究方法、实验结果、讨论、结论和附录。

实验法例举如下：

实验法例举[2]

（六）个案法

1. 个案研究的含义

个案研究是教育研究中一种基本的研究方法，也称为案例研究。教育个案研究是指"对一个特定样例或某个行为样例进行的研究。它以个人、团体（一个人、一个班级或学校

---

① 宋乃庆，陈时见. 教育研究方法［M］. 重庆：重庆出版社，2006：111.

② 李放. 低结构活动促进4—6岁幼儿学习品质发展的实验研究［D］. 沈阳：沈阳师范大学，2016.

等)为整体,以其'特殊情况'为研究对象,它既研究不良情况,也研究优秀特征"。[1] 个案研究具有研究对象单一、研究目的具有针对性、研究方法多样性的特点。

2. 个案研究的优点与局限

(1)个案研究的优点

一是个案研究注重共性和个性的结合,既强调研究对象的特点,并能根据研究对象的实际情况,提出有针对性的建议和对策;同时,又强调研究对象的共性,所有的个体都处在一个大的社会背景之下,研究者必须考虑社会的实际情况,以保证研究的实效性。二是个案研究的研究层次较为深入,强调对研究对象进行全方位的探究,因此就必须采用多种研究方法达到此目的。如要获取研究对象的基本信息、观点或态度等资料就需要运用访谈法和问卷调查法,如要获取有关对象的智力、能力、性格等心理方面的资料就需要运用测量法等手段。

(2)个案研究的局限

一是个案研究结果的推广度有限。个案研究的样本较小,很难做到让一个小样本在所有方面表现出它的代表性,由此得出的结论也不一定具有普遍意义。因此,难以从个案研究中得到普遍性的结论和认识,研究结果的推广度也就有限。二是个案研究比较费时、费力。个案研究往往需要采用多种研究手段收集研究对象各方面的信息,因而在研究过程中需要投入大量的人力、物力和财力。同时,由于个案研究的时间较长,研究对象条件有可能会发生变化(如离校、病故等),难于坚持到底,从而造成研究失败。

3. 个案研究的类型

(1)从研究对象上分,个案研究可以分为个人个案研究、机构个案研究和团体个案研究

在学前教育领域中,个人个案研究主要指对幼儿、幼儿教师等进行研究,如对某幼儿成长过程的研究、对某幼儿教师专业发展历程的研究、对某幼儿教师的创造性教学的研究等;机构个案研究是以家庭、幼儿园等单位为研究对象进行的研究,机构个案研究一般涉及该机构的基本情况,该机构的一些典型做法和措施;团体个案研究是指"以企业团体、学术团体、群众性团体组织或地区中一定数量的成员为研究对象进行的研究"。[2]

(2)从研究目的上分,个案研究可以分为探索性个案研究、描述性个案研究、解释性个案研究、评价性个案研究

探索性个案研究,是指研究者主动提出问题,通过全方位、深层次的探究,探索教育发展一般性的规律,这类研究往往带有假设的性质;描述性个案研究,是指在个案研究中,研究者只是对个案进行一般性的描述,它侧重于回答"是什么",而对"为什么"的问题则不作解释,因此它的研究结果只能为人们提供描述性的素材;解释性个案研究,是指在描述性研究的基础上,对个案发展的原因进行探究,详细分析影响个案发展的各种因素,探寻各因素之间的相互关系,即回答"为什么"的问题;评价性个案研究,是在深入研究的基础上,对个案的发展作出解释、判断,进行全面的评价,进而推断事物发展的一般性原理或规律。[1]

---

① 李丽芳.教育科学研究方法[M].石家庄:河北人民出版社,2005:223.
② 李丽芳.教育科学研究方法[M].石家庄:河北人民出版社,2005:227-228.

4. 个案研究的一般程序

（1）确定研究对象

研究者应该根据个案研究的目的和内容,确定某一方面具有典型特征的人或事,这就要求研究者要具备敏锐的洞察力、问题意识和综合判断能力。同时,在选择个案研究对象时还要考虑研究对象是否配合、研究时间限制等因素。

（2）收集个案资料

收集个案资料时应遵循详细、全面的原则。个案资料不仅应包含个案研究对象的现状资料,还应包括个案对象的历史资料,如研究对象的基本信息资料、个体成长及心理发展资料、个体家庭背景资料等。这就要求研究者对与个案有关的各方面进行全面的了解,包括研究对象所处的环境。个案资料可以通过对个案对象的观察、调查得到相关的资料,也可以通过对周围人的调查得到对象的相关资料,还可以通过幼儿园的记录来获得个案的相关资料。与资料收集同步进行的工作便是个案资料记录。个案记录是研究者将所收获的信息及时保存下来,成为研究最重要的参考资料。个案记录的方式有很多,可以按时间顺序记录,也可以按专题内容分项记录,如家庭状况、社区环境、教育、职业等。内容呈现的形式可以是直接描述,也可以通过图表表示。无论采用何种记录方式都要做到精准、客观与全面。

（3）个案资料的整理与分析

严格来说,个案资料的整理与分析是与资料的收集工作同步进行的。研究者通过资料收集、整理与分析的结果及时调整研究方案,然后再次进行资料搜集、整理与分析,形成一个循环往复、逐步深入的探索过程。在搜集数据时要经常写一些感受、启发、反思之类的笔记,这些内容最后都可以成为写报告的素材。在集中分析时要做到有层次、有步骤。如第一步可以给每份资料编号,建立一个编号系统;第二步,进行资料阅读,并注意发现其中的意义和相互关系;第三步,在资料中寻找重复率较高的概念及在使用时带有强烈感情色彩的概念,将其作为重要的主题词码号进行标注;第四步,通过编码与阅读将相同或相近的资料整合在一起,将相异的资料区别开来,找到资料之间的关系;第五步,将资料进一步浓缩,捋出资料中的主题或线索,并架构起它们之间的关系,为研究结果作出初步的结论。

（4）撰写个案研究报告

个案研究报告是个案研究成果的重要表现形式,是个案研究过程的最终环节。个案研究报告的一般格式包括:一,背景介绍。背景介绍包括问题的提出、研究的目的和意义、研究对象的基本情况、研究方法的选择和使用等。二,阐明研究对象所具有的特殊性质、成因,及其发展变化的趋势和规律。这个阶段的工作主要是通过资料的收集、整理与分析完成的。三,结论与建议。这一部分是对研究结果及因素进行深入讨论,从个案研究的结果中推论出最终的结论,并且对结论的有效性和真实性作出解释,对个案研究问题提出有针对性的解决策略。

5. 个案研究应注意的事项

（1）选取的个案要有典型性、代表性

个案研究是通过"解剖麻雀"的方式对某一个体或机构团体作出深入细致的研究,目的在于揭示教育的一般规律。所以在个案研究中要选择有典型性、代表性的个人（幼儿或教师）、教育事件或教育团体、机构为研究对象，以其变化发展的过程为研究内容，尽可能搜集有关研究对象的一切资料，以便于进行全面、深入、细致的分析研究，从中发现个案对象特殊之处形成的原因，总结出普适性的基本规律，并对今后的发展给出一定的建议。[①]

（2）对个案要进行深入、细致的分析，切忌流于表面性与片面性

由于个案研究的对象单一，于是便于我们对个案进行深入、细致、全面、系统的分析和研究，从而显现研究价值。另外，在研究中要全面地占有资料，并保证研究资料的连续性、完整性和有效性，全面分析影响个案发展的各种因素，不可以偏概全，避免观点的片面性。

个案研究例举如下：

个案研究例举[②]

第三节　资料收集、整理与分析："广泛撒网，抽丝剥茧"

资料是论文写作的基础，若资料不充足则无法保证毕业论文的创新性与深入性。毕业论文的资料包括论文撰写者自己通过调查、实验、实践等方法直接获得的资料，也包括通过文献检索获得的间接资料。拥有高质量的研究资料是完成一篇高质量论文的基础，本节主要就文献的搜集、整理与分析进行详细阐述，以期帮助学前教育专业毕业生对论文资料的有关方面进行全面、系统的了解。

一、资料的收集

（一）资料收集的范围

1. 第一手材料

第一手材料包括与毕业论文选题直接相关的文字材料、数字材料等，还包括自己在实践中取得的感性材料，这是论文中提出论点、主张的基本依据。对第一手材料要注意及早收集，同时要注意其真实性、典型性、新颖性和准确性。

2. 他人的研究成果

他人的研究成果是指国内外对有关课题学术研究的最新动态。毕业论文选题是建立

---

① 李丽芳等. 教育科学研究方法[M]. 石家庄：河北人民出版社，2004：236.
② 陈秀丽. 幼儿教师艺术领域课程实施的个案研究[D]. 长沙：湖南师范大学，2013.

在他人研究成果基础上的。如果不掌握充足的已有研究资料，只顾埋头苦写，得出的研究结果可能是别人早已公布于众的，整个研究没有任何意义。

3. 边缘学科的材料

基于唯物辩证法哲学联系观，所有的事物都是相互联系，相互依存的，没有独立存在的事物。因此，在搜集文献时不能只局限于研究主题直接相关的资料，还要掌握边缘学科的材料，打破学科界限，融合更多的观点，可以使研究者视野更开阔，思维更灵活，使用的方法也更多样，这对论文课题研究是非常有帮助的。

4. 名人的有关论述、有关政策文献等

名人的论述极具权威性，有利于论点的阐述。另外，要搜集与课题领域相关的方针与政策，既可以说明选题的依据，又可以避免与党的方针、政策不一致的言论，使毕业论文避免遭遇尴尬境地，甚至犯政治错误。

5. 背景材料

背景材料指所处的社会、政治、经济等方面的信息，搜索与研究背景材料有助于开阔思路，使研究更全面，提高毕业论文的质量。例如要研究陈鹤琴的幼儿教育思想，不能只研读他的著作，还要了解他当时所处的社会背景。①

(二) 资料收集的要求

1. 搜集要有目的性

在搜集资料时要围绕着研究主题进行搜索，带着研究问题去搜集，不可盲目搜集，否则搜集太多无关的资料会浪费大量的时间与精力，降低研究工作效率，也会削弱论文的质量。

2. 注意搜集的广度与深度

资料搜集的广度指搜集的资料要力求全面，通过多种渠道，采用多种方法进行搜集，避免遗漏重要研究成果。资料搜集的深度是指搜集的资料要尽量来源于权威期刊和著作以及其他较严谨科学的文献，避免使用质量低劣的期刊文献，如果研究者阅读大量观点论述不严谨的文章反而不利于研究者确定论文依据。

3. 资料要真实

诚信是大学生毕业论文写作的基本要求，也是作为一个研究者应遵守的学术道德，因此搜集的资料一定是真实的，不能弄虚作假，伪造资料，要使用真实、可靠的材料作为论文观点的依据，否则会影响论文质量的可靠性，也会影响研究者本人的信誉。

4. 资料要典型

要搜集具有代表性、能反映事物本质、最能证明观点的资料，这些资料就是典型性资料。虽然要求全面搜集资料，但并不是所有搜集到的资料都用在论文中，只有少数资料可以有力说明论文观点，起到重要的点睛作用。因此，研究者在搜集资料时要仔细选取，不可遗漏具有典型性的资料。

5. 资料要新颖

新颖是指资料能反映新事物、新情况、新理论、新方法，在理论上有新概括。只有新颖

---

① 邢彦辰.毕业论文写作与文献检索[M].北京：北京邮电大学出版社，2010：23-24.

的资料才能反映当前最新的研究动态,论文观点才有说服力。因此,研究者要搜集最新的资料,注意掌握最新的情况和最新的变化,从他人尚未涉足或存在缺陷的方面开展自己的研究,体现论文的创新性。[①]

(三) 资料的类型与分布

1. 资料的类型

这里的资料主要指国内外的相关文献,此类资料有多种分类方法。按照体裁可以划分出印刷文献、缩微文献、声像文献、电子文档文献;按照加工层次可以划分出零次文献、一次文献、二次文献、三次文献等;按照出版类型可以划分出图书、期刊、会议报告、研究报告、学位论文、专利报告、报纸等;按照文献内容的学科属性可以划分为哲学文献、社会科学文献、自然科学文献、综合科学文献及专科文献等。这里只对常用的两种分类方式做详细阐述,即按照体裁和加工层次进行的分类。

(1) 按照体裁可以划分为印刷文献、缩微文献、声像文献和电子文献

印刷型文献指将知识信息印刷在一定的物质载体(主要是纸张)上的文献。主要的类型有:书籍、报刊、会议文献、学位论文、档案、统计资料等。印刷型文献数量巨大,查阅方便,其缺点是所占空间较大,管理较为困难且难于实现自动输入和自动检索。缩微型文献指以感光材料为存贮介质,通过光学摄影技术把文献的体积缩小,固化到感光材料上的一种文献形式。目前又出现了超级缩微胶片和特级缩微胶片,一张全息胶片可存贮约 20 万页文献。其特点是体积小、容量大,便于收藏和实现自动化管理,为珍贵文献的存贮和保藏提供了可靠的条件。声像型文献指以磁性材料和光学材料为存贮介质,使用特定的设备,用声、光、磁、电等技术将信息表现为声音、图像、影视和动画的文献形式,也称音像型文献。其优点在于存储密度高、内容直观形象、表现力强、易于理解和接受。缺点是需借助一定的设备和条件才能阅读。[②] 电子文献指借助电脑和网络存储的文献,主要包括电子图书、电子期刊,以及各种联机数据库、光盘数据库等文献。电子文献具有便捷性、直观性、存储量大的优点,但需要查阅者具备相应的信息设备。

(2) 按照加工层次可以划分为零次文献、一次文献、二次文献、三次文献等

零次文献是记录在非正规载体上的、未经任何加工处理的源信息,是一种零星的、分散的和无规则的信息。零次文献的载体通常为书信、论文手稿、笔记、实验记录、会议记录等。一次文献也称原始文献,来源于教育教学实践,是由事件或成果的直接参与者或直接见证者撰写的。一次文献的表现形式主要有:经验报告、调查报告、实验报告、科学论文、专著、会议文献、专利档案资料等。二次文献指对一次文献进行加工整理,包括著录其文献特征、摘录其内容要点,并按照一定方法编排成系统的便于查找的文献,具有报告性、汇编性和简明性等特点。二次文献的表现形式主要有书目、索引、文摘等。三次文献也称参考性文献。它是在利用二次文献检索的基础上,对相关文献进行系统的整理并概括论述的文献。三次文献具有覆盖面广、浓缩度高、信息量大、内容新颖等特点,有较强的综合性、浓缩性和参考性。它的表现形式主要有:研究动态、研究综述、专题评述进展报告、数

---

① 邓富民. 文献检索与论文写作[M]. 北京:经济管理出版社,2010:190-192.

② 宋乃庆,陈时见. 教育研究方法[M]. 重庆:重庆出版社,2006:53.

据手册等。而教育工具书,如字典、词典、百科全书、手册等专门文献,因其具有次文献的特点与功能,也可称为三次文献。[①]

2. 资料的分布

在一个知识爆炸的时代,文献资料是极其丰富的,但是要到哪里去搜集与研究主题相关的文献,这就要求研究者清楚文献的主要分布形式。一般文献分布的形式主要有书籍、连续出版物、教育档案、电子资源。

(1)书籍

主要包括:①名著,指一个时代、一个学科、一个流派的权威著作,如学前教育著作《爱弥儿》《童年的秘密》《教育漫话》等。②教科书,指介绍基本原理,全面阐述学科基础知识、基本理论等方面的书籍,如《学前儿童心理学》《学前教育学原理》等。③工具书,指依照特定方式编排的,专供人们查阅的书籍,如教育词书、百科全书等。④论文集,指汇集了诸多学术论文的图书,论文集一般没有 ISBN,但在新闻出版总署、知网数据库可以查到的就是正规的刊物。如 2010 年由中国学前教育研究会主编的《第二届中国幼儿园园长大会论文集》。

(2)连续出版物

主要包括:①期刊,指定期或不定期的连续出版物,有周刊、月刊和季刊等。教育科学范围内的期刊主要有教育杂志、学报、丛刊、文摘及复印资料等。学前教育领域较有影响力的期刊有《学前教育研究》《幼儿教育》《早期教育》等。②报纸,指以刊登新闻和评论为主的定期连续出版物,一般为日报和周报。目前我国较有影响力的教育报主要有《中国教育报》《教师报》《教育文摘周报》《德育报》《教育导报》等。报纸具有消息准确、报道及时的优点,因此成为迅速传达国家教育方针政策的有效途径,但报纸同时也具有文献不系统且不易保存的缺点。

(3)教育档案

主要包括:①年鉴,年鉴是汇辑一年内的重要时事、文献和统计资料,按年度连续出版的工具书,它将辞典、手册、年表、图录、书目、索引、文摘、表谱、统计资料、指南、便览等集于一身,具有资料权威、反应及时、连续出版、功能齐全的特点。[②] 在教育领域较重要的年鉴有《中国教育年鉴》《中国教育统计年鉴》《中国教育事业统计年鉴》等。②教育法令集,指有关教育政策法规的指令性文件汇集。如我国的教育管理综合法律法规集、中外教育交流协议法规集等。教育法令集集中反映了国家的教育方针政策、法令、规章制度等情况,是全面了解我国教育状况与制度演变的珍贵资料。③会议文献,指在学术会议和专业性会议上宣读、讨论和提交的论文或报告,有些会议文献不对外公开,但大部分教育类会议内容都是可以公开出版的。④学位论文,学位论文是作者为获得某种学位而撰写的研究报告或科学论文。一般分为学士论文、硕士论文、博士论文三个级别。其中博士论文质量最高,是具有一定独创性的科学研究著作,是收集和利用的重点。[③]

---

① 宋乃庆,陈时见. 教育研究方法[M]. 重庆:重庆出版社,2006:52 - 53.

② 百度百科. https://baike.baidu.com/item/年鉴/

③ 百度百科. https://baike.baidu.com/item/学位论文/

（4）电子资源

主要包括：①图书目录，网络上有许多图书馆的图书目录供读者检索。一般每所高校都有电子图书馆，其中就包括很多教育类图书，师范类高校的电子图书馆包含的更多。②电子书刊，指在网络环境下可以阅读的书刊，包括在网络环境下编辑、出版、传播的书刊和印刷型书刊的电子版。③数据库，网络上有许多数据直接为用户提供信息检索服务，这些数据库有些是免费的，有些是要收费的，但学生通过自己学校的电子图书馆就可以免费使用学校购买的数据库。

（四）资料检索的方式

1. 传统检索方式

传统检索方式即用手工方式来查找文献资料。手工检索通常是根据书名、作者、代码、分类和主题等信息，通过一定的检索工具进行检索。使用何种信息特征进行检索，要依据具体情况的需要，也可以综合使用多种信息特征。

2. 计算机检索

计算机检索即利用计算机技术、光盘技术和网络技术来处理和查找信息的电子信息化检索系统，是以图书馆或电子文献数据库为对象，这种检索方式检索速度快、效率高、文献丰富，但追溯时间有所限制，且检索费用较高。

3. 光盘检索

光盘检索即以光盘数据库为基础的一种独立的计算机检索方式，它是利用激光原理在特种金属物质上存储数据。光盘检索不需要网络的支持，弥补了网络检索的缺陷。目前，国内主要的人文社科类光盘检索系统有：《中国学术期刊（光盘版）》全文数据库、《人大复印资料》数据库光盘、《全国报刊索引数据库》（光盘）。

4. 网络检索

随着网络技术的迅速发展，网络检索成为当今文献检索的主要方式。网络检索主要包括：远程登录、电子邮件、电子公告牌、搜索引擎、全球资讯网、网络数据库。这里只对毕业论文撰写者常用的网络检索方式进行详细介绍。

（1）搜索引擎

搜索引擎是因特网的导航工具，它是根据用户需求，运用特定策略从互联网检索出特定信息反馈给用户的一门检索技术，目标是将因特网所有信息资源进行整合，方便用户查找所需的信息。目前使用较多的搜索引擎有 Yahoo、Google，网易、百度、新浪等。

（2）全球资讯网

它是一个基于超级文本方式的信息检索工具，主要是一些信息资源网站，它具有信息容量大，内容更新快、检索方便的特点。这里主要借鉴宋乃庆和陈时见编写的《教育研究方法》中的观点来呈现教育类常用网址，主要有：

① 国内常见教育网站

中国教育部 http：//www．moe．gov．cn/

中国教育信息网 http：//www．chinaedu．edu．cn/

中国科技论文在线 http：//www．paper．edu．cn/

中国教育信息化网 http：//www．ict．edu．cn/

中国教育科学研究院 http：//www. nies. net. cn/

中国教育学会 http：//www. cse. edu. cn/

中国教育网 http：//www. chinaedunet. com/

中国基础教育网 http：//www. cbe2l. com/

国家基础教育资源网 https：//so. eduyun. cn/national/index

人民教育出版社 http：//www. pep. com. cn/

中国教育和科研计算机网 http：///www. edu. cn/

中国人民大学书报资料中心 http：//www. zlzx. ruc. edu. cn/

中国国家图书馆 http：//www. nlc. cn/

香港特别行政区政府教育局 http：//www. edb. gov. hk/

中国教育在线 http：//www. eol. cn/

国研网（教育版）http：//edu. drcnet. com. cn/www/edunew/

② 国外常见教育网站

联合国教科文组织 http：//www. unesco. org/

联合国教科文组织国际教育局 http：//www. ibe. unesco. org/

联合国教科文组织亚太地区教育局 http：//www. unescobkk. org/

国际教育成就评价协会（IEA）http：//www. iea. nl/Home/home. html

欧洲大学联合会（EUA）http：//www. unige. ch/eua/

美国教育部 http：//www. ed. gov/

美国教育资源信息中心（ERC）http：//www. eric. ed. gov/

美国教育部国家教育统计中心（Nces）http：//nces. ed. gov

英国教育和技能部 http：//www. dfes. gov. uk/index. htm

英国国家教育基金会 http：//www. nfer. ac. uk/

加拿大教育部 http：//www. cmec. ca/

德国联邦教育和研究部 http：//www. bmbf. de/en/index. php

法国教育部 http：//www. education. gouv. fr/index. php

俄罗斯联邦科学与高等教育部 https：//studyinrussia. ru/cn/

日本文部省 http：//www. mext. go. jp/english/

芬兰教育部 http：//www. minedu. fi/minedu/index. html

新西兰教育部 https：//www. education. govt. nz/

（3）网络数据库

与搜索引擎相比，网络数据库有较系统、完整的专业学术资料，对于毕业论文撰写者来说，往往通过数据库更容易获得有用的信息，以下针对毕业论文写作常用的数据库做简要介绍。

① 较有影响力的中文数据库

超星数字图书馆。超星数字图书馆是国家"863"计划中国数字图书馆示范工程项目，2000 年 1 月在互联网上正式开通。目前拥有数字图书 80 多万种，覆盖教育学、哲学、经典理论、民族学、经济学、自然科学总论、计算机等各个学科门类。收录年限是从 1977 年至今。

读秀：读秀是由海量全文数据及资料基本信息组成的超大型数据库。它以 430 多万种中文图书、10 亿页全文资料为基础，为用户提供深入内容的章节和全文检索，部分文献的原文试读，以及高效查找、获取各种类型学术文献资料的一站式检索。

方正电子图书库：方正电子图书库是方正 Apabi 数字资源的核心部分，涵盖社科、人文、经管、文学等类别。

中国知网(CNKI)：知网是国家知识基础设施的概念，由世界银行于 1998 年提出。CNKI 工程是以实现全社会知识资源传播共享与增值利用为目标的信息化建设项目，由清华大学、清华同方发起，始建于 1999 年 6 月。学科范围覆盖自然科学、工程技术、农业、哲学、医学、教育学等各个领域，囊括了基础研究、工程技术、行业指导、文化生活、科学普及等各种层次的期刊。通过与期刊界、出版界及各内容提供商达成合作，中国知网已经发展成为集期刊杂志、博士论文、硕士论文、会议论文、报纸、工具书、年鉴、专利、标准、国学、海外文献资源为一体的、具有国际领先水平的网络出版平台。

万方：万方数据库是由万方数据公司开发的，是涵盖期刊、会议纪要、论文、学术成果、学术会议论文的大型网络数据库，也是和中国知网齐名的中国专业的学术数据库。学科范围覆盖理、工、医、农及教育学等部分人文社会科学，对各类大学学报和中国出版的外文期刊收录较齐全。

维普：维普网，原名"维普资讯网"，是重庆维普资讯有限公司所建立的网站，该公司是中文期刊数据库建设事业的奠基人。从 1989 年开始，一直致力于对海量的报刊数据进行科学严谨的研究、分析、采集、加工等深层次开发和推广应用。学科范围覆盖医药卫生、农业科学、教育学、化学工程、经济管理、政治法律、哲学宗教、文学艺术等 35 个学科大类，457 个学科小类。

② 较有影响力的教育类外文数据库[①]：

ERIC：ERIC 的全称为 Educational Resources Information Center，中文名称为教育资源信息中心。它是目前世界上最大的教育信息数据库，由美国教育部、美国教育科学研究所创立。ERIC 是一个题录文摘数据库，囊括了数千个教育专题，提供了自 1966 年至今教育学领域的图书和期刊信息。它收录的文献类型包括期刊、图书、研究报告、会议论文、技术报告、政策文献等。ERIC 几乎覆盖了教育学领域的所有方面，主要包括儿童教育、初等教育、高等教育、成人教育、师资教育、职业教育、伤残和天才教育、城市教育、评估法、信息和技术、语言和语言学、阅读和交流、教育管理等。

International ERIC：International ERIC 的中文名为国际教育研究数据库，由 International ERIC 公司生产。该数据库主题领域主要包括：成人和继续教育、特殊教育、远程教育、多文化教育、教师培训、课程、教育心理学、教育社会学、教育技术、语言学习、教育政策、教育管理等。

Education Abstracts：教育文摘是一个题录数据库，是美国 Hw Wilson 公司大量的专题期刊文摘数据库中的一个分支。它全面覆盖了美国教育学领域的英文期刊、杂志和年

---

① 刘雄健.国外常用英文教育学数据库综述[J].上海教育科研,2007(06)：39－43.

鉴,索引了 1983 年以来大约 750 种英文期刊。另外,它还收录了 1995 年以来出版的与教育相关的图书。教育文摘涉及的主题范围包括比较教育、职业教育、远程教育、多文化教育、学前教育、初等教育、中等教育、高等教育、成人教育、继续教育、特殊教育、教师教育、教师评价、教学方法、学校管理、政府资助等方面。

British Education Index(BEI):BEI 数据库提供 350 种英国期刊和部分欧洲英语类期刊的题录信息,时间范围为 1976 年至今。其收录的文献类型包括期刊论文、会议论文、专著、研究报告等,覆盖的主题范围涉及早期教育到高等教育所有的内容,包括:认知发展、计算机辅助学习、课程、教育政策、教育心理学、特殊教育、教师教育等。

ProQuest(r)Education Joumals:ProQuest(r)Education Joumals 中文名称为教育学期刊全文数据库,由 ProQuest(r)公司出版,是目前世界上收录教育学全文期刊最多的全文数据库。教育学期刊全文数据库覆盖的主题包括:儿童早期教育、儿童文学、成人教育、残疾人教育、宗教教育、健康教育、艺术教育、计算机教育、远程教育、发展心理学、异常儿童教育、人类发展、数学课程、技术与学习、科学新闻报道等。

ProQuest Digital Dissertations(PQDD):PQDD 是美国 ProQuest 公司出版的博硕论文数据库,它收录了欧美 1 000 余所大学的 160 多万篇学位论文,主要是北美地区的博硕论文,也有少量欧洲及亚洲的学位论文,是目前世界上最大的学位论文数据库。PQDD 覆盖人文科学、社会科学、文学、艺术、数学、商业和工程学等学科领域。其中,教育学领域的学位论文有近 50 万篇,内容主要包括普通教育、教育管理、教育心理学、语言和文学、课程与教学、高等教育、中学教育、学前教育、成人与继续教育、特殊教育、引导和咨询服务、教师培训、教育技术等方面。

(五) 资料检索的方法与程序

1. 资料检索的方法

(1) 直接法

指直接利用检索工具(系统)检索文献信息的方法,这是文献检索中最常用的一种方法。它又分为顺查法、倒查法和抽查法。顺查法指:按照时间的顺序,由远及近地利用检索系统进行文献信息检索的方法。这种方法能收集到某一课题的系统文献,它适用于较大课题的文献检索。倒查法指:用由近及远,从新到旧,逆着时间的顺序利用检索工具进行文献检索的方法。此法的重点是放在近期文献上。使用这种方法可以最快地获得最新资料。抽查法指:指根据研究课题的特点,选择有关该课题的文献信息最可能出现或出现最多的时间段,利用检索工具进行重点检索的方法。

(2) 追溯法

指利用已经掌握的文献末尾所列的参考文献,逐一地追溯查找"引文"的一种最简便的文献检索方法。它还可以从查到的"引文"中再追溯查找"引文",通过多次追溯获得越来越多的相关文献。

(3) 综合法

指既要利用检索工具进行直接检索,又要利用已有文献后面所附参考文献进行追溯检索,这两种方法交替使用,即先利用检索工具,通过直接检索的方式检索一些相关文献,再以这些文献末尾的参考目录为线索进行查找,如此循环进行,直到收集到足够丰富的文献资料。

2. 资料检索的程序

(1) 分析研究实质,确定核心概念

首先应分析研究课题的内容实质、所涉及的学科范围及其相互关系,明确要查证的文献内容、性质等,根据要查证的要点抽提出核心概念、次要概念,呈现问题域,最后将相关概念进行组合,提炼检索关键词。

(2) 选择检索工具和检索方法

在完成上一步工作之后,要考虑选择何种检索工具,通过何种检索方法来获取想要的信息。选择检索工具时要注意根据研究主题和性质来确定,选择的检索工具要注意其所涉及的学科专业范围、所包括的语种及其所收录的文献类型等。通常特定的检索工具包括书目、索引和文摘。确定检索工具后就要思考使用何种检索方法,如是使用直接法、追溯法还是综合法。

(3) 查找文献线索,索取原文

文献线索即通过文献检索工具获得的检索结果,文献检索的最后环节便是根据需要利用文献线索中提供的文献出处索取原文。

二、毕业论文资料的整理与分析

完成资料收集工作后,下一步便是对资料进行整理与分析。整理与分析资料指的是根据研究目的和研究问题把所获得的原始资料进行系统化、条理化,然后逐步将资料进行筛选与浓缩,其最终目的是对资料进行意义解释。[①]

(一) 资料的筛选

研究者经过搜集得到的资料往往是一堆凌乱无序的材料,甚至资料中夹杂着无效材料,这些问题都需要通过筛选来解决。资料的筛选指对资料的真实性、重要性与完整性进行检验,将不符合条件的资料删除掉,将不完整且重要的文献进行补充,以保证资料的正确性与有效性。

1. 资料真实性的检验

研究者所搜集到的资料不一定全部是真实的,有些文献的作者为了某些利益故意扭曲事实、篡改真实数据,文章观点不具有借鉴价值;在获取原始资料过程中,有时研究对象受到社会价值观的影响或存在某些方面的顾虑,所作回答并不代表他们的真实想法。因此,研究者要注意将存在虚假信息或完全雷同的资料去掉。

2. 资料重要性的检验

在经过真实性检验的同时也要考量资料对研究的重要程度。毕业论文的提交时间是有限的,学生必须在规定时间内上交毕业论文,因此必须对材料进行筛选,只保留对本调查研究有参考价值的资料,以节省写作的时间与精力。

---

① 陈向明. 质的研究方法与社会科学研究[M]. 北京:教育科学出版社,2000:269.

3. 资料完整性的检验

在收集原始文献时,往往有研究对象不完全按要求回答,有的基本信息填写不完整,有的漏答题目,从而导致资料失真。为了使资料准确完整,必须进行资料完整性检验,即检验实际收到的资料是否达到研究计划的要求;检验每份资料是否含有被试漏答,误答题目的现象。若存在以上问题,则需要对资料进行进一步补充,若条件不允许,可选择丢弃,不可私自填写。

明确了筛选目标之后,就要开始进行筛选的操作。首先是粗选,即通过泛读快速把所有材料浏览一遍,对材料有个大致的了解,并分出重要材料和次要材料,相关材料和无关材料,将虚假材料剔除,将不完整且重要的材料单独放置在一起,等待后续处理。泛读时只阅读文章的内容提要,文章的开头、结尾和每段的关键句。对于书籍,先看书名,再看目录,从目录中挑选有用的章节阅读。这样用很短的时间就能对一篇文章或一本书有个大概的了解,通过泛读完成初步筛选。其次是细选,即通过精读,对初选后的文章进行仔细阅读,主要掌握文章的核心观点、研究方法等重要内容,然后基于此进一步筛选出与自己研究主题密切相关、具有非常重要作用的文献,并将这些资料单独放置以备后续写作需要。

(二) 资料的分类

在筛选的过程中同时要对资料加以分类,资料的分类方法有多种,对于大学生撰写毕业论文宜采用项目分类,即按照材料的属性把收集的材料分项归类,具体可分为以下 4 种:一是主干材料,对论文观点最具有代表性和说服力的材料。包括各种事实材料和理论材料,例如事例、统计数据、图表、著名学者的概念、观点和系统的理论体系、完整的科学思想、科学原理、法规、一般常识等。二是调查资料,通过观察调查所得的原始资料。三是触发材料,本人随时记下的感想、存在的问题、困难及建议。四是其他材料,其他材料指其他一些概括性材料、对论点起到补充说明的材料或零星记录的资料等。[①]

(三) 资料的汇总

在完成筛选与分类之后,就要对与论文选题有关的重要资料进行深入阅读。深入阅读需要研究者弄清资料的内容实质、论证的方式方法、重要结论。基于此将重要材料进行汇总,找出材料之间外在及内在的联系、横向及纵向的联系等。[②] 因此,在阅读的过程中同时要对重要内容进行摘录,并使之构成一个逻辑体系。摘录资料就是选取资料中的精华部分、具有特色的部分进行摘录或概括。摘录的方式是多种多样的。如果一项资料中只有小部分内容是需要的,则可以把这小部分内容进行摘录,如果多项资料的大部分内容都非常重要,则可以通过编制索引的方法记录。另外需要提醒的是,在进行精读时要具有批判性思维,善于思考,敢于质疑。

(四) 资料的分析

资料分析即利用科学的分析方法,对占有的资料进行分析。资料分析的主要目的是

① 刘志勇,萧世民,郑乃勇. 高校文科学生毕业论文写作指导研究(之二)——材料的收集与使用[J]. 井冈山学院学报,2006(01):118-121.
② 刘璐. 大学生毕业论文写作[M]. 上海:上海交通大学出版社,2016:91.

认识材料和观点，通过梳理与分析材料逐渐形成自己的观点。资料分析方法主要有非结构定性分析和结构定量分析方法，它们各自从不同的侧面对资料中所包含的信息进行加工和整理。

1. 定性分析

定性分析是对资料中包含的信息进行分类，选取典型的观点加以重新组织，并在定性描述基础上得出结论。定性分析注重的是资料中包含着所研究选题的重要思想和内容，而非注重对文献数量特征的分析。[①] 如以《幼儿园保教质量提升途径研究》为课题搜集相关文献，发现不同的文献分别提出了不同的策略，如"加强国家对学前教育的统一管理及在保教质量评估中的责任力度；规范办园行为，以优化幼儿园资源配置、完善管理制度、提升教师专业素质水平、加强家园共育等措施来保障保教质量；改变教师在学校中的角色，支持他们自己的领导和协作，支持幼儿教师有效而全面的专业发展"。通过对比与归纳的方法将相同的观点归在一起，不同的观点归在一起，最后总结出比较全面的策略，这种方式便是定性分析。

在教育学研究中，常用的定性分析方法有归纳分析法、系统分析法、比较分析、矛盾分析法等。归纳分析法是指从同一类的若干个别事物中提炼概括出一半的原则或方法，通过归纳法得出的观点或方法往往是公认的或重要的。系统分析法指在分析教育类资料时研究者必须系统思考当时的社会背景，即考虑政治、经济、文化等对教育的影响，教育文献不仅限于教育系统内部，还要综合考虑社会整个大系统。比较分析法是指根据一定的标准，把有联系的事物放在一起进行对比，寻找异同，以保证对事物了解的全面性。矛盾分析法指找出搜集资料中存在的相互矛盾的观点，因为矛盾之处往往为揭示事物本质提供了契机，体现了所做研究的价值。为保证对文献分析得更为透彻全面，一般会同时使用多种分析方法。

2. 定量分析

定量分析又叫内容分析，即对各种信息载体上的内容进行客观、系统描述和分析。文献定量分析要求研究者根据预先设定的计划，采取一定的步骤明确文献内容中某一问题出现的频率，或者决定某一类别在整个内容中所占的比例等。[②]

定量分析的基本环节：一是抽取文献样本，定量分析的抽样常常从各种文献的标题或期号中进行，或者在作者、书籍、章节句子、短语、词汇等层次上进行，各种层次的抽样方法都可以采用，根据具体的研究目的抽取文献样本。二是确定分析单位，常用的分析单位有词汇、主题、概念、句子等。三是编录，编录就是为所确定的各个记录单位制定或赋予数字符号（数值），并将这些数值按一定顺序排列，制成编录单，以便于量化分析和统计。四是计量，对于教育类毕业论文来说常用的资料定量分析方法主要有两种计词法和概念组分析法。计词法，即以单词为记录单位，根据研究需要，统计某些单词或关键词在各个样本中出现的频数和比例，然后进行比较。概念组分析法，它是将与分析内容有关的关键词分成小组，每组代表一个概念，这种方法的记录单位仍是单词，并以此计算频数和百分比，但

---

① 李丽芳. 教育科学研究方法[M]. 石家庄：河北人民出版社，2004：65－66.

② 智库百科. https://wiki.mbalib.com/wiki/内容分析/

分析时的变量都是概念组。

　　资料的收集、筛选、分类、汇总与分析是结合进行的,不能把它们截然分开。在初步筛选、分类之后要进行深入阅读,以对资料进行汇总与分析,在精读的过程中或许又会排除掉一些无效的材料,又或者需要增添新的材料,因此在汇总与分析阶段也需要进行筛选与分类的工作,这四个环节是相互关联与循环的,它们贯穿了整个研究过程。丰富和高质量的研究资料是高质量毕业论文写作的基础,而撰写者的资料整理与分析能力是其关键。因此,毕业论文撰写者既要注重掌握资料搜集的方法,更要注重提高对资料整理与分析的能力。

第四讲

撰写与修改："巧构思、细雕琢"

第一节 》 摘要和关键词撰写："简洁、精准、惜字如金"

一、毕业论文摘要的撰写

结构上，一篇毕业论文的论文题目之后是摘要，摘要在正文之前，是对论文核心内容的准确、扼要的概括，方便读者快速地总览全文。故摘要的质量直接影响论文的吸引力。那么如何撰写一个高质量的摘要呢？摘要有三个特点：短、精、完整。短，即篇幅短小精悍；精，即内容精炼，应筛选文章的精华；完整，即要求作者以经济的笔墨勾画出全文的整体面目：提出主要观点、揭示论文的研究成果、简要叙述全文的框架结构。一篇论文的摘要，要尽可能简洁，故字数一般在300字左右。摘要的内容一般包括以下4点：第一，研究背景或研究缘起，简要阐述为什么要进行该项研究；第二，研究方法或手段，即简要介绍本研究采用了什么研究方法，如何开展研究；第三，研究结果，即通过研究发现的问题及问题分析；第四，研究对策，即针对发现的问题本研究提出的有针对性的建议。因摘要短小精悍，篇幅有限，研究背景和研究方法用极简短的语言介绍即可，重点放在研究结果和研究对策上，用恰当的篇幅介绍本研究发现的问题，剖析问题出现的原因，给出有建设性、创新性的对策或建议。交代清楚这几个问题，读者通过阅读短短的摘要，即可大致了解一篇论文的核心和重点。需要注意的是，摘要只能用第三人称来写，摘要中不应出现图表、公式，也不应出现注释和评论。

下面是一篇学前教育专业毕业论文中的摘要和关键词，该毕业论文的题目是《幼儿园室内墙面环境创设现状研究》，供大家借鉴。

幼儿园室内墙面环境创设现状研究①

摘　要： 在幼儿园环境创设范围里，室内墙面环创是幼儿园室内环境创设中占面积最大且十分重要的组成部分，对幼儿发展的影响力不容小觑。由此本论文通过文献法、问卷调查法、自由访谈法和实地观察法对 X 市三所幼儿园室内墙面环境创设现状进行调查研究。笔者在此基础上，对调查研究结果进行整理分析，提出有效的室内墙面环境创设的建议，提高幼儿园室内墙面环境的实用性和教育性。

第一部分是绪论，写问题的提出、研究意义、相关概念界定和文献综述。第二部分是理论基础，本论文的研究依据。第三部分是 X 市三所幼儿园室内环境创设现状。该部分包含教师自身基本情况、活动室墙面主题确定与更换、幼儿参与、墙面环创材料和颜色情况、卫生间和睡房墙面环创情况，教师对室内墙面的看法以及幼儿园室内公共墙面环创情况。第四部分是 X 市三所幼儿园室内环境创设现存问题以及原因分析。第五部分是对现状的建议和策略。第六部分为结语。

调查结果显示，存在教师对室内墙面范围定义不明确、教师对室内墙面环创的认识参差不齐、缺乏立体墙面和可操作性墙面、墙面颜色单一这几个问题。论文从三个方面提出了具体可行的策略和建议。

关键词： 室内墙面；幼儿园；环境创设

撰写摘要时，很多同学会把摘要等同于引言，用几百字的篇幅详尽地论述该研究的意义、价值或迫切性，对论文的研究方法、发现的问题及提出的对策只字未提，读者无法从冗长的摘要中获取该研究的任何有价值的信息，这既浪费了读者的时间，也使本研究无法抓住读者的眼球，从而导致论文的吸引力大打折扣。有的同学的毕业论文，摘要寥寥数语，不能完全覆盖论文的核心内容，只是敷衍地呈现了上述内容中的一两个关键点。核心内容交代不全，亦无法满足读者的需求。

通常，为了便于国际交流，学术论文不仅有中文摘要，还要附有外文摘要。外文摘要一般都是英文摘要。英文摘要一般是对中文摘要的翻译，翻译时务必翻译得准确无误。要想确保英文摘要与中文摘要没有出入，一定要注意专业术语的翻译，请务必使用国际学术界通用的专业术语翻译。翻译英文摘要时，有些毕业生简单地将中文摘要粘贴进网上的一些翻译程序中，选择"中文翻译为英文"，然后将翻译程序翻译出来的英文粘贴进毕业论文，以为这样就完成了英文摘要的翻译工作。殊不知，网络上的翻译程序只是简单的直译，并不考虑各个学科领域的专业术语。这样翻译出来的英文摘要，往往错误百出，实在难以满足毕业论文对英文摘要的要求。所以毕业生在翻译英文摘要的时候即便借助网络上的翻译程序的帮助，也一定要反复检查、修改英文摘要，尤其要注意专业术语的翻译。

---

① 来自陕西学前师范学院学前教育专业 2019 届本科毕业生郭喜庆。

二、毕业论文关键词的撰写

(一) 关键词的确定

关键词是一篇论文中最重要、最核心、反复出现的词汇。关键词要仔细考虑和斟酌后确定，不可随意写几个论文中重复出现的词汇，那不足以称为关键词。关键词一定是可以反映本篇毕业论文核心概念的词汇。

(二) 确定关键词的注意事项

首先，确定关键词的时候需要注意，有些词汇是不可以作为关键词出现的。如一篇毕业论文是调查学前教育领域中的某一个现象，虽然该论文是研究某一问题的现状，但"现状"一词却不能作为一篇毕业论文的关键词。关键词是一篇论文的核心词汇，是可以通过关键词检索到文章本身的。而当我们在各种数据库中用"现状"一词检索时，却难以检索到我们需要的文章，所以"现状"一词不能作关键词。同样的道理，"对策""措施""策略""问题""研究"等词也均不可作为关键词出现。如研究农村学前教育中的某一个问题，如果以"农村"为关键词来检索，我们会检索到海量的与"农村"有关、但与学前教育关系很小的文献资料，很明显这不符合我们的研究需要。所以就我们学前教育专业的毕业论文而言，不建议将"农村"作为关键词，但"农村学前教育"可以作为学前教育专业毕业论文的关键词，搜索"农村学前教育"可以较快地定位我们需要的相关研究。简而言之，别人一定是可以通过你毕业论文的关键词定位你的文章的，如果不能，这个词汇将不能作为关键词。理解了确定关键词的这一原则，大家就可以精准地确定一篇毕业论文的关键词，避免出现不准确、不恰当的关键词。如一篇题目为《幼儿教师评价幼儿行为现状研究》的毕业论文，如果确定的关键词是："幼儿教师评价"；"幼儿行为"；"现状研究"；"存在问题"；"解决策略"。那么后面的三个词"现状研究""存在问题""解决策略"原则上都不能作为关键词出现。根据题目，该篇论文研究的是幼儿教师对幼儿行为的评价现状，所以"幼儿教师评价"不是一个词汇，是两个词汇，"评价"是一个动词，故将"幼儿教师评价"作为一个关键词出现，也是不合适的。又如，题目为《入园前准备对幼儿入园适应状况的影响研究》的毕业论文，如果确定的关键词是："入园前准备"；"幼儿适应状况"；"影响"。不难判断，"影响"一词是不能作为关键词出现的。

其次，确定关键词的时候，要考虑关键词的数量。通常一篇毕业论文的关键词数量是3—5个。数量不宜太少，如只确定了一个关键词；也不宜太多，关键词确定了一长串，多达十几个。确定关键词的时候，还要考虑不要因为数量的限制，使得一些重要的关键词没有列出。如果选定的关键词数量比较多，那就要考虑对比取舍，最后通过思考和权衡，留下最重要的、合适数量的关键词。有同学的毕业论文随意写了几个关键词罗列在那里，却忽视了重要的关键词。

如在一篇题目为《小班幼儿同伴交往现状及教师指导策略研究》的毕业论文中，列出的关键词是："同伴交往"；"幼儿同伴冲突"；"策略"。很明显，"策略"一词不能作为关键词出现。而且该毕业论文的研究对象是小班幼儿，强调的是"小班"这个年龄段孩子的同伴交往现状。故关键词中应该有"小班"或"小班幼儿"这样的重要词汇出现。又如，题目为

《学前教育专业学生的课程设置满意度调查研究——以××××为例》的毕业论文中,列出的关键词是:"学前教育专业";"课程设置"。该毕业论文确定的关键词只有两个,数量上略少,而且该毕业论文是调查学前教育专业学生对本专业课程设置的满意度,所以"满意度"是本篇毕业论文的一个研究重点,应该作为一个关键词出现。所以该篇毕业论文应该加上一个关键词"满意度"。再如,《小班幼儿在区域游戏中同伴冲突的原因及解决策略研究——以Y市×幼儿园为例》这篇毕业论文的关键词是:"幼儿";"同伴冲突";"区域游戏"。这篇毕业论文也强调年龄段,是对小班幼儿开展的研究,所以关键词确定为"小班幼儿"比"幼儿"更加合适、准确。

(三) 英文关键词的翻译

关键词确定好后,还要翻译为英语,这就是英文关键词。中文关键词翻译为英文关键词时,务必要保证翻译的准确,尤其是学前教育领域,甚至是教育领域的专业词汇,一定要保证其专业词汇的正确性。专业词汇的翻译方法,可以查阅和借鉴学前专业英语和教育类专业英语的翻译,切莫自己想当然地直译。如"学前教育"一词,作为一个专业术语,学前教育领域通常将其翻译为"preschool education"。如果简单地将其翻译为"early childhood education"则不符合学前教育领域的常识。

第二节　正文和致谢撰写:"逻辑清晰,真情实感"

一、毕业论文正文的撰写

毕业论文的正文是毕业论文的核心和主体,是一篇毕业论文最重要、最核心的部分。正文主要写本篇毕业论文的研究背景、研究现状、通过分析现状发现的问题、对现有问题产生的原因进行剖析以及作者根据自己的思考提出的对策或建议,故正文是毕业论文最主要、字数最多、篇幅最大的部分,是毕业生撰写毕业论文时着墨最多、最花心思撰写的部分。毕业论文的正文一般由三部分组成,分别是绪论、本论和结论。正文的各部分在撰写时各有特点。

(一) 绪论

绪论是毕业论文正文的第一个组成部分,有时也被称作导言、引言,这一部分相对本论和结论,显得更加简短精炼,绪论部分的核心是提出本篇毕业论文研究的问题。故绪论无须长篇大论,主要起着抛砖引玉的作用。绪论部分虽然短小精悍,却不容忽视,更不可简单重复摘要。摘要在正文之前,是对论文核心内容的准确、扼要地概括,方便读者快速地总览全文。摘要的内容一般包括:研究背景或研究缘起、研究方法或手段、研究结果、研究对策等四个方面,读者通过阅读短短的摘要,即可大致了解一篇论文的核心和重点。而绪论是正文的组成部分,绪论并不囊括整篇毕业论文的全部内容,它是给读者简要阐述和介绍本篇毕业论文要研究的问题,提出有研究价值的问题,进而吸引读者进一步阅读论文。撰写绪论应当注意的问题有：第一，开门见山，简明扼要，以 200—300 字为宜。第二，写作条理清晰，表述客观。慎用"首创""开辟新的研究领域"等夸大研究意义的字词，也不要用"不吝赐教""请批评指正"的客套话。第三，不要把绪论写成摘要的"克隆"或"变形"。第四，绪论不宜大段的引用别人的原文。

绪论虽然也很简短，却要体现作者的思想及其深度，提出的问题有研究的价值，让读者对这些问题有强烈的好奇心，迫切地想要了解作者对这个问题的分析和结论，引人入胜。为了达到这个效果，绪论应该包含以下内容：第一，阐释研究缘起，为什么要研究这个问题，研究这个问题的背景、原因及意义；第二，明确研究的具体问题，详细、具体地描述本篇毕业论文研究的问题。此处提出问题的时候，也可以用简洁的语言介绍前人对该问题进行的研究，研究了哪些方面，研究到了哪种程度，有哪些还未研究的方面或现有研究的不足之处，作者计划从哪些维度开展研究，准备选用什么研究方法、研究工具进行研究。

现在很多毕业论文，尤其是硕博论文，都需要用专门的一章来交代上述内容（即前人的研究成果），也就是要写文献综述，本科毕业论文因其研究程度浅显和字数限制，文献综述不用独立成章，用一段或几句话阐述清楚即可。撰写文献综述时，一定要记得，文献综述不是对已有研究成果的简单堆砌，还要有对现有研究成果的评述，也就是说不仅要搜集到已有的研究成果将其展现出来，还要对现有的研究成果进行综合分析与评价，找到现有研究成果的共通之处、已取得的成就，更要剖析和探寻现有研究成果忽略的研究点、尚未涉猎之处和虽已进行研究但研究结果并不够详实和合理，甚至现有研究有明显错误的地方，只有评析了这些方面，才能找到继续对这个问题开展研究的意义和价值，才能体现本研究开展的合理性与必要性。根据本科毕业论文的篇幅，绪论也只需几百字，无需洋洋洒洒、长篇大论。

(二) 本论

本论是毕业论文正文中最核心、最重要的部分，是毕业论文的主要内容，该部分是整篇毕业论文研究过程的详细呈现，务必多用时间和精力将该部分写具体、写充分。本论是毕业论文中体量较大、篇幅较多的部分，撰写该部分的时候，尽量一气呵成，中间减少停顿，尤其注意不要咬文嚼字，反复停下来核实或查找资料，先将本论部分的框架粗略地写出来，以免反复停顿，打断思路。搭建好本论部分的基本框架后，再一步步地修改和完善。

在此倡议一气呵成，也是有前提条件的，撰写本论之前一定要理清思路，明晰研究步骤，按照预先构思好的研究计划，一步步的推进研究进程。如果动笔前没有认真思考，仔细谋划，动笔后是很难一气呵成的。不少毕业生在撰写毕业论文时，由于没有做好充分的准备，提笔就头大，大脑空空如也，挤牙膏似的痛苦敲打键盘，数着字数东拼西凑，撰写毕业论文的过程甚是苦闷。也有的毕业生自认为已在头脑中思考了论文的整体布局，便"胸有成竹"地开始撰写，刚开始就发现越写问题越多，越写思路越混乱，需要查找的资料和核实的数据一个个都变成了"拦路虎"，论文越写越心虚，越来越写不下去，最后不得不停笔，回头看看众多的"拦路虎"，被吓得越来越不自信，完全不知道究竟先从哪个障碍开始清理。这就是典型的准备不充分的表现。

开始撰写本论之前，一定要思考，只有做好万全的准备，才可能体会"一气呵成"的淋漓尽致。仅仅在头脑中浅显地想想，是万万不够的。俗语道"好记性不如烂笔头"，整理毕业论文的思路、搜集和查找毕业论文所需的资料、搭建毕业论文的框架结构，是需要深思熟虑、反复修订、对比取舍的,很难一蹴而就,所以这个过程不是在头脑中过一遍就能解决的,它需要毕业生有一个专门的笔记本来记录毕业论文所需的相关资料,把所需资料集中在一个笔记本上,方便查找也方便集中对比思考。通过将大脑中思考的内容梳理在笔记本上,将抽象的逻辑思维转化为具体的视觉形象,从而帮助毕业生厘清自己的思路。因此在记录、确定毕业论文研究框架的过程中,建议毕业生有一个专门的笔记本,一方面用来集中记录毕业论文相关的资料,另一方面是方便相关资料的保存。

在此提醒各位毕业生,一定要保存毕业论文每次的修改记录,保存修改的手稿。之所以要保存这些修改手稿,是因为确定毕业论文的研究框架和基本内容,往往要经过很多次的思考和修订,甚至很多时候随着资料的搜集、指导教师的建议,一些已经修订过的部分会被再次修订或者改回前几版的状态,这个时候保存之前每一版的修改手稿就显得很有必要了。

撰写毕业论文的本论部分,是有较为固定的模式可以借鉴的。在此,笔者例举了量化研究型毕业论文和质化研究型毕业论文的本论部分,以展现两种常见毕业论文类型的本论写作模式。

1. 本论量化研究案例

下面这篇题为《父母规则意识对幼儿同伴交往行为的影响研究》的毕业论文,采用了量化研究的方法,本论部分该毕业生先呈现了父母规则意识对幼儿同伴交往行为影响的现状数据,然后根据收集到的现状数据分析数据反映出来的问题,然后分析这些问题存在的原因。该篇毕业论文的本论部分详细内容如下:

量化研究例举[1]

下面这篇题目为《二孩家庭中幼儿"告状"行为的研究》的学前教育专业毕业论文,也采用了量化研究方法,该篇毕业论文的本论部分的提纲参考如下:

> 二、二孩家庭中幼儿的"告状"行为现状[2]
> （一）幼儿"告状"行为的类型
> 　　1. 求助型
> 　　2. 自我表现型
> 　　3. 关爱型
> 　　4. 维护规则型
> 　　5. 报复他人型

---

① 来自西安翻译学院学前教育专业 2019 届本科毕业生叶笑然。
② 来自西安翻译学院学前教育专业 2019 届本科毕业生查晓玉。

　　　　(二)家长面对孩子"告状"的态度
　　　　　　1. 指责"被告"幼儿
　　　　　　2. 烦躁批评
　　　　　　3. 家长对幼儿"告状"的态度
　　三、二孩家庭中幼儿"告状"行为分析
　　　　(一)孩子自身原因
　　　　　　1. 幼儿身心发展特点
　　　　　　2. 幼儿道德情感的发展
　　　　　　3. 幼儿模仿和观察学习
　　　　　　4. 马斯洛需要层次理论
　　　　　　5. 心理原因
　　　　(二)家庭因素
　　　　　　1. 父母以及祖辈溺爱的原因
　　　　　　2. 父母间夫妻关系不和谐
　　　　　　3. 家长对待幼儿"告状"态度不端正
　　　　(三)教师在幼儿园内未能适当应对

2. 本论质化研究案例

　　下面这篇《幼儿教师生活现状个案研究》,是一名毕业生对一位幼儿教师开展的个案研究,本论部分主要是通过她与该幼儿教师的访谈以及她对这位幼儿教师的观察了解去展现该幼儿教师的生活现状。这篇毕业论文属于质化研究论文,想要采用质化研究方法的学前教育专业的毕业生,可以参考、借鉴。

质化研究例举①

　　下面这篇题目为《学前教育专业男生个案研究》的毕业论文,也采用了质化研究方法,该篇毕业论文的本论部分的提纲结构参考如下:

　　二、学前教育专业男生的个案研究分析②
　　　　(一)选择学前教育专业之前的"我"
　　　　　　1. 懵懵懂懂的大学
　　　　　　2. "你怎么会选择这个专业"
　　　　(二)读学前教育专业过程中的"我"
　　　　　　1. 上课状态
　　　　　　2. 人际关系
　　　　　　3. 实习生活
　　　　　　4. 学校课程

---

① 来自西安翻译学院学前教育专业 2019 届本科毕业生刘悦。
② 来自西安翻译学院学前教育专业 2019 届本科毕业生肖丽妹。

（三）即将面临就业选择的"我"
    1. 不知所措
    2. 迷茫的未来

质化研究型毕业论文与量化研究型毕业论文有很大的不同,它没有大量的数据支持论点,是通过文字对研究过程徐徐展开,体现思维的严密与逻辑。

（三）结论

结论是毕业论文正文的最后一个部分,也是一篇毕业论文的收尾部分。结论的篇幅虽然不宜超过本论,却起着画龙点睛的效果。结论部分撰写得好,逻辑严密,层次分明,建议可操作性强,一篇毕业论文可能会因此得以升华;同样,结论部分撰写不好,匆匆收尾,草草结束,也会使一篇毕业论文显得虎头蛇尾,头重脚轻,言之无物。因此,结论部分一定要经过作者的仔细探究、深度思考,切不可拍脑袋、想当然。

如果本篇毕业论文采用的是量化研究方法,那么结论部分就一定要根据本论中的数据统计结果进行客观科学的剖析,进而得出有说服力的推论,并给出由数据可得出的相关结论。如果本篇毕业论文采用的是质化研究方法,那么结论部分就要根据本论进行严密的逻辑推理,经过缜密的思考提出有深度的策略。在撰写结论、为本篇毕业论文收尾的时候,要突出本篇毕业论文研究的创新点,这是本研究的意义和价值所在。研究对象、研究方法、研究工具、数据分析方法、研究结果等一个方面或几个方面有新颖之处,都可以作为本研究的创新点强调出来。除了突出本研究的创新点,结论部分还可以写本研究的不足之处、需要进一步探讨的问题。客观地呈现这些内容,并不会让读者质疑研究者的能力,反而能体现研究者的严谨和诚信。

关于毕业论文结论部分给出的建议或对策,需要注意和格外强调以下三方面。首先,结论部分给出的建议或对策,务必要有针对性。所谓有针对性,就是这些建议或对策是针对本篇毕业论文中的相关问题给出的,能有效地解决本篇毕业论文中的相关问题,而不与其他相关问题通用。很多毕业论文的结论部分给出的对策和建议,非常宽泛,几乎适用于该毕业论文提出的研究问题的所有相关问题。如有些毕业论文研究的是 3—4 岁学前儿童的认知发展问题,给出的结论几乎适用于所有的学前儿童乃至小学生,这样的结论针对性就很差,那么本篇毕业论文的结论也就没有什么实际价值。如一篇题为《幼儿园新手教师入职适应性研究——以 X 市为例》的毕业论文,最后提出的建议是:

（一）加强新教师入职支持保障
    （1）增加教育经费投入,健全教师培训机制
    （2）因时制宜开展入职培训
（二）建立和谐的园所氛围
    （1）园长民主化管理
    （2）鼓励教师合作共进

> （3）创建教师良性竞争文化
>
> （三）完善教师评价与职位晋升机制
>
> 　　（1）开展发展性的教师评价
>
> 　　（2）完善教师职位晋升机制
>
> （四）降低工作强度，加强自我调整

这些建议不仅适用于 X 市的新入职教师，也适用于其他省市的新入职教师。或者说不仅适用于新入职教师，也适用于在职的全体教师。如此宽泛的建议，很宏观，没有鲜明的针对性。

又如，一篇题为《大班幼儿角色游戏中的性别差异研究——以 Y 市某幼儿园为例》的毕业论文，通过对 Y 市某幼儿园大班幼儿在角色游戏中表现出的性别差异，给出了如下建议：

> （1）改变教师传统教育性别观念
>
> （2）为幼儿提供性别平等的游戏环境
>
> （3）倡导家长树立合理的性别角色观
>
> （4）为幼儿提供充足的游戏时间及合适的幼儿读物

分析上述建议，不难发现，这些建议并不仅仅针对 Y 市某幼儿园的大班幼儿，几乎适合各省市的所有幼儿。而且上述建议对角色游戏也没有什么针对性，同样适用于幼儿的各种游戏类型。所以，像这样没有针对性的建议作为一篇毕业论文的结论，实在是没有什么研究意义。

其次，毕业论文的结论给出的建议和对策，一定要切实可行、可操作性强。本科生的毕业论文，各高校都强调题目尽量来源于实践。毕业论文是对毕业生理论学习的考查和检验，重在检测大学生理论联系实际、用理论解决实际问题的能力。如果毕业论文结论部分给出的建议和对策，都仅仅从理论的角度宏观、宽泛地表达，不能给出解决实际问题、可操作性强的建议，则说明该毕业生理论联系实际的能力比较差，不能运用掌握的理论有效地解决实际中遇到的问题。所以在提出建议和对策时，一定要密切联系实际，务必具体、切合实际、可行性强。

在一篇题为《小班幼儿入园适应现状与策略研究——以 F 县第二幼儿园为例》[①]的毕业论文中，针对小班幼儿入园适应存在的问题，作者提出了以下对策：

> （一）幼儿园方面
>
> 1. 召开新幼儿家长会
>
> 在会上，教师不仅要向家长介绍幼儿园的概况，还要详细回答家长普遍关心的问题和存

[①] 来自西安翻译学院学前教育专业 2019 届本科毕业生刘书延。

在的疑问。幼儿园可以为家长送上一份《宝宝入园须知》或者是发放问卷调查等,提前了解幼儿在家里的情况。通过对家长在幼儿入园前在心理、生理和自理能力上的指导,帮助幼儿尽快适应幼儿入园生活,为消除因准备不足产生的恐惧和焦虑打下基础。

2. 创设温馨的环境,给幼儿家的感觉

教育部在《幼儿园教育指导纲要(试行)》中指出:幼儿园应为幼儿提供健康丰富的生活和活动环境,满足他们多方面发展的需求,让他们在快乐的童年生活中获得经验,有效地促进幼儿的发展。因此,幼儿园要要求教师创设良好的班级环境,将教室装扮得像家里一样,使幼儿在不知不觉中融入幼儿园环境。在教室里你可以配置一些有家庭特征的小家具,如沙发、衣柜、圆桌等,或购买新入园幼儿感兴趣的玩具。做到让孩子们有喜欢玩的东西,让教师有可以用的材料。比如娃娃家里可以放置一些类似于锅碗瓢盆、茶具、桌子、沙发之类的东西,也可以放一个帐篷,再比如放置一些孩子从家中带来的毛绒玩具,让幼儿感到亲切、熟悉。

3. 组织家长和幼儿参观幼儿园

对于即将要进入幼儿园的孩子,幼儿园可以将某一天的下午定为开放日,邀请幼儿和家长来参观幼儿园,使其对园所环境有初步的了解。与此同时,教师可以组织家长和幼儿共同参与游戏活动,让幼儿在游戏中减少与教师间的陌生感,缓冲幼儿入园时的不安全感。

4. 完善家园合作体系

对家长来说,他们很少主动与幼儿园老师联系,更不会说出自己的育儿方法。大多数家长都是在放学时被教师告知幼儿在园情况,由于时间问题,了解的内容就是少之又少。然而,在幼儿初入园的这段时期,幼儿园对孩子而言,是个不安全的场所,他们需要父母和老师的关爱来降低他们的焦虑。作为幼儿家长,更需要主动与幼儿教师沟通,共同探讨,找出幼儿焦虑的主要原因,以便对症下药。

(二)家庭方面

1. 扩大孩子人际交往范围

就现在社会而言,家长由于工作原因导致没有时间带孩子出去交各种朋友。以及独生子女家庭普遍较多,不能及时让幼儿学会分享行为。通过调查,大部分在家里独自玩耍的孩子刚入园时哭闹会比较厉害,不能主动参加各种活动,难以融入集体活动中。而活泼胆大的孩子经常被家长带到各种地方,与其他孩子一起玩,这样的孩子到幼儿园时,适应会比较快。

2. 带孩子熟悉幼儿园的环境

虽然很多家长会经常对小朋友说幼儿园里有很多的玩具,还有滑梯,但孩子没有亲眼看到,所以家长说什么孩子就是单纯地听听。在条件允许的情况下,家长可以经常带孩子一起去附近的幼儿园观察,观察幼儿园的孩子是怎么样做户外活动,看一下从未见过的大型活动器械以及听一听孩子们的欢笑声,潜移默化地让幼儿感受集体活动的乐趣,产生喜欢幼儿园的愿望。

3. 家长坚持每天送园

心理学家拉施里的动物记忆实验研究表明:"一个行为,坚持21天以上就能形成一个习惯。"所以,在小班幼儿上幼儿园的前一个月,家长要坚持每天送孩子入园,不要因为孩子的哭闹而妥协,家长可以选择延迟送园。家长必须清楚,孩子学会独立是每个孩子的必经过程。所以,家长要坚持每天送幼儿入园,让孩子更早地适应幼儿园生活。

(三)教师方面

1. 关注幼儿中的特殊群体

当幼儿来到陌生的幼儿园时,因为不能及时得到家长的爱而感到焦虑,尤其是个性胆小的幼儿,他们会因为未受到老师的关注而感到焦虑害怕。因此,对于那些焦虑的幼儿来说,教师是他们的第二任父母。他们需要从老师那里得到一些抱抱和老师的密切关注来确定自己是被爱护的。

2. 组织各种有趣的活动

教师可以在班里组织一些让幼儿开心的活动,或者是准备新奇的玩具来转移他们的焦虑,让他们逐渐地喜欢上幼儿园。教师可以带幼儿去玩滑滑梯,也可以根据小班幼儿的年龄特征和动作发展水平,设计许多有趣的户外游戏,抓住幼儿的兴趣点与兴奋点,如丢手绢、接飞盘、玩轮胎等各种游戏,使幼儿体验合作的乐趣和成功经验,让幼儿感受到轻松和快乐,能够健康地在幼儿园里成长。

这篇毕业论文从幼儿园、家庭、幼儿教师三个方面分别给出相应的对策,对策切合实际,符合现实,提出的对策无论是幼儿园、家庭还是幼儿教师都能具体操作,实践性强。

最后,毕业论文的结论给出的建议和对策,一定要全面、客观。所谓全面,是指毕业论文的结论给出的建议和对策,要综合考虑各方面、各维度,兼顾宏观、中观和微观三个层面。毕竟问题的产生往往是多种因素长期作用导致的,那同样问题的解决也必然不是某一方面可以简单决定的,需要相互影响、制衡的多方面因素共同协调。所谓客观,是指毕业论文的结论给出的建议和对策,是站在理性的角度剖析问题,探寻合理的、能解决问题的最优途径,结论和对策不带有强烈的主观色彩和个人臆断的成分。

一篇题为《X 市 Y 县 D 幼儿园师资队伍现状研究》[①]的毕业论文中,提出如下建议:

4 提高学前教育发展的策略分析

4.1 政府方面

4.1.1 加强财政支持,重视学前教育发展

政府加强对幼儿园的资金投入,加强对学前教育的重视。首先,政府应该把上级对幼儿园的每一笔专项教育经费快速落实到位,保证幼儿园的基本教学设施及正常运行。其次,政府应该支持幼儿园的奖励机制,并且提供资金支持,保证机制的顺利发展及进行。财政的投入保障了幼儿园教师的工资待遇,减少教师在经济方面的忧虑,专心完成教研和教育教学任务同时提高自身能力,促进学前教育的发展。最后,政府对学前教育财政的大力支持就是对幼儿园最好的宣传,政府的决定影响着人们观念和想法,使人们开始重视幼教,慢慢理解幼教这一行业,从而提高幼师的社会地位。政府适当增加男幼师工资,对男幼师品德进行公开透明的考核,宣传男幼师在幼儿园的作用,让人们从心里接受并认可他们。

4.1.2 放宽编制

政府在招聘幼儿园教师时结合当地实际情况,适度增加幼儿教师的数量,通过招教考试,扩充当地的幼儿园教师队伍,教育部门可以组织各园的教师专业技能比赛来重提高幼儿园教师的专业教学和技能水平,对一些无编制的在职教师专门开展培训活动,增强他们教育

---

① 来自西安翻译学院学前教育专业 2019 届本科毕业生张洁。

教学的专业性。

4.2 幼儿园方面

4.2.1 多给男幼师机会,增加升职空间

幼儿园根据男幼师的性别特点制定合理的教学机制和奖励机制,营造出适合男幼师的合理工作环境,根据男幼师的性格和体能特征合理安排他们工作和学习,更好的发挥他们的优势,进而使男幼师在工作上得到尊重和归属感。在举行大型活动时多给男幼师发展的机会,及时鼓励和肯定他们的能力,合理地增加他们的升职空间,从而切实地增加他们的工资,减少男幼师的不断流失。

4.2.2 加强家园合作与交流,提高幼师社会地位

幼儿园多举行亲子活动,家长、孩子、老师共同参与进来,通过各种活动以家园共育的方式慢慢加强老师与家长的交流,让家长理解老师的辛苦,从中理解每位老师的辛勤付出。幼儿出现各类情况时及时与家长沟通,当家长的教育方式及方法不正确时,在尊重家长的前提下耐心指导家长,让他们用正确的方法教育孩子,促进幼儿发展的同时让家长感受到教师的专业素质及能力水平,逐渐扭转家长认为幼师只会哄孩子想法,让人们一步步对已形成的幼师社会地位的固有模式进行改观,从而一步步地提升教师的社会地位。

4.2.3 完善幼儿园各种机制,提高福利待遇

幼儿园增加保障机制,为园内每位老师办理五险一金,提高教师的福利待遇,保障幼儿教师的生活质量,从而避免教师的不断流失。幼儿园应该实行奖励机制,根据教师的教育教学能力和贡献进行评职称和奖励相应的奖金。这样不仅能在一定程度上调动幼儿教师的工作积极性,而且还能在有效提高教师的工作效率同时推动幼儿园整体发展。

4.3 个人方面

4.3.1 男幼师积极提高自身能力

男幼师在平时应该多加练习钢琴、舞蹈等技能,弥补技能方面的不足。发挥自己的运动、创作、动手等优势,并且积极主动承担园内体能方面的工作,从而获得大家的尊重与认同。在平时工作之余,也应该多与家长沟通,让家长对男幼师有一定的了解,从而消除家长对男幼师带孩子的顾虑。

4.3.2 幼儿教师要努力提升自己的专业素质

第一,幼儿教师应该正视自身能力方面的不足,主动学习专业知识,在技能方面多加练习,从而提升自身能力。教师之间也应该主动交互学习,积累经验,相互融合优秀的教学方法,促进自身教学专业发展的同时让幼儿进行更加全面的发展。

第二,幼儿园学历层次较低的教师在寒暑假期间应该积极主动参加进修,系统的学习教育教学的专业知识,然后通过自身的实践与反思,将理论与实践相结合,从而提高自己的学历及专业化程度,进而提高整个幼儿园的专业水平和教育技能。

第三,证书不齐全的教师应该积极报考普通话等级考试和幼儿教师资格考试,获得从业资格证,并且还应报考与学前教育相关的证书,如早期教育指导证、保育证等,从而提升整个幼儿园的教育质量。

幼儿园教师应该自主提升自己的能力,努力提高自己的专业化程度,当自身条件成熟时参加招教考试成为一名在编教师,进而评定职称,提高工资待遇。

这篇毕业论文提出的建议分三个层面,宏观层面建议政府从财政投入和编制方面做

出调整；中观层面建议园所从管理机制、家园合作和师资队伍性别比例的角度做努力；微观层面建议幼儿教师从自身专业素质和能力方面做出改变。这些建议全面、客观，符合研究要求。

二、毕业论文致谢的撰写

致谢是毕业论文的最后一个组成部分。成功完成一篇毕业论文之时，毕业生往往会很有成就感，也有很多感慨。致谢部分，可能是毕业生对完成整个毕业论文过程的回顾，也可能是毕业生对完成毕业论文过程中得到的帮助表示感谢。

首先，完成一篇毕业论文，往往不是一蹴而就的，可能需要数周乃至数月的努力。在这个过程中，毕业生的情绪状态、想法念头、思路行动可能会发生很大的变化，致谢部分完全可以记录论文写作的心路历程。其次，在做毕业论文的过程中，毕业生需要很多人的帮助和指导。了解毕业论文的重要性和意义，反复探讨确定选题，完成这些工作，大学生都离不开指导教师的帮助。选题确定后，完成毕业论文的开题报告、任务书的撰写，明晰研究思路，选择合适的研究方法更是需要指导教师的精心教导。接下来收集研究资料，可能需要毕业生修改或编制调查问卷、访谈提纲，这个过程需要指导教师的帮助，也需要各类研究对象的帮助，可能还需要团队和同学们的帮助。收集到的资料，在处理过程中，也需要很多人的帮助和指导。研究资料处理完毕，毕业论文的撰写及后期毕业论文的修改，也不是大学生可以凭一己之力完成的。因此完成毕业论文的整个过程，其实有很多人参与。致谢也可以是对在毕业论文的准备、撰写、修改及答辩等全过程中对自己有帮助的人表达感谢。

不管是展现自己的心路历程还是对帮助自己的人表示感谢，致谢部分相对论文的其他部分显得表达更自由、随性，该部分的撰写没有明确的格式规范，每人均可以有自己的表达风格。但既然是要展现自己撰写论文的心路历程或对帮助过自己的人表达感谢与感恩，致谢部分讲究的是抒发真情实感、切身感悟，切莫将致谢流于形式，简单地借鉴范文中的致谢，以求论文的完整。

作为论文的一个组成部分，致谢也是应当重视、认真撰写的部分。一篇思路清晰、有条理有层次、直抒胸臆的感人致谢，定会为一篇毕业论文画上完整的句号。同样，一篇流于形式、应付敷衍的格式化致谢，也将是一篇毕业论文的败笔。

第三节　修改注意事项："文章不厌百回改"

一篇毕业论文成稿之后，并不能马上提交，基本成稿的文章，还有很多需要修改、完善、反复斟酌的地方。有道是"玉不琢，不成器"。即使是著名作家老舍也说过，文章必须修改，谁也不能一下子就写成一大篇，又快又好。由于是第一次撰写毕业论文，很多毕业生对毕业论文是陌生的，对毕业论文的撰写方法和格式规范并不熟悉，更有毕业生以为只要凑够了字数，就可草草了事，于是东拼西凑一篇完全没有逻辑与层次可言的论文。由于毕业论文相较一般的文章略长,所以往往不是一下子完成的,可能经过了几次或数次的撰写,中间有停顿,思路被中断,文中难免有一些错别字、词不达意、前后不协调甚至前后矛盾的地方。况且毕业论文不同于其他论文,有明确的格式规范,有必须要遵守的规定,所以修改毕业论文时有很多的注意事项。

一、错别字、标点符号的修改——"天下大事,必作于细"

一篇能提交的毕业论文的最低要求,是没有错别字,没有错用的标点符号。然而这恰恰是很多毕业生的毕业论文中最容易出现的问题。毕业论文因其学术性和规范性的特点,要求务必严谨和规范。

毕业论文中一旦出现错别字和错用的标点符号,会对该篇论文产生极大的负面影响。如一篇毕业论文这样写:"从各个年级上看,小班的时间是比较短的,在 15 分钟左右;而中班则可以用 20 分钟,大班则为 250—30 分钟。"在这句话中,毕业生将 25 分钟写成了 250 分钟。又如,"第三点,则是股利幼儿使用语言,这将有助于提升幼儿的语言运用能力和敏感性。幼儿也会养成一种正总的英语思维,这样语言教学才更有效果。"这句话中,毕业生将"鼓励"写成了"股利",将"正宗"写成了"正总"。再如,"该幼儿园要求口才课每周一次的教师人群较多,通过这一具体情况,能够反映楚该幼儿园教师对语言讲授的积极性不高。"暂且不讨论这句话通顺与否,文中"教师人数"写成了"教师人群","反映出"写成了"反映楚"都是很明显、低级的错误。这种不认真的态度,与毕业论文的学术性和规范性相违背。

在毕业论文送审和答辩时,文中的错别字和错用的标点符号会让评审专家和答辩教师认为该毕业生做毕业论文的态度敷衍、不认真、不严谨,从而影响毕业论文的审核结果和答辩成绩。所以,毕业生修改毕业论文时,一定要认真细致,不要出现错别字和错用标点符号等低级错误。

毕业论文成稿后,务必反复阅读修改,一定要规避这些简单错误。没有错别字,才能准确地表达作者的思想,才能让读者读懂本篇毕业论文。正确的使用标点符号,有利于作者很好地表达自己的思想,避免歧义。检查错别字时,可以是自己反复多次地阅读检查,逐一修改;对于文中多次出现的同一个字词的错误,也可以通过"查找—替换",完成修改;还可以同学之间互相帮忙修改,别人能很容易地发现自己难以发现的问题和错误。修订错别字时,一定要注意一些专业词汇的修改,避免非本专业人士帮忙阅读修改毕业论文的错别字时,将原本正确的专业词汇改错。如学前教育专业的"儿童发展心理学"中曾讲解学前儿童言语的发展,有同学的毕业论文即研究某一年龄段学前儿童言语的发展。结果在论文成稿修改时,非学前教育专业的同学以为该同学粗心弄反了字词顺序,误将"语言"写成了"言语",所以把本篇毕业论文中的"言语"一词全部改为"语言",从而使论文要表达的意思大相径庭。

比如,在一篇毕业论文中,有下面一句话:"根据幼儿在幼儿园当中的伙伴关系,以及同伴角色关系,可以将冲突双方的关系分为几种,同伴关系,角色关系,同伴与角色关系等。"该句有多处标号符号的错用,该句中"以及"后面的句子较短,所以"以及"前面无需加逗号,"分为几种"后应该用"冒号"而不是"逗号",后面的三种分类之间应该用"顿号"表示平等的并列关系,而不是用"逗号"。所以这句话可以进行修改为:"根据幼儿在幼儿园当中的伙伴关系以及同伴角色关系，可以将冲突双方的关系分为几种：同伴关系、角色关系、同伴与角色关系等。"

又如："本研究访谈的对象主要是园领导，以及幼儿教师，通过设计好的问题，对幼儿园教学情况，以及具体的的实施情况进行了解。"这句话中，标点符号的使用明显不恰当。"本研究访谈的对象主要是园领导"后的逗号，将幼儿教师排除在外，然而下面一句话又是"以及幼儿教师"，此处错用的标点符号使其想要表达的意思被割裂。"对幼儿园教学情况"后的逗号同样用得很不合适。"本研究访谈的对象"如果表述为"本研究的访谈对象"显得更专业。一句话中，出现了两次"以及"，重复用词影响表达效果，建议将其中一处的"以及"修改为"和"。"对幼儿园教学情况"建议修改为"对幼儿园的教学情况"，加上"的"字，主语更明确。"以及具体的的实施情况进行了解"，这句话不仅因为粗心多了一个"的"字，表述也可以更简洁。所以这句话可以修改为"本研究的访谈对象主要是园领导和幼儿教师，通过设计好的问题，了解幼儿园的教学情况及具体的实施情况。"

再如，下面一段话："交往能力作为儿童社会性发展的一个重要方面，是当前心理和教育研究的课题之一，也是幼儿社会教育的重要组成部分。本研究针对幼儿同伴交往过程使用的交往策略进行系统研究，为幼儿社会交往能力的培养提供理论依据。"细心观察就能发现，"交往能力作为儿童社会性发展的一个重要方面"和"本研究针对幼儿同伴交往过程使用的交往策略进行系统研究"后面的逗号，都是错用的标点符号，两处都是英文状态下的半角标点符号。所以检查修改毕业论文，尤其是修改错别字和错用的标点符号，一定要认真、仔细。

二、语句通顺流畅、表述严谨简洁——"字斟句酌、千锤百炼"

修改毕业论文时，检查过错别字和标点符号之后，接下来就是修改语句，务必保证全文语句通顺流畅，表述严谨简洁。这也是论文的基本要求，是比较低层级的修改。语句通顺，才能准确地阐释作者的思想。

很多毕业生的毕业论文中，会出现上一句还没说完，下一句就开始表达另一个问题的现象。如一篇毕业论文这样写道："笔者认为，这些问题不知存在于这一所幼儿园，相信很多幼儿园都要面临相似的问题。希望幼儿教师在今后能够重视幼儿的身心发展，做出适合自己班级的相关教学内容已经教学方式。园所也应该认真思索这些问题。"这段话中，不仅存在多处错别字，语句也很不通顺，对幼儿教师的希望还没说清楚，就开始讨论园所的任务了。文中，将"不止"错写成"不知"，"很多幼儿园都要面临相似的问题"应该表述为"很多幼儿园也存在相似的问题"。"做出适合自己班级的相关教学内容已经教学方式"，初读起来让人不知所云，联系上下文，能推断出该毕业生想要表达的是"选择适合自己任教班级的教学内容以及教学方式"。所以该段可以调整如下："笔者相信，这些问题一定不止存在于这一所幼儿园，很多幼儿园也存在相似的问题。希望幼儿教师在今后能够重视幼儿的身心发展，选择适合自己任教班级的教学内容以及教学方式。同时也希望园所领导认真考虑这些问题。"

还有一些论文会出现很多长句，读起来很拗口，又不能清晰明确地表述清楚作者的思想，很有歧义。对于过分拗口、难以理解的长句，建议毕业生在撰写毕业论文时将长句拆分为几个衔接紧密、层次清晰的短句，以方便读者理解，也显得文章严谨简洁。如一篇毕业论文中有这样一句话"他在研究中指出培养幼儿良好的学习习惯相比知识的学习更能让低年级幼儿更快地适应新的学习环境，他认为在幼小衔接阶段，除了培养幼儿的学习习惯和学习能力，幼儿学习适应性也是一个不可忽略的因素。"这个长句，读起来拗口，不好理解，可以修改为"他在研究中指出，相比知识的学习，培养幼儿良好的学习习惯更能让低年级幼儿快速地适应新的学习环境。他认为，在幼小衔接阶段，除了培养幼儿的学习习惯和学习能力，幼儿学习适应性也是一个不可忽略的因素。"

毕业论文的语句不仅要保证通顺，还要尽量做到准确简洁。因为毕业论文有字数要求，所以总会出现一些学生为了拼凑字数，从而故意使论文的语句繁复、冗余，读起来整篇文章不仅语句不够通顺，还显得累赘、重复。毕业论文成稿后，自己务必要反复阅读、修改。反复阅读，不仅能检查错别字和错用的标点符号，保证语句的通顺，也可以感受毕业论文是否表述准确简洁，尽量将毕业论文修改到"多一个字则多，少一个字则少"，一个字都不能增减。尤其需要注意的是，很多毕业论文中"的""了"这样的字词特别多。这些字词一多，不仅语句显得啰嗦累赘，还显得口语化，不够严谨和学术。所以一定要注意避免多余的字词。而且毕业论文应当严谨，有一定的理论深度，语言应该尽量使用准确的学术词汇，避免白话和口语化。

一篇毕业论文中，在建议部分，有这样一段话：

> 树立正确的教育观，家长不能将所有事情都抛给老师来解决，同事在幼儿遇到问题尽量帮助幼儿独立解决，不要什么事情都家长包办。选择正确的家庭教育方式，很多幼儿都是家里的独生子女，所以家长便溺爱孩子，纵容孩子的一些坏习惯。家长应该教孩子学会分享。

可以看到，首先该段中有一个错别字，粗心将"同时"打成了"同事"。而且这段话中的句子，多处无主语，如"树立正确的教育观"，谁树立正确的教育观？"选择正确的家庭教育方式"，谁选择正确的家庭教育方式？该段的句子不通顺，表述混乱，甚至还有前后矛盾的地方，如"同时在幼儿遇到问题尽量帮助幼儿独立解决"，究竟是家长帮助幼儿解决，还是要求幼儿独立解决？

要想做到语句通顺，表述简洁，不妨将上段话进行这样的修改：

> 首先，家长要树立正确的教育观，不能将所有事情都抛给老师，同时在幼儿遇到问题时，尽量鼓励幼儿独立解决问题或帮助幼儿解决，不要大包大揽。
>
> 其次，家长要选择正确的家庭教育方式。现在很多幼儿是家里的独生子女，家长容易溺爱孩子、纵容孩子。
>
> 最后，家长要教会孩子分享。

这样一修改，不仅语句通顺流畅，表述严谨简洁，也凸显了层次，逻辑清晰。

再看下面一段话:

> 现阶段,随着时代的发展,幼儿社会交往能力的培养是我们教师还有家长都关注的焦点,在知识教育的基础上逐步培养幼儿的社会交往能力,以为孩子们未来的发展奠定基础。然而,现如今的幼儿成长状况却不容乐观,很多孩子明显存在较多的孤僻性格,不敢于更不善于与他人交流。为了切实改变这种状况,幼儿教师必须在小班的教育引导中,逐步采取先进的教学方法,加大与幼儿的交流沟通,进而培养幼儿的社会交往能力。

该段落中也是多处语病,语句不通畅,让人不知所云。修改语句和表达,需要好好地锤炼语言,字斟句酌,反复琢磨每一个字、词的选用和搭配。还要注意上下句的逻辑关系。换句话说,只有理顺了思路,清楚自己想要表达的观点,才能严谨、准确地诠释。该段落可以尝试修改如下:

> 当前社会,无论家长还是教师都很关注幼儿社会交往能力的培养,注重在知识教育的基础上进一步培养幼儿的社会交往能力,从而为孩子的未来发展奠定基础。然而,现在很多孩子性格孤僻,不善与人交流,幼儿社会交往能力的发展状况不容乐观。要想切实改变这种不良的发展现状,幼儿教师必须从小班就开始教育引导,采用有效的教学方法,加强与幼儿的交流沟通,进而提升幼儿的社会交往能力。

因此,毕业论文完成初稿后,务必反复阅读自己的毕业论文,将多余的字词都尽量删减,毕业论文"减肥"成功,自然表述也就更准确简洁。反复阅读修改也使毕业论文的语言表述更精确,这也是锤炼毕业论文语言的过程。毕业论文的语言表达不必一味地追求文采飞扬、辞藻华丽,但是务必语言通顺连贯,表达简洁准确。

三、格式规范的修改——"细节决定成败"

毕业论文有严格的格式规范,所以格式的修改是毕业论文修改的重要步骤(具体格式规范请参见本书第五讲)。进行格式修改时,一定要严格按照院校下发的毕业论文的格式规范,逐一对照修改。有些学生提交的毕业论文,从封面开始就有格式方面的错误,或者字体字号不对,或者没有按照规定加粗或不加粗,没有按照规定的对齐方式呈现等,各种错误不胜枚举。目录也是很容易出现错误的地方,比较常见的错误是"目录"两个字,没有按照规定的格式呈现,这两个字究竟是什么字体字号,何种对齐方式,两个字中间有没有间距,有的话需要空几个字符,这些细节问题很多学生会忽略。格式规范中要求目录是采用中文形式还是阿拉伯数字形式,标题序号后到底有没有标点符号,有的话是中文状态下的标点符号还是英文状态下的标点符号,都需要仔细核查、修改。毕业论文中的图表如何呈现和排序,也要严格按照要求规范修改。如表题在表的上方,图题在图的下方,像这些问题一定要注意。毕业论文中如果有引用,是要做脚注还是尾注,脚注和尾注的格式如何,序号是(1)还是①,都是需要核查的。参考文献的格式也是很容易出现错误的地方,呈现格式、序号以及对齐方式,标点符号的中英文状态以及是否具体到引用页码,都是需要注意的。如果有附录,附录也有明确的格式要求。可见,修改格式的确是一件很繁琐、需要很细心并且耐心完成的工作。

如一篇学前教育专业的毕业论文中,有下面的段落:

(四)学前男生对从事学前行业的认同感和理想要求

1. 学前男生对从事学前行业的认同感

(1)对学前行业的忠诚度

不论从社会角度上,还是在学习学前教育专业的学生来说,都会对男生从事学前行业有着不同的理解和看法。根据问卷结果显示,有83.87%的男生支持男生做学前相关工作,16.13%的人持无所谓态度,0%的人持不支持态度。这说明对于学前教育专业的男生自身而言,对自己所学的专业认同度是非常高的。而且31位男生中有90.32%的人会在毕业后从事学前相关工作,所以在毕业后最想做哪些工作中有54.84%的人最想做幼儿老师和51.61%的人最想从事早教机构行业。

该段落包含有二级标题、三级标题和四级标题。每一级标题的字体、字号,以及是否加粗,段前段后的行距和缩进,各高校都有明确的规定,请务必按照自己所在学校的要求进行排版。段落正文的字体、字号、行距也都有明确规定,段落正文缩进4个字符(2个汉字)。文中如有引用部分,是要做脚注还是尾注,也要按照学校的明确规定做好标注。

下面是一篇插有图表的毕业论文:

(二)大学生就业期望

1. 就业地区

在样本中,希望在西安市就业的占54%,在家乡所在地就业的占36%,在其他省份就业的占10%,希望留在西安市就业的人数较多,留在其他省份就业的人数少,比如在广州、上海等地就业的很少,所以,地区差距明显,地域就业不平衡。

就业期望地区

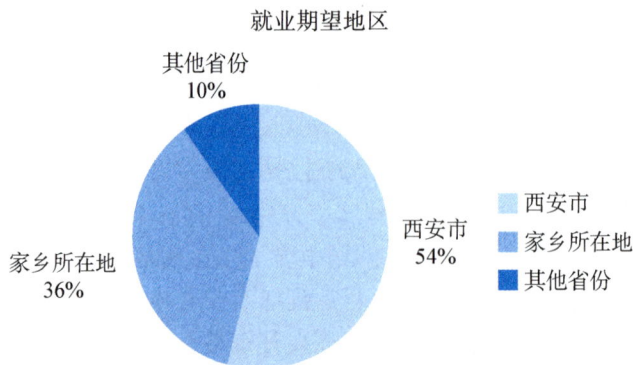

其他省份 10%

西安市 54%

家乡所在地 36%

西安市
家乡所在地
其他省份

---

2. 个人发展空间

样本中个人发展空间占29%,在择业的时候,期望就业在个人发展有巨大空间的人数最多,毕业生多看中自己后期的发展,有上升空间的工作,所以在相比其他择业因素中所在比重最大。如下表所示:

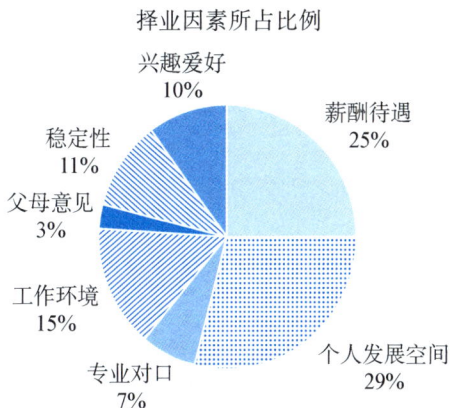

择业因素所占比例

兴趣爱好 10%
薪酬待遇 25%
稳定性 11%
父母意见 3%
工作环境 15%
专业对口 7%
个人发展空间 29%

修改本篇毕业论文时,不仅要注意标题、正文的字体、字号、行距,还要注意图表的格式。该部分插入两张图,制作图的时候,需要明确地为每部分做好标注,要有图标,还要有数据。此外图和表一定要有名称,图名在下,表名在上。毕业论文中的图和表,请不要直接粘贴,而尽量选择"插入",因为粘贴的图表需要自己手动调整大小,文中多处的图表难以大小一致,大小不一的话,既不整齐也不美观。而选择"插入"功能的话,则系统会自动根据需要调整大小,文中有多处图表也相对整齐美观。

四、逻辑层次的修改——"逻辑严密、层次分明"

一篇合格的毕业论文,要求逻辑严密、条理清晰,所以修改毕业论文时,对文章逻辑层次的修改是很必要的,也是难度比较大的。文章的逻辑严密、条理清晰,意味着作者的研究思路明晰,文章撰写严谨。有些毕业论文,会让评审专家或答辩教师一头雾水,不知所云,除了语句不通顺、表达不够简洁之外,很可能就是因为文章逻辑混乱、层次不清晰。所以,毕业生在修改毕业论文时,务必在修改逻辑层次上多花时间和精力,厘清自己的研究目的和研究方法,清晰准确地阐释研究内容,客观呈现研究现状,一针见血地分析存在的问题,提出有建设性的、针对性强的建议。只有逻辑清楚了,层次分明了,一篇毕业论文的可读性才强,才能准确地传达作者的意图,体现研究的价值。

要凸显毕业论文的逻辑层次,就要注意修改毕业论文的结构,结构明确完整,逻辑层次也就清晰。有些毕业论文的结构不合理,头绪杂乱,层次不清,导致文章重点不突出,首尾不呼应,逻辑不严密。要凸显毕业论文的逻辑层次,还要注意对毕业论文材料的修改,根据论文的观点和要证明的论据,选择合适、说服力强的材料,才能体现文章的严密逻辑。

所以对毕业论文的材料进行必要的增删、替换和调整，是很必要的。有些毕业生在撰写毕业论文时，自己得意的一段材料，自认为写得文采飞扬，即便多次阅读修改论文时发现该材料与文中论点相关性不强，却还是不舍得删减。最后毕业论文送审或参加毕业答辩时，被评审专家或答辩教师指出文中材料对论点毫无支撑，毕业生却难以自圆其说。还有一些毕业论文，论据很少，没有足够的说服力，没有充足的材料支撑，论证的语言显得苍白无力，上下文之间的逻辑关系也很难体现。这种情况在修改毕业论文时，就需要添加更多的材料使论据充足，使上下文的逻辑关系紧密，层次性才能得以体现。

下面是一篇题为《学前教育专业毕业生就业取向研究》的毕业论文初稿提纲：

【摘要】
【关键词】
一、研究的对象和方法
二、问卷调查的结果处理
 （一）大学生就业去向
   1. 回户籍所在地找一份与本专业相关的工作
   2. 留在大学所在城市就职
   3. 继续深造
   4. 考公务员和事业编
   5. 自主创业
 （二）大学生就业期望
   1. 就业地区
   2. 个人发展空间
   3. 工作环境与稳定性
   4. 薪酬待遇
三、影响学前教育毕业生就业取向的影响因素
 （一）个人因素对就业去向的影响
   1. 性别因素
   2. 户籍所在地
   3. 所学专业
   4. 学历
   5. 家庭环境（家庭背景、社会关系）
 （二）个人资本对就业取向的影响
   1. 学习成绩
   2. 考取了哪些职业证书
   3. 在什么领域擅长
四、学前就业毕业生就业取向存在的问题
 （一）缺乏正确的就业观念
 （二）实践能力不强
 （三）就业压力大
 （四）就业制度的不完善

五、对就业取向存在问题的建议
    (一)树立正确的就业理念
    (二)增强实践能力
    (三)缓解就业压力
    (四)完善就业体系,促进毕业生就业
【参考文献】
【致谢】

    首先,从整体上看,这篇毕业论文的结构是完整的,一篇毕业论文的基本构成都列出来了。但是这些构成的格式有待确定或完善,如摘要、关键词、参考文献和致谢是否需要方括号,字体、字号、行距是否符合规定。其次,正文部分列出至三级标题,每一级标题的格式需要确定。修改完格式后,正文部分标题之间的逻辑关系是要着重考虑的,这是毕业论文修改的难点。先从一级标题看起,一级标题间是否存在逻辑顺序?各个标题的展开是否逻辑严密?各一级标题的确定是否合适?标题的表述要反复斟酌,以推敲出最精准的表达。一级标题的逻辑关系理顺之后,再看每个一级标题下二级标题是否合适,二级标题间的逻辑顺序是否符合逻辑;二级标题确定后,再进一步的推敲三级标题之间的关系。如此一级一级地检查和修改,先从一级标题推至三级标题,自上而下地修改;再从三级标题推至一级标题,自下而上地修改,如此反复推论,使整篇毕业论文正文部分逻辑严密、条理清晰,再去丰富和完善每一级标题下的具体内容。

    上面这篇毕业论文,一级标题的表述通俗直白,语言不够优美,需要在表述上多做努力。像第二个一级标题是"二、问卷调查的结果处理",该表述很是白话,可修改为:"二、学前教育专业毕业生就业取向现状"。该标题下的二级标题和三级标题,存在三级标题逻辑上不对等的现象。如文中列举了"大学生就业去向"的五种情况,第一种应该是"回户籍所在地",这样才和下面四种情况对等。逻辑层次需要这样一步步地思考和修改,才能保证毕业生撰写出一篇逻辑清楚的毕业论文。

第五讲

格式与规范:"必要的清规戒律"

毕业论文是一种严谨的文体,不能随心所欲地写作,必须遵循一定的规则。目前撰写毕业论文最常用的规范标准有:GB/T7713.1—2006《学位论文编写规则》、GB/T7714.1—2015《信息文献参考文献著录规则》、GB/T7713.3—2014《科技报告编写规则》、GB/T15835—2011《出版物数字用法》等。学生在进行毕业论文写作时,一定要遵守以上相关规定,使自己的论文能够符合学术论文的基本要求,具有一定的科学性和严谨性。

第一节 整体格式与规范:"提升外表形象"

毕业论文虽然内容千差万别,根据国家标准制定的毕业论文的格式要求虽不完全一致,但其构成的形式却是基本一致的。一般来说,毕业论文是由标题、作者、摘要、正文、注释、参考文献等几个部分组成。下面对毕业论文的整体格式和规范做简单的介绍和说明。

一、封面

(一) 封面内容

毕业论文的封面一般包括以下内容:高校名称、论文题目、院系名称、专业名称、作者姓名、指导教师姓名、论文完成时间等。

(二) 封面格式

封面格式(见图5-1)包括以下五方面的内容要求:

一是封面和论文纸由学校统一规定,一般为A4型纸张,统一格式,采取纵向打印。

二是封面信息。一般封面会有"＊＊＊＊大学本科毕业论文"、论文题目、作者姓名、指导教师姓名、论文完成时间等信息。这些信息的字体字号各学校并不完全相同。

三是封面和封底不编入页码。

四是不同学校对封面的内容要求略有不同。如有的学校需要学生在封面页注明中图分类号和学校代码,而有些学校则要求中图分类号在论文中文关键词下方注明,学校代码在封面页注明。中图分类号如：G61。学校代码则按照教育部批准的学校代码进行标注。

学生应遵循本校的要求打印封面(图 5－1)。

＊＊大学

本科毕业论文(设计)

题　　目：幼儿园早期阅读活动的指导策略
专　　业：　　　　学前教育　　　　
姓　　名：____________
指导教师：____________
职　　称：____________
答辩日期：____________

▲ 图 5－1　毕业论文封面范例

五是添加独创性声明和版权声明。大多大学会在论文封二增设独创性声明、版权授权声明等统一格式的文件。独创性声明旨在说明学位申请人对所呈交的毕业论文是在导师指导下独立完成的，不包含他人享受著作权之内容的承诺。按照国家学位授予条例的有关规定和要求，学位论文必须由本人独立完成。目前学位授权机构的通行做法是要求学位申请人对其提交论文的独创性做出书面承诺，即在学位论文独创性声明上签字。否则，学位授权机构不会允许进行论文答辩，更不会授予其相应的学位。

＊＊大学学士学位论文原创性声明

本人郑重声明：所呈交的学位论文，是本人在导师的指导下，独立进行研究工作所取得的成果。除文中已经注明引用的内容外，本论文不含任何其他个人或集体已经发表或撰写过的作品成果。对本文的研究做出重要贡献的个人和集体，均已在文中以明确方式标明。本人完全意识到本声明的法律结果由本人承担。

作者签名：____________　　日期：____________

版权授权声明是享有著作权的学位论文作者向学位授予权单位授权，即作为著作权人的学生，授予学位授予权单位可以以特定的方式使用该论文，学位授予单位有权以保存和传播信息为目的，在不改变论文内容以及学位论文作者署名的前提下，将论文转移或者转换到任何格式或媒介(包括网络)。

独创性声明、版权授权声明等文件均为学校统一格式，学生只需按照学校的要求添加专门页到指定的位置即可。

＊＊大学关于论文使用授权的说明

学位论文作者完全了解＊大学有关保留和使用学位论文的规定,即:本科生在校攻读学士学位期间论文工作的知识产权单位属＊大学,学生公开发表需经指导教师同意。学校有权保留并向国家有关部门或机构送交论文的复印件,允许学位论文被查阅和借阅;学校可以公布学位论文的全部或部分内容,可以允许采用影印、缩印或其他复制手段保存、汇编学位论文。

保密论文注释:本学位论文属于保密范围,在 2 年解密后适用本授权书。非保密论文注释:本学位论文不属于保密范围,适用本授权书。

作者签名:＿＿＿＿＿＿＿＿＿＿　日期:＿＿＿＿＿＿＿＿＿＿

导师签名:＿＿＿＿＿＿＿＿＿＿　日期:＿＿＿＿＿＿＿＿＿＿

二、目录

一般来说,篇幅较长的毕业论文,因其内容的层次较多,整个理论体系较庞大、复杂,故通常设目录。目录设置一方面能够使读者在阅读论文之前对全文的内容、结构有一个大致的了解,以便读者决定是否读,是精读还是略读等。其次,为读者选读论文中的某个分论点时提供方便。长篇论文,除中心论点外,还有许多分论点,当读者需要进一步了解某个分论点时,就可以依靠目录准确定位到该处。

目录一般放置在论文正文的前面,因此是论文的导读图。目录编写应包括三级标题,要求标题层次清晰。目录中的标题要与正文中标题一致,应包括绪论、结论、致谢、参考文献、附录等内容。

"目录"二字按一级标题编排,两字间距两个字符。目录的正文包括标题及其开始页码。一般只列到三级标题,标题的编号与正文一致。标题与页码之间用"……"连接。第一级标题左边顶格对齐,与上一级标题相比,下一级标题左端空一个字符起排。页码不用括号,且顶格、右对齐排版。建议采用 Word 软件的目录自动生成功能生成目录。

三、标题

标题是文章的眉目,应突出重点,简明扼要,准确反映论文内容。论文标题一般不超过 20 字,通常由名词性短语构成,应尽量避免使用不常用的缩略词、字母、代号和公式等。下面的题目可以作参考:

(1)《蒙台梭利感官教育思想述评》
(2)《幼儿园数学课程游戏化模式探索》
(3)《幼儿园健康教育的调查研究》
(4)《幼儿园性教育的困境与对策》

(5)《由虐童事件谈幼儿教师的师德建设》

(6)《民国时期的儿童公育思想的传播》

(7)《幼儿园数学活动中师幼互动的现状及对策》

(8)《我国特殊教育政策的发展历程》

(9)《幼儿园保育员的基本素养及其培养策略》

(10)《农村留守儿童的教育现状及对策研究》

论文题目不宜过长，给人以累赘的感觉。如题目内容层次很多，难以简化时，可采用标题和副标题相结合的方法，其中副标题起补充、阐明题目的作用，点明论文的研究对象、内容、目的等。如：

(1)《我国学前教育财政投入的特征与对策研究——基于国际比较的视角》

(2)《学前教育机会与义务教育结果不平等——来自 CEPS 的经验证据》

(3)《幼小衔接的现状与对策——以大班数学为例》

(4)《幼儿园"镇村一体化"发展现状及对策研究——以××县××乡(镇)为例》

英文题目和中文题目应在内容上一致，为 Times New Roman 三号字体加粗。

四、摘要与关键词

(一)摘要

1. 摘要的翻译

联合国教科文组织规定："公开发表的科技论文，不管用何种文字写成，都必须附有短小精悍的英文摘要。"把论文摘要翻译成英文能够方便国内外研究成果交流。在编排上中文在前，英文在后。英文摘要内容应与中文摘要内容相同，英文"摘要"单词翻译为"Abstract"，"Abstract"采用小四号 Times New Roman 加粗字体，英文摘要内容用小四号 Times New Roman 字体。在叙述过程中，动词时态通常用一般现在时，常用被动语态。

2. 摘要的格式

常见的摘要位置有以下两种，一是单独成文，放在原创性声明的后面。在第一行正中写上摘要两字，再另起一行，空两格写摘要的正文。一般来说，硕士、博士论文采用这种方式。二是独立的小段，放在论文的标题下面、正文上面，"摘要"两字后一般紧接着写摘要的内容，本科毕业论文一般采用第二种方法。

"摘要"二字为黑体小四号，要顶格，二字间距为两个字符。"摘要"二字后的正文一般为小四号宋体。

(二)关键词

关键词是为了文献标引工作从论文中选取出来的，用以表示全文主要内容信息的单词或术语。关键词位于摘要内容之下，空一行，左对齐。一般来讲，中文"关键词"这三个字的字体、字号有特殊要求，为黑体小四号字体，关键词后接冒号，其后为关键词正文（宋体小四号）。两个关键词之间空一格或者用";"分开，最后一个关键词后不用标点符号。"关键词"的英文翻译为"Keywords"，其后每个关键词组的第一个字母大写，其余为小写，每一关键词之间用";"隔开，最后一个关键词后无标点符号。"Keywords"的英文字样为 Times New Roman 小四号加粗，英文关键词的正文为 Times New Roman 小四号。

常见的中英文摘要与关键词的写法见以下案例：

3—6 岁幼儿在家使用电子产品现状调查

摘　要：科技的发展让电子产品的使用越来越广泛。3—6 岁的幼儿好奇心强、自我控制能力弱，容易被电子产品中精彩的画面和有趣的声音所吸引。文章对幼儿在家使用的电子产品类型、时间、使用频率以及家长对幼儿使用电子产品的态度进行了调查，发现幼儿使用电子产品的类型较集中，使用电子产品的时间、频率差异较大，家长对幼儿使用电子产品的态度与其文化程度有明显的相关。讨论了电子产品对幼儿的积极和消极影响，并对家庭和幼儿园提出了合理使用电子产品的建议。

关键词：幼儿；电子产品；家庭；教育

Investigation on the situation of children aged 3–6 using electronic products at home

Abstract：The development of science and technology makes electronic products more and more widely used. Children 3–6 years old with strong curiosity and weak self-control are easily attracted by the wonderful pictures and interesting sounds of the electronic products. This paper investigates the types of electronic devices used by children，the amount of time your child spends on electronics each day，how often children use electronic devices at home，as well as parents' attitudes towards electronic devices used by children，and finds that the types of electronic devices used by children are concentrated，the time and frequency of using electronic devices are quite different，and parents' attitude to children's using electronic products is obviously related to their educational level. This paper discusses the positive and negative effects of electronic devices on children，and advances some suggestions on the rational use of electronic products for families and kindergartens.

Key words：Children；Electronic devices；Family；Education

五、毕业论文的小标题

小标题的设置主要是为了清晰地显示文章层次。小标题是用文字将一个层次的中心内容高度概括,要紧扣所属层次以及上下文的内容。

(一) 设置小标题的要求

一要明确。要能够揭示论题范围或论点,使人看了标题便知道文章的大体轮廓、所论述的主要内容以及作者的写作意图。

二要简练。要用言简意赅的语言做标题,过长的标题容易使人产生累赘、繁琐的感觉,得不到鲜明的印象,从而影响对论文的总体评价。标题也应避免采用生造的或者不常用的词,以免让人觉得有哗众取宠之意。

三要新颖。标题和文章的内容、形式一样,应有自己的独到之处。做到不落窠臼,使人赏心悦目,从而激起读者的阅读兴趣。

(二) 小标题的格式

毕业论文小标题分三级,毕业论文三级小标题的编号统一为"一、""(一)"和"1."。

一级标题:左起顶格,黑体三号加粗,单倍行距,段前空 3 行,段后空 2 行。

二级标题:左对齐顶格,黑体小三号加粗,单倍行距,段前空 1.5 行,段后空 1.5 行。

三级标题:左对齐空两格,黑体四号加粗,单倍行距,段前空 1 行,段后空 1 行。如《由虐童事件谈幼儿教师的师德建设》[①]中的论文标题如下:

一、师德的内涵

广义师德的内涵有家庭美德、职业道德、社会公德三个方面,在家庭美德方面应该做到:尊敬老人,爱护儿童,男女之间平等相处,夫妻关系和谐,勤劳节俭持家,邻里之间友好相处;在职业道德方面应该做到:热爱工作岗位,承担教育职责,以身作则,为学生树立良好的榜样,勤奋钻研;在社会公德方面应该做到:文明礼貌待人,忠诚老实讲信用,乐于帮助他人,做事公正,无私奉献社会,爱护公共物品,保护社会环境。狭义师德仅指职业道德。一个教师能否成为社会满意的教师,学生学习的榜样,与其职业道德密切相关。本文仅论述狭义的师德。

---

① 来自延安大学学前教育专业 2018 届本科毕业生骆娜。

（一）师德的三个层次

1. 理想师德

理想师德指教师在教育教学处理各种关系问题时,遵循社会大众所推崇的高尚的师德规范。如教师不畏艰难到贫困偏远地区以及乡村地区支教;虽然生病也坚持上课;虽然工资微薄但仍资助贫困学生等等。春蚕到死丝方尽,蜡炬成灰泪始干就是对教师理想师德的真实写照,也是对理想师德的崇高赞美。

2. 专业师德

专业师德是指教师在承担教书育人职责时应该遵守的师德准则。2012 年教育部颁布出台了《幼儿园教师专业标准(试行)》,将幼儿教师的专业师德划分为四大领域,即对职业的理解与认识,对幼儿的态度与行为,对幼儿保育和教育的态度与行为,个人的修养与行为四大领域。专业师德一方面具有专业性,是幼儿教师所特有的。另一方面具有发展性,教师的专业师德是教师在专业成长的道路上,逐步积累专业知识,提高专业能力,促进自身的专业发展,在此过程中使自己的专业师德不断提升。

3. 底线师德

底线师德是指教师在教育教学时不能违背的师德规则。比如教师在教育教学过程中,不得变相体罚学生,不得侮辱学生的人格等。底线师德是教师必须遵守的师德标准,任何教师都不能突破这一最低底线,如果突破,那么教师的行为就属于失范行为,就会受到相应的惩罚。所以底线师德具有强制性,是每一位教师必须遵守的。

六、正文

正文是作者科研成果的具体反映和表述。正文部分一般包括绪论(或引言)、本论、结论三部分。

（一）绪论

绪论也可以称为引言、导言或序言,是全篇论文的开场白,这部分内容一般需要单列,是论文评阅人、答辩委员和读者了解论文研究背景和概况的主要篇章。

下面为本科毕业论文《学前教育专业认同调查研究——以某大学为例》的绪论部分[①]:"绪论"两字字体字号同论文一级标题,绪论正文使用宋体小四号字体。

近年来,在政府和社会的高度重视和支持下,学前教育事业发展迅速,学前教育专业人才培养体制日臻成熟,研究成果较丰硕,但是对学前教育专业学生专业认同的关注却相对较少。学前教育学生专业认同感的高低会直接影响他们毕业后是否愿意从事与幼儿教育相关的工作,影响着学前教育事业的师资队伍建设。因此,对某大学学前教育专业毕业生的专业认同进行研究,有助于我们发现学前教育专业学生培养存在的问题,并通过采取一定的措施来提高学生的专业认同感,提高学前教育专业人才培养的质量。

文献综述是对毕业论文研究领域的研究现状进行综合分析、归纳整理,如主要学术观点、前人研究成果和研究水平、争论焦点等内容。同时,文献综述要结合自己论文的情况提出自己的见解和研究思路以及中心论点等。综述要写得简明扼要,篇幅在 800—1 000 字左右。如:

幼儿园课程游戏化研究文献综述

《国务院关于当前发展学前教育的若干意见》《教育部等四部门关于实施第三期学前教育行动计划的意见》等指导性文件中都明确指出了"坚持以游戏为基本活动"的课程实施方向,即课程游戏化。什么是课程游戏化呢?虞永平认为课程游戏化就是让幼儿园课程更贴近生活,更生动一些,更有趣一点,活动形式更多样化一点。囿于分科教育传统的影响以及应试教育的压力,课程"游戏化"的贯彻并非易事。近年来,国内对幼儿园课程游戏化的实践研究逐渐起步,主要分为以下三个方面:

1. 对课程游戏化的策略的研究

丁月玲提出幼儿园课程应游戏化,但在具体实践过程中容易出现游戏与教学关系处理不当、游戏组织方式不妥、游戏化课程建设缺乏方向等问题,解决这些问题应从加强教师培训、明确游戏化课程建设方向和内容、优化游戏活动评价等方面入手推进课程游戏化建设。陈颖提出实践幼儿园课程游戏化就要更新教师教育理念,有效调整课程结构,全面渗透游戏精神。

2. 对不同领域课程游戏化的研究

孙斌通过研究得出在幼儿园社会领域的课程游戏化过程中,运用简明的游戏规则可以激发幼儿参与活动的热情;将游戏环节设置在讨论活动前方,更有助于幼儿加深情感体验;在游戏环节中设计有准备的争执情境,能够完善幼儿的社会性发展。曹东方分析了当前艺术

[①] 来自延安大学学前教育专业 2019 届本科毕业生赵平。

领域存在对课程游戏化认识不足、游戏情景创设的适宜性不够、趣味性不足、幼儿参与度低等各种问题,并提出从观念层面、环境层面、行为层面、外部支持四方面提出实现幼儿园艺术领域课程游戏化的具体方法。

3. 对国内课程游戏化研究的反思

胡碧霞认为当前幼儿园课程游戏化研究主要存在四个方面的问题:在研究视角方面,以往的研究主要属于本土化研究,借鉴国外及港台地区课程游戏化建设的成功经验较少;在研究内容方面,以往的研究主要集中在课程游戏化的内涵和意义、课程游戏化建设过程中存在的问题及推进策略三个方面,研究内容具有泛化倾向,需要进一步深入和完善;在研究方法方面,以往的研究多注重宏观层面的理论探讨或实践层面的经验分享,实证研究匮乏;在研究实践方面,以往的研究多为一线教师的经验总结,理论价值不高,切入点带有盲目性,研究内容缺乏系统性,在理论上很难有说服力。

目前已搜集的国外的研究资料相对较少,但在贯彻课程游戏化的做法上却是一致的。如美国 Wickstrom & Hanna;etal 对 20 个幼儿园班级教师的数学教育方法进行了调查,结果显示,教师主要使用的数学教学法有四种:自由游戏、引导游戏、教师指导游戏和直接教学,表明美国幼儿园教师在数学教育过程中也重视游戏化的教学。

综上所述,国内在幼儿园课程游戏化方面有一定研究,但幼儿园数学课程游戏化在理论和实践方面还有很大的欠缺。研究者在对部分幼儿园数学教育现状调查中发现部分幼儿园存在明显的"小学化"倾向,如教学内容明显超越《3—6 岁儿童学习与发展指南》的要求,教学方法上多采用讲解法,游戏法在幼儿园数学教育中难以有效实施,不注重数学区域建设及数学教学内容在区域中的延伸等。因此,本研究拟从环境创建、区域设置、活动组织等方面入手,初步构建新的幼儿园数学课程游戏化系统方案。

(二) 本论

本论是毕业论文的重点部分,根据研究性质,可以分为定性研究和定量研究。定量研究主要以对数据资料的统计分析结果及其讨论为主要内容,格式十分规范,且相对固定,主要包括研究内容与方法、研究结果与分析、讨论等,各个部分之间界限十分分明。如《学前教育专业学生专业认同的调查研究——以某大学为例》[①]:

研究过程

(一) 研究对象

此次研究的对象是某大学学前教育专业毕业生中 230 名学生,其中男生 10 名,女生 22 名。

(二) 研究方法

本研究主要采用问卷调查法,也称问卷法,是调查者运用统一设计的问卷向被选取的调查对象了解情况或征询意见的调查方法。作者此次网络问卷调查研究的对象是某大学学前教育专业 2015 级的 230 名学生。共发放了 230 份问卷,有效回收了 225 份,问卷回收率为 97.8%,

---

① 来自延安大学学前教育专业 2019 届本科毕业生赵平。

其中有效问卷为 95％。

（三）研究结果及分析

此次问卷调查的主要目的是了解某大学学前教育专业毕业生在不同维度上对该专业的认同现状以及影响他们专业认同的因素。本研究从两个方面分析调查结果：专业认同的维度和影响专业认同的因素。

1. 专业认同的维度(略)

2. 影响专业认同的因素(略)

（四）建议与措施(略)

与此相反，定性研究则主要以对文字材料的描述和定性分析为主要特征，也需要对研究方法、研究过程进行介绍和说明。但在结构上既无严格的规范，也没有十分固定的格式，在文中的描述和说明不像定量研究那样格式化，而是一种自然的研究过程的记述。因此对定性研究无法做统一的规定。

在具体的撰写方式上，定性研究与定量研究间有一个十分重要的差别：研究者的语气不同。定量研究中，研究者往往用比较客观的、正式的、旁观者的语气来进行描述和表达。特别是常常采用第三人称如"笔者""研究者"，或者是非人称的"研究结果""数据"等来表达。与此相反，定性研究中，研究者往往采用十分主观的、非正式的、参与者的，甚至十分个人化的语气和方式进行描述和表达，而且定性研究常常是从"我"的视角进行描述和分析的。这是由于定性研究者往往被直接卷入他所进行的研究，作为研究工具直接与他所研究的人打交道，特别是他的观察、感觉和认识，常常是其研究过程的一部分的缘故。

总之，本论部分论证研究过程和研究结果，分析问题，论证观点，应尽量反映出自己的科研能力和学术水平，叙述应实事求是、合乎逻辑、层次分明。

本论写作的基本行文要求如下：

第一，用简单平实的语言撰写。好的论文在撰写上最重要的标准是准确清楚，客观严密，毕业论文与新闻报道和文学作品不同，撰写不像文学作品那样强调和注重文学性、可读性等，而是十分强调客观性、准确性、严密性、简洁性。所以在行文时，应该尽量用平实的语言撰写。以简单明了、科学严谨为标准，清楚明确地表达研究的结果。

第二，陈述事实力求客观，避免用主观或感情色彩较浓的词句，叙述中最好使用第三人称或非人称代词，尽量不用第一人称。比如用"作者发现……""笔者认为……"或者用"这一结果表明……""这些数据说明……"等而不用"我认为……""我们发现……"等。

第三，行文时应以一种向读者报告的口气撰写，而不要表现出力图说服读者同意某种观点或看法的倾向，更不能把自己的观点强加于人。因为读者阅读你的论文时，所关心的主要是你研究得到的客观事实，是你的研究结果和发现，而不是你个人的主观看法。尽管在研究结论的阐述中，离不开作者个人的主观分析和思考，但各种研究结论的得出，却不是作者个人主观看法的延伸，只能是研究资料和客观事实的逻辑结果。

本论行文中标点符号的使用应注意以下问题：

第一，正确使用标点符号。在行文中，标点符号是论文中仅次于语言文字的"第二信号系统"，具有精确地表达论文主要论点的作用。标点符号的使用不仅能使文章表达流畅，而且能够使作者表达的意思更为准确。但在写作过程中，标点符号使用错误的问题经常发生。如有些句子虽然含有疑问代词，属于疑问格式，但整个句子不是疑问语气，并不要求回答，就不能用问号。如："为什么荡秋千这种游戏方式起源于生产劳动？这是值得我们深入研究的问题。"在这个句子中的停顿就不应该用问号，而应该为逗号。

第二，准确把握标点符号所占空间。行文中，标点书写一般占一格，如句号、逗号、顿号、分号、冒号等。引号、括号、书名号原则上两端均应占一格，但前一部分遇到换行时，不得孤立地写在行末，应该行末补上一字，进而将他们移到下一行的开头；同时，引号、括号、书名号的后一部分，不能在每一行的第一格。省略号（……）、破折号（——）均应占两格，但不能占两行。

撰写毕业论文时，凡遇到数字的使用问题都应按照国家标准 GB/T15835—2011《出版物上数字用法的规定》执行。凡是可以使用阿拉伯数字的地方都应使用阿拉伯数字。遇到特殊情形，可灵活变通，但应力求保持相对统一。阿拉伯数字的使用范围包括：

（1）公历世纪、年代、年、月、日

例如：20 世纪 90 年代、2020 年 1 月 8 日。使用阿拉伯数字记述年代还有一些应该注意的细节，如 2019 年不能简写成 19 年，2001—2019 年不能简写成 2001—19 年。写年代时，还应该标注清楚世纪，如 19 世纪 40 年代、20 世纪 50 年代等。涉及星期一律用汉字，如星期四。

（2）计数与计量

包括正负数、分数、小数、百分比等。如：25 000，1/2，4 倍，25％，1 000 万人民币等。

值得注意的是，不是出现在一组表示科学计量和具有统计意义数字中的一位数可以用汉字，比如一座房子、三种小动物等。

4 位及 4 位以上的数字，采用国际通行的三位分节法。节与节之间空半个阿拉伯数字的位置。5 位以上的数字，尾数零较多时，可以改为以万、亿作为单位，如 10 000 000 元可改为 1 000 万元。一个阿拉伯数字书写的多位数不能换行。

毕业论文中常常会用到一些名词术语，要注意这些名词术语的用法，一般而言要遵循以下三点要求：

第一，大家很熟悉的人名，如牛顿、爱因斯坦、马克思、达尔文等按照大家熟悉的翻译使用，除此之外，其余全用英文原名，而不翻译成中文。英文人名采用名在前、姓在后的方式书写。其他语种的人名可翻译也可不翻译。

第二，国内机关、单位的名称应使用全称，不可以简化。

第三，常用的政策法规名称首次出现要用全名，其后可以用简称，但要提前注明简化的名称。如《3—6 岁儿童学习与发展指南》（以下简称《指南》）。

（三）结论

结论是研究者根据研究结果做出的推定①，是毕业论文的收尾部分，其基本的要点就

---

① 威廉·威尔斯马，斯蒂芬·G. 于尔斯. 教育研究方法导论［M］. 袁振国，主译. 北京：教育科学出版社，2010.

是总结全文,加深题意。值得注意的是结论不是正文中各段的小节的简单重复,而应体现作者更深层次的认识,且是从全篇论文的全部材料出发,经过推理、判断、归纳等逻辑分析过程而得到的新的学术总观念、总见解。

结论可以在论文上方加上"结论"字样,字号同论文一级标题一致。如《中班幼儿关中方言童谣情境教学法的行动研究——以×市×园某班为例》的结论[①]:

> 方言童谣是进行"爱家乡"主题教育活动很好的教学资源。为了让幼儿增强对家乡的热爱和归属感,提高教师的教学水平,为以后的方言童谣教学提供案例,积累经验,本研究采取了文献法、观察法、行动研究法,以×市×园某中班 36 名幼儿和 3 名教师为研究对象,进行了关中方言童谣情境教学法的行动研究。学习说方言、纠正语言语调、让幼儿感受方言的独特魅力是教学活动的第一个目的。通过口头念诵、听说游戏的教学方法可以达成这一目标。枯燥单一的跟读念诵很难让幼儿真切地感受到童谣背后的独特的陕西文化,要结合情境,实物展示,引导幼儿联系日常生活。语言的学习需要学校、家庭、社区三方的共同影响,因此要做好家校交流合作。家长的助力可以为幼儿学习方言童谣提供莫大的帮助。幼儿在教师的引导下学会了用方言念童谣和理解了童谣的内容意义后,需要提高幼儿学习的自主性,对童谣进行进一步学习。结合主题背景,利用媒体资源的辅助,通过游戏、创编、音乐律动来丰富教学的形式,突出教师引导者,幼儿参与者的教育角色,调动幼儿学习语言的主动性。分析研究结果得出,在方言童谣教学活动中,情境创设要遵循诱发性、教育性、生活性原则。可以创设的情境有三类,分别是:以练习为目的的游戏情境、以经验为目的的实物情境、以形象为目的的多媒体情境。研究中存在的不足是:没有积极和家长进行联系,缺乏家园合作。研究中的局限是:只有会说关中方言的教师才能组织教学活动。一日生活皆课程,方言的使用不局限于某一次的教学活动中,而是可渗透于一日生活的各个环节中,这对教师的方言能力要求较高。

结论常常和讨论一起出现在论文中。当阐述了研究所得的结果后,下一个任务就是用更为一般的术语来讨论这些结果,并回过头去将这些结果同我们在设计这一研究时所期望的目标相联系。讨论经常同结论相结合,只有对那些比较复杂的研究,讨论部分才常常是单独的。无论是哪种情况,讨论都与前言部分密切相关。在前言部分所出现的某些中心问题,可能会在讨论部分再次出现。

讨论一般是从该研究中得到了什么开始的,开头就以明确的叙述说明研究假设是否得到证实,或者明确地回答前言部分所提出的研究问题。但是要注意,不要简单地再次解释和重复结果部分已经总结了的观点。每一句新的陈述都应该为读者理解这一问题带来一些新的东西。在讨论部分,我们应该讨论这样一些问题:从研究的结果中能够得出怎样的推论;这些推论中,哪些与研究的数据资料结合得相当紧密;哪些则在较抽象的层次上同理论更加相关;对于研究的结果来说,它的理论内涵和实践内涵又是什么。

在讨论部分,我们可以把自己的研究成果与文献综述中所列举的那些研究的结果进行比较,看是否又一次验证了他们的结论。同时还可以讨论自己的研究可能存在的缺陷,讨论将自己的结论进行推广时必须具备的条件及所受到的限制。还要提醒读者注意下列

[①] 来自陕西学前师范学院学前教育专业 2019 届本科毕业生李蕊伶。

一些方面：比如我们所用样本的特点，让他们注意这一样本与我们所期望概括的其总体之间出现差异的可能性程度。还有对结果有影响的某些特定方法，或某种方法的某种特殊性质，或者任何其他可能产生不正常结果的因素，特别是反面的或者未料到的结果，不要用歪曲的意图解释它们，而要如实地陈述和讨论它们。讨论部分还包括：对于研究仍未能回答的那些问题的讨论，对于研究中新出现的问题的讨论，以及对有助于解决这些问题的建议。在实践中我们发现，相当一部分研究是以研究结果提出的进一步完善的建议来结束的。如《提升学前教育专业学生专业认同感》的建议[①]：

> 1. 学校、学院积极组织开展专业认同教育活动
>
> 学校在招生宣传上，可以强调专业知识和内容，让学生在入学前就能够初步认识专业、了解专业发展前景，从而转变学生的志愿方式，让学生主动来了解、喜爱、选择幼师专业。调查表明，大部分学生并不是根据自己的兴趣爱好而选择的学前教育专业，而且在选择该专业时，也没有过多的了解。因此，在入学初，学校应该安排相应的专业认知课程和经验分享会来帮助大一新生了解学前教育专业，并且可以提供一些好的学好本专业的方法，使他们先对这个专业需要学习的知识和技能有初步的认识，以此来提高学生的专业认同感。除了新生入学教育，还应在后续的专业学习中不断渗透专业认同意识加强师德教育，这应当是一个润物细无声的过程。除此之外，还应该及时、持续地引导学生做好职业生涯的规划，让每个学生对自己今后的职业生涯有明确的认识。学校可经常邀请专家、优秀一线幼儿教师开展讲座，从系统上、直观上拓展学生的专业视角。通过专家和一线幼儿教师分享自己的教育教学经验，学生可以从他们的经验中学到如何与幼儿交流沟通，如何在一日生活中更好地完成保育和教育的双重任务。还可以定期地开展一些进园活动，让学生直接和幼儿面对面地交流来提高他们的专业理论与实践相结合的能力。
>
> 2. 将理论课与专业技能课、实践课有机结合起来
>
> 调查发现，大部分学生认为学校对学前教育专业的理论课程安排过多，专业技能课程和实践课程比较少。因此，在课程设置和安排上，学校要重视专业技能课程和实践课程，增加两者的课时量，将理论课程、专业技能课程、实践课程三者有机结合起来，提高学生的专业认同感……
>
> 3. 提升幼儿教师的社会地位
>
> 在社会上，甚至还有人把幼儿教师的工作等同于保姆的工作。在调查中发现，大部分学生认为幼儿教师在社会上的地位偏低，远远低于其他阶段教师。因此改变大众对幼儿教师的看法，提升其社会地位是刻不容缓的。学校要加强宣传力度，引导学生树立正确的职业意识，同时，还可以通过各种媒介宣传、学生艺术展演等活动增强学前教育专业在社会上的认可度，从而提升幼儿教师的社会地位。
>
> ……

有研究者认为讨论部分的长度与研究结果的清晰度之间，往往存在着一种负相关，即讨论部分越长，读者对研究结果的认识越不清晰。因此，我们认为毕业论文的讨论部分不宜过长。"讨论"两字可以作为一级标题，字体字号同一级标题一致。

---

① 来自延安大学学前教育专业 2019 届本科毕业生赵平。

七、致谢和附录

(一) 致谢

致谢是答辩学生对给予指导或协助完成毕业论文工作的组织和个人表示感谢,致谢的对象可能包括:资助研究工作的奖学金基金,资助或支持的企业、组织或个人;协助完成研究工作和提供便利条件的组织或个人;在研究工作中提出建议和提供帮助的人;给予转载和引用资料、图片、文献、研究思想和设想的所有者;其他应感谢的组织和个人。

感谢的内容应简洁明了,实事求是,避免俗套。毕业论文中的致谢一般要单独一页,"致谢"两字位居中,两字之间间隔两个字符,另起一行空两格写致谢内容。"致谢"两字的字体字号要和论文一级标题一致,致谢正文和论文正文内容一致,小四号字体。如:

> ## 致　谢
>
> 时光匆匆,转眼间四年的时光已经悄然逝去,伴随着毕业的到来,毕业论文也已经接近尾声。在写作的这段日子里,由衷感谢我的指导老师——＊＊＊老师,她不辞辛苦为我批改论文,指出其中的不足,给予了我无私的帮助!此外,感谢我的任课老师＊＊＊老师和答辩老师＊＊＊老师等,谢谢你们在我的论文写作过程以及答辩中提出的宝贵意见!还要感谢我宿舍的舍友们,谢谢你们给我的鼓励和帮助。最后我还要感谢本论文参考文献中标注的各位学者,是他们研究成果的启发,我才顺利完成论文的写作。

(二) 附录

有些不宜放在正文中、但有参考价值的内容可编入毕业论文的附录中,作为正文的补充,它与正文分开,既不影响读者阅读正文,又可以帮助读者更好地了解研究的细节,如调查问卷、访谈提纲、图表及其说明等都可以放在附录中。此外,附录还可以包括以下材料:

一是能使整篇论文的材料更完整,但编入正文又有损于编排的条理性和逻辑性的材料。这类材料包括比正文更详尽的信息,如研究方法和技术的深入叙述,建议可以阅读的参考文献目录,以及对了解正文内容有用的补充信息。

二是由于篇幅过大或取材于复制品而不便于编入正文的材料。

三是不便于编入正文的罕见珍贵材料。

四是对一般读者非必要阅读,但对本专业人士有参考价值的资料。

五是某些重要的原始数据、数学推导、结构图、统计表、计算机打印输出件等。

附录要另起一页,"附录"两字间隔两个字符,字号同一级标题。附录编号依次编为附录1、附录2。附录标题各占一行,按一级标题编排。每一个附录一般应另起一页编排,如果有多个较短的附录,也可接排。附录中的图表公式另行编排序号,与正文分开,编号前加"附录1、附录2"等字样。如《幼儿园开展本土化创客教育的现状与对策研究——以×幼儿园"木工坊"为例》的附录[①]：

附　录

附录1　访谈教育访谈提纲

教师个人信息：姓名.年龄.性别.教龄.职务.所教学科.教师类型

1. 您是什么时候知道创客教育的？从什么途径知道？在这之前知道创客教育吗？你为什么要实施创客教育活动？

2. 您认为创客教育能给幼儿带来什么？给教师带来什么？

3. 您在活动前怎么规划创客教育活动过程？采用什么方式？在哪里获得相关资源？

4. 在教学过程中您认为采用创客教学最大的困难是什么？你们学校是怎样将创客教育教学与平时的教育活动的知识结合起来？怎样排课的？

5. 您认为现在在使用的创客教育教学资料合理吗？其特色是什么？您有没有自己设计创客教育教学项目？

6. 您想参加创客教师项目培训？为什么？如果参加希望得到哪方面的培训？

7. 在创客教育实施过程中，您是否以幼儿为中心？怎么管理整个教学过程？

8. 您觉得空间中的设备资源是否合理？有没有缺少的资源？如果没有，为什么没有？有没有考虑与校级领导协商创建一个创客空间？

9. 您怎样评价创客教育教学结果成效？您觉得这种评价方式合理吗？为什么？

》 第二节　引文和注释的格式与规范："奥秘全在细微处"

一、引文的格式与规范

任何一项科研成果都是在前人研究的基础上发展起来的，具有一定的继承性。撰写毕业论文是进行科学研究的初步尝试，因此常常要引用他人的著作、论文中的观点、材料、方法作为自己论文的根基。引文就是借鉴前人研究成果的一种方法。有的引文可以作为文章的观点，有的可以用作分析阐述，多数情况是用来充当论据的。不论是哪一种情况，其目的是充实文章内容，增添理论色彩，增强论辩的力量。所以，作者应该深刻理解文献资料的原文原意，准确运用引文资料，不能断章取义。引文的种类分为三种：

(一) 关键词引用

关键词的引用，多是为了加强表达效果。这种引文会使语言浓缩、凝重，原意与己意合

[①] 来自陕西学前师范学院学前教育专业2019届本科毕业生姚元。

二为一,借他人之言为我所用,可以达到意想不到的效果。引用的关键词要用引号,以示他人之言与己言的区别;引号后不能加任何标点,使他言与己言在形式上合二为一。例如:

> 陈鹤琴认为20世纪初的中国幼儿教育完全照搬照抄外国教育模式,是陈旧腐败的,是"死教育",他主张应改变这种弊端,通过实验研究幼稚园的课程与教学,由此提出了"活教育"思想。

这段文字就引用了陈鹤琴先生提出的"死教育""活教育"两个关键词,阐述了陈鹤琴的幼儿教育观。

(二) 原意引用

这类引用即不完全引用原作中的原文,而是论文作者用自己的语言将原作的意思概述出来。这种引文方法适用于原作篇幅较长,要引的意思较分散、复杂的情况。它可以不加引号,例如:

> 陈鹤琴反对将传统经书直接作为幼儿的阅读材料,一方面他认为经书内容距今历史悠久,脱离了幼儿生活实际和经验,难以调动幼儿的阅读兴趣;另一方面,他认为学前儿童的理解能力有限,不会把文言文要表达的意思转化为现代白话文①。

引用原意,要注意完整理解原作者的观点,并融入行文的思想表述中,同时要注明原意引自何处。

(三) 原文引用

原文引用即照录原文,不任意删减或者增添另外的内容。引文前后加引号,夹插在作者论述的文字中。原文引用主要是为了充实文章的内容,用具有权威性的思想来代替自己所要表达的思想。原文引用的形式有:

1. 行中引

有两种具体的引法:

(1) 引文部分在行文中本身可以构成完整意思的,要在引文后的引号内加上原文的终止符号,如"。""!""?"等。例如:

> 对于游戏在儿童生活中的重要性,陈鹤琴提出:"小孩子是生来好动的,以游戏为生命的。"
> 爱因斯坦说:"想象力比知识更重要,因为知识是有限的,而想象力概括着世界上的一切,推动着进步,并且是知识进步的源泉。"

(2) 引文本身不能构成行文中完整的意思,须与自己的阐述结合在一起,才可详细达意,则引文时只加引号,无论原文中有的标点是什么,引文内部都不要添加标点,要在引号

---

① 陈鹤琴.《陈鹤琴文集》第二卷[M].南京:江苏教育出版社,1989:57-58.

之外点上行文所需配的标点。如：

> 1938 年冬，毛泽东为延安保育院题词"好好的保育儿童"。

在单引号和双引号都用时，其规则是：运用双引号，双引号内又有引文则用单引号，即外面一层用双引号，里面一层用单引号。如：

> 集体活动时，有个小朋友举起小手说："老师，亮亮说'星期天就是星期日'对吗？"

2. 提行引

这种引用的方式是将引文自成段落，用不同的字体或每行左右均缩进两格排列。引文前后不必加引导，其目的在于突出和强调。使用提行引要注意语言的连贯性以及必要的解释和说明。引用原文之后要用序号注明引文的出处。如：

> 高宽课程的主要目标是创造一种幼儿能在其中丝毫不感到恐惧、焦虑、厌烦的学习和游戏环境。在高宽课程环境中，教师重视并理解幼儿，努力创造一种支持性的氛围。在这一氛围中，教师提出幼儿发展所需的认知挑战，学习是一种积极的、快乐的和自然的体验。①

二、注释的格式与规范

注释主要用于对文章篇名、作者及文内某一特定的内容做必要的解释或说明。注释在形式上有三种类型：

(一) 夹注

即对文内有关特定内容的注释可夹在文内注释，但要注意加小括号。注释句子里是某种词语的，括注紧贴在被注释词语之后；注释整个句子的，括注放在句末标点之后。例如：

> 以促进儿童持续发展的态度看待幼小衔接，教育系统还需设法破除与"入学机会"相联系的早期考试。(参见《中国教育报》2016－5－22)

夹注要与最后的参考文献相呼应，即在参考文献中一定要列出一条与夹注相一致的文献。

(二) 脚注

即在本页页下注释。如：

---

① 安·S·爱泼斯坦著　霍力岩、郭珺译《学前教育中的主动学习精要——认识高宽课程模式》教育科学出版社。

教师实践智慧在一定的教育情境中产生,并非一蹴而就的,而是需要特定情境的激发,被喻为"跳荡在教学情境中的燧火"[2],教师实践智慧具有情境性、不确定性与偶然性特征。

……

①……(略)

②黄伟,谢利民.教学机智:跳荡在教学情境中的燧火[J].北京大学教育评论,2005(1):58-62.

(三) 尾注

即在全文末尾附上注释。做尾注时要把全文的引文从头到尾统一编排顺序。

使用注释需要注意的是,在一篇文章中,只能采用一种注释方法。脚注、尾注以及章节注的序号用带圆圈的阿拉伯数字表示,如:①②③……

第三节 图表和参考文献的格式与规范:"理解论文的'一百种语言'"

一、图表的书写格式与规范

在毕业论文中,为了把问题说清楚,常常通过统计资料或问卷调查搜集数据。如何把这些数据清楚、明了地向读者说明,就需要选择恰当的描述手段。为了简洁、明了地说明问题,可以选择用图表的形式。和语言描述的方式相比,图表有其特殊的功能,它是形象表达数据、科研成果和科学思想的一种方式,能够把语言文字难以表述清楚的内容简明地呈现出来,能够提高读者的阅读兴趣,可以使读者迅速理解事物的形态、结构和变化趋势,且印象深刻,起到文字难以起到的作用。

(一) 图的书写格式与规范

图是用线条的长短、面积的大小、点的位置以及线段的升降等几何图形表达事物的统计指标大小、对比关系及变化趋势的一种形式。

1. 常见图的类型

(1) 条形图

条形图是利用宽度相同的长方形条的高度表示各类别数量多少的图形。这个数量可以是总数,也可是均值、百分比。条形图由纵坐标和横坐标两部分组成,一般纵横坐标长度比例为5:7时最为美观。在纵横标轴上要注明单位,在图的下方要注明标题,说明图的内容,也可以包括时间地点。长方形条可以横放也可以竖放。(如图5-2)

从这张图可以看到,其纵坐标目是专任教师的数量,横坐标目是年份,纵坐标目以万人为单位,每一刻度是10万人,且纵坐标的刻度是从"0"开始的。如不是从"0"开始,就会造成各对比组之间比例关系的变化。横坐标目是以年为单位,每一刻度是0.5年。图的

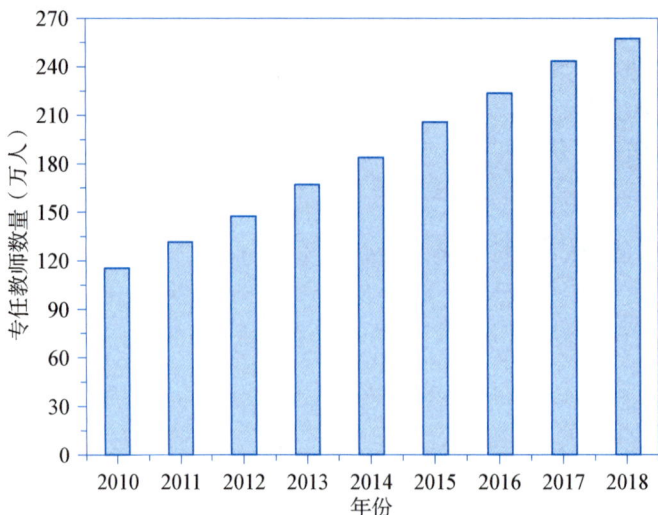

▲ 图5-2 2010—2018年全国学前专任教师数量(数据来源教育部)

下方正中位置列出了图的标题：2010—2018年全国学前专任教师数量。同时，我们看到横标上面各直条的宽度是一致的，两直条间隔的宽度一般与直条的宽度相等，或者为直条宽度的一半，不宜过宽或过窄。

（2）饼图

饼图是用圆的总面积表示事物的全部，用各扇形的面积表示各组成部分所占总数的百分比，各组成部分百分比之和是1。（如图5-3）

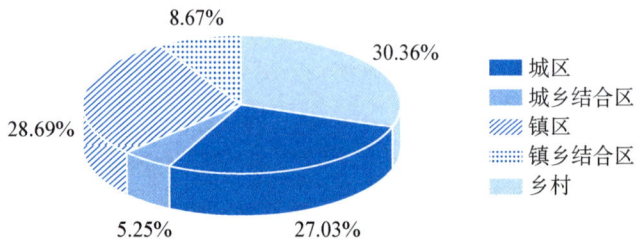

▲ 图5-3 2018年全国学前教育机构分布图(数据来源教育部)

饼状图一般表示构成各部分占总体的比重，为的是在一系列影响因素中抓到主要矛盾，图形可与数据相结合进行问题分析。

（3）流程图

流程图是用来说明完成一项任务必需的管理过程，它直观地描述一个工作过程的具体步骤，能让读者的思路更清晰、逻辑更清楚。如：

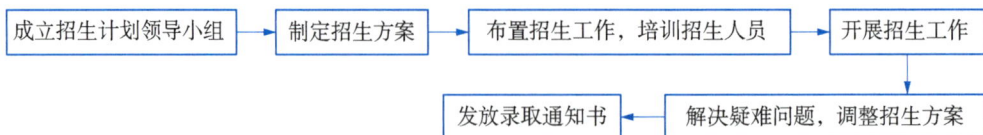

▲ 图5-4 幼儿园招生工作流程图

除以上常用图形外,毕业论文中还可以应用曲线图、示意图、照片等。图具有自明性的特征,因此,图中显示的内容就不要再重复地用文字表述。图中所用的术语、符号、单位等应与文字表述所使用的一致。

2. 图使用的基本要求

要根据资料的性质和分析的目的选择合适的图形。一般定量数据采用直方图、线图、散点图等,定性数据采用条图、饼图等。

正文中所有图都应有编号和图题。图的编号由"图"和从 1 开始的阿拉伯数字组成,例如:"图 1""图 2"等。图的编号可以一直连续到文末,图较多时,也可分章编号。"图题"即图的名字,每幅图都应有图题。"图题"置于图的编号之后,与编号之前空一格排写。图的编号和图题置于图下方的居中位置,字体采用 5 号宋体。图中若有分图时,分图的编号用(a)、(b)等置于分图之下。正文中与相关图对应文字处须在括弧中注明"见图 n"字样。图与其"图题"不得拆开排写为两页,插图处的该页空白不够排列该图整体时,可将其后文字部分提前排写,将图移至下一页最前面。

(二) 表的书写格式与规范

将统计分析的事物与指标以表的形式列出来即为表。用表来代替冗长的文字叙述,简明、有条理地罗列出数据与统计量,方便读者阅读与比较。

1. 常见表格类型

表格的类型有简单三线表、复合表两种类型。三线表(见表 5-1)是按照一个特征和标志分组,复合表(见表 5-2)是按照两个或者两个以上特征或标志分组。两种表格具体形式如下:

表 5-1　2018 年陕西、河北两省专任教师队伍情况表　　　(单位:人)

地区	园长	专任教师	保健医	保育员	其他
陕西	9 463	92 972	4 690	30 817	24 712
河北	15 912	12 644	4 846	29 897	226 566

数据来源:教育部 http://www.moe.gov.cnmoe_560/jytjsj_2018/gd/201908/t20190812_394235.html

表 5-2　2018 年河北幼儿园专任教师学历、专业技术职务情况表　　　(单位:人)

按学历分				按职称分				
研究生	本科	专科	高中	中学高级	小学高级	小学一级	小学二级	小学三级
319	27 269	80 579	326 641	1 647	18 449	16 760	3 727	883

数据来源:教育部 http://www.moe.gov.cnmoe_560/jytjsj_2018/gd/201908/t20190812_394235.html

2. 表使用时的基本要求

正文中所有表都应有编号和表题。表的编号由"表"和从 1 开始的阿拉伯数字组成,例如"表 1""表 2"等。表的编号可一直连续到文末,表较多时,也可分章编号。

"表题"即表的名称。每个表都应有表题,并置于表的编号之后,与编号之前空一格排写。表的编号和表题应置于表上方的居中位置,字体采用 5 号宋体。正文中与相关表对应文字处须在括弧中注明"见表 n"字样。表题中不允许使用标点符号。表与"表题"不得拆开排写于两页,表格应写在离正文首次出现处的近处,不应过分超前或拖后。当一页无法完整显示表格内容时,允许下页接上,在下页连续呈现表格时应重复表的编号、表题,同时要在标题后面加上括号和"续"字,表示是前页表格的延续。

表中各栏应注明量和相应的单位,如果全表用同一单位,将单位符号移至表头右上角。表内数字或内容须上下对齐,相邻栏内的数字或内容相同时,不能用"同上""同左"或其他类似用词,应一一重新标注;数字空缺的格内加"——"字线(占 2 个字符),不允许为空。

二、参考文献的书写格式与规范

参考文献是作者在撰写过程中借鉴、引用过的重要文章和著作。参考文献既体现了写作者严肃的科学态度,让读者区分哪些是作者的观点和成果,哪些是别人的观点和成果。同时也是对前人的科学成果的尊重,也便于阅读者进一步检索和学习。一般要求参考文献标注在论文后边。在编辑参考文献时,要注意文献的选取,一般来说,只有与论文密切相关的、有学术价值的文献才将之编入目录,其他一般性的文章和资料就没有必要编入了。编辑参考文献的顺序按照文中引文的先后顺序,这样会使书目井井有条,逻辑清晰。参考文献的标注按照《中国学术期刊(光盘版)检索与评价数据规范》的规定进行,主要包括:被引用或被参阅文献的责任者、文献题名或版本、文献类型、文献出版事项(出版地、出版社、出版年、卷期号等)、文献出处(电子文献可获得的网址)等方面的信息。各方面信息标注时应注意以下五点:

第一,责任者包括主要责任者和其他责任者,主要责任者是指对文献的知识内容负主要责任的个人和团体,包括专著作者、论文集主编、学位申请人、专利申请人、报告撰写人、期刊文章作者等。责任者只著录前三个责任者,姓名之间以","分隔。责任者超过三人时,只署第一责任者,其后加"等"字(英文用 etc)。主要责任者只列姓名,其后不加"著""编"等说明责任形式的文字。

第二,文献题名及版本,包括论文题名、书名、专利题名和版次(初版无须署)。

第三,文献类型包括专著、论文集、报纸文章、期刊论文、学位论文、计算机软件以及各种多媒体介质等。

第四,出版事项,包括出版地、出版者、出版年、卷期号等。出版地即出版者所在的城市名,出版者为出版社社名,出版年用公元纪年。对于报纸要著录具体日期,对于期刊应著录出版年、月和卷、期号。

第五,文献出处或电子文献可获得地址,包括文献篇名和网上资料所在的网址。

所参考的文献的种类不同,参考文献的记录方式也有所不同。具体要求如下:

第一,文中引用的文献依次编号,其序号用方括号括起,如[5]、[6],置于右上角,即用上标来表示。如:

美国学者提出了利用学习故事加强师幼关系和熟练写作学习故事的几个原则。[10]还有研究者运用学习故事解释了儿童间不同的沟通方式,[11]学习故事被认为是对幼儿学习过程和学习选择进行评估的好方法。[12]有研究者用行动研究法对学习故事对幼儿发展的影响进行了研究。[13]

第二,期刊文献书写格式:作者.论文篇名[J].期刊名.出版年,卷(期):论文在刊中的页码 A－B.如:

易凌云.幼儿园教师专业理念的定义、内容与生成[J].学前教育研究,2012,(9):3－11.

第三,著作文献书写格式:作者.书名[M].出版地:出版社,出版年.如:

陈向明.搭建实践与理论之桥——教师实践性知识研究[M].北京:教育科学出版社,2011.

第四,文集析出文献书写格式:作者.论文篇名.论文集名[C].出版地:出版社,出版年.如:

王承绪,徐辉中.国高等教育发展战略.中英高等教育学术讨论会论文集[C].南京:东南大学出版社,2001.

第五,新闻文献书写格式:作者.文献名[N].报刊名:时间.如:

张亚妮,王朝瑞,钱琳娜."学习故事"蕴藏的教育精彩[N].中国教育报,2015-3-22.

第六,电子文献书写格式:作者.电子文献名.出版者或网址,发表时间如:

李双溪.长春:建立从幼儿园到大学的贫困生补助体系.http://www.jyb.cn/china/gnxw/201702/t20170224_696836.html.2017 年 2 月 24 日

第七,学位论文类:作者题(篇名):[学位]。授予学位地:授予学位学校,授予学位年。如:

陈柯汀.4—5岁幼儿数学学习真实性评价的框架与实务[D].上海：华东师范大学，2015.

第八，外文原版书籍引文注释的书写顺序与中文相同。如：

John Welshman. *From Head Start to Sure Start：Reflections on Policy Transfer* [J]. CHILDREN & SOCIETY，2010(24)：89-99.

答辩:"不破楼兰终不还"

第一节　答辩准备:"不打无准备之仗"

毕业论文答辩是由问、答、辩构成的一种有目的、有计划的教学形式,是教师和学生之间有问有辩的双向教学活动。毕业论文的质量如何,除了指导教师的评议外,还需要提交答辩委员会进行面对面质询,根据学生答辩的情况给出最后的综合成绩,因此学生必须认真准备迎接答辩。

一、毕业论文答辩的目的和意义

毕业论文答辩是毕业生论文指导工作中的重要环节,不仅关系到学生成绩的评定,也是对教师指导情况和学生写作情况的共同检验,对确保论文的质量有重要意义。

(一)答辩的目的

毕业论文答辩的目的,可以简要地归纳为以下四点:

1. 通过毕业论文答辩检查论文真实性

通过答辩来检查、审视论文是否存在编造数据、编造研究过程等弄虚作假的现象,随着网络的普及,也出现个别人在论文写作中抄袭剽窃的现象,因此规定通过答辩来保证论文真实性。

2. 通过毕业论文答辩对论文质量进行全面考核与评价

对毕业论文质量的评判主要取决于:立论是否客观、公允、恰当,论据是否确凿、充分,论证是否逻辑严密,结构是否完整、紧凑等。论文质量的考核与评价以论文作者的书面表达为主,也应当重视答辩——作者的口头表达,论文作者的答辩往往是对书面论文的补充和完善。答辩老师在听取答辩者的自述与答辩的基础上,对论文进行全面的考核,继而集体合议做出对论文成绩及等级的评价。

3. 通过毕业论文答辩完成对学生培养的最后一环

答辩对于学生而言就是一个再学习和能力培养的重要环节。毕业论文答辩是即将毕业的大学生面对数位专家教师,在有限的时间内简明扼要地回答相关问题。如果学生是生搬硬套别人的研究成果,或者对书本知识一知半解,那么就会在答辩中暴露出知识方面的缺陷,答辩委员会对论文存在的问题提出的中肯意见,也是通过启发、引导加深其对问题的认识和理解的契机,引导学生纠正错误的观点或做法等。

(二) 答辩的意义

毕业论文答辩对学生、教师和学校具有重要意义。

1. 对学生的意义

第一,答辩过程对学生而言是一次锻炼的好机会。答辩是一种辩论艺术,需要学生"能言善辩",要有良好的口头表达能力、演讲能力、思维能力以及应变能力,如果学生能消除论文答辩过程中的紧张心理,可以为学生的就业以及今后参与社会竞争提供经验。

第二,毕业论文答辩是学生深入学习学术见解的良好时机。答辩教师提出的问题一般是文章中没有阐述周全、论述清楚、分析到位的问题,是文章的薄弱环节,也是学生没有意识到的不足之处。答辩可以让学生了解自己毕业论文中存在的问题;也可使学生从问题出发进一步开展深层次的研究,加深对研究问题的理解。

2. 对教师的意义

第一,答辩是对教学效果的展示。教师经过四年辛勤的培育,使学生由不知到知、由知之甚少到知识比较广博,能独立完成一项学前教育科学研究的工作,初步表现从事科学研究的能力和素养,这对教师而言是极大的安慰和回报。

第二,答辩也是教学相长的过程。教师也可以在此过程中审查其专业知识的基础及其知识结构的状况,根据学生答辩中存在的问题进行指正,答辩中的师生对话和交流,更为教师今后的教学提供借鉴,使教学相长落到实处。

3. 对学校的意义

答辩是各高校倡导良好学风的手段。答辩既是对学生能力的全面检阅,也是保证论文质量真实性的、行之有效的重要手段。毕业论文答辩不仅端正了学生撰写毕业论文的态度,而且培养了学生进行初步研究的能力,因此毕业论文答辩是正规高校教育工作的重要环节。

二、毕业论文答辩前的准备

毕业论文答辩既然是一所高等院校教育中的重要一环,那么毕业论文答辩就不仅仅是答辩学生自己的事,更是学校、教师、学生三方共同参与的、共同完成的复杂工作。

(一) 学校的准备

学校作为答辩工作的组织者,一般来说要完成以下两个方面的工作:

1. 答辩者的资格审查

作为毕业论文的答辩者,必须具有一定的资质方可以参加答辩。对于其资格的审查,一般由各个院系来完成。答辩者要具备的基本条件包括:第一,学校学籍资格;第二,修完该专业教学大纲规定的全部课程及学校规定的学分;第三,全部课程考试、考查合格;第四,认真完成毕业论文的写作,征得指导教师的认可,指导教师同意该生参加答辩。

2. 成立答辩委员会

组织高效、得力的答辩工作机构是非常必要的。成立由院系主要领导、分管教学领导组成的毕业生论文答辩委员会,统筹安排,协调处理一切学术、行政事务。并成立由业务精、责任心强、坚持原则、公正廉洁、具有答辩资格的教师组成的不同学科专业的答辩委员会,一般 3—5 人。答辩委员会的主要职责有:第一,审阅毕业论文;第二,组织并主持答辩工作;第三,讨论并确定学生答辩成绩及评语;第四,拟定成绩评价办法。

答辩成绩的评定是一项复杂的工作。答辩学生毕业论文的成绩一般由书面成绩和答辩成绩两部分组成,书面成绩和答辩成绩比重各占多少,书面成绩指导教师和同行教师所占比重是多少,各高校政策有所不同。如某大学毕业论文成绩评定办法规定学生毕业论文成绩由指导教师审阅成绩、同行专家评阅成绩和答辩成绩三部分组成,这三部分所占权重见下表:

表 6-1　××大学毕业论文成绩评定办法(参考)

类别	指导教师审阅成绩	同行专家评阅成绩	答辩成绩	总成绩
权重	40％	30％	30％	

(二) 答辩教师的准备

毕业论文答辩由答辩委员会组织并主持,是双向、综合性的交流和学习。参加答辩教师需提前评阅答辩学生的毕业论文,学生的论文一般会提前一周送到答辩老师手中,答辩老师在认真阅读、了解论文研究的内容、方法及其优点和不足之后,有针对性地提出问题。

(三) 答辩学生的准备

1. 答辩前的心理准备

答辩者要明确答辩的目的,端正答辩态度,树立信心。防止和克服经常在论文答辩中出现的不正确、不正常的某些心态。一是紧张恐惧心理,对答辩没有把握,害怕老师提问难度过大让自己丢人,答辩难以通过。二是漫不经心,把答辩看成小事一桩,认为文章写好就万事大吉,再也不闻不问了。三是对答辩的抵触情绪,认为答辩是"多此一举""走过场""临毕业还为难我们"等。

毕业论文答辩是学生对自己几年学习成果的一次全面综合性检验和总结,是取得学位的最后审查程序,是一件严肃而光荣的事情。因此,学生要端正答辩的态度,只有如此才可能在答辩中取得好成绩。

2. 答辩前的论文及相关知识准备

毕业论文答辩前要全面熟悉和掌握论文。

(1) 写好毕业论文自述报告

毕业论文的自述报告包括论文的题目、写作论文的动机、论文的主要观点、论据、写作体会、本论文的理论意义以及社会实践意义等。如《幼儿园语言活动中教师的有效提问策略》自述报告:

尊敬的各位老师,亲爱的同学们:

大家上午好!

我是××级学前教育专业的×××,我的毕业论文题目是《幼儿园语言活动中教师的有效提问策略》。我的指导老师是×××老师,在我论文写作期间,×××老师给予了悉心的指导,这才使得我的论文能够如期、顺利完成。在此,我向×××老师表示衷心的感谢!下面,我将这次论文的目的、意义、写作基本思路,以及文章中我个人的一些新的观点与理解向各位老师作汇报:

幼儿园集体教学活动是幼儿教育的主要形式,而有效的集体教学活动的开展,需要幼儿教师有效地提问。一个好的问题犹如一条纽带,架起师幼双向交流的桥梁,把教师和幼儿之间的情感紧密联系起来,起到活跃活动气氛,促进幼儿和谐发展的作用。因此,教师的提问尤为重要。但是很多幼儿教师在提问上还没有形成统一的认识,在集体教学活动中提问的有效性依旧很低,提问的价值依旧没有完全体现出来,提问的效率有待提高。因此在幼儿园集体教学活动中,教师应重视提问,学会提问,善于提问,使提问真正发挥激发幼儿学习兴趣、促进幼儿思维发展的作用。本文主要通过查阅资料与观察记录相结合的方法分析了语言领域集体教学活动中存在的问题,主要有四个方面:一是发问的主体主要是教师,问题类型多是判断是非型问题;二是教师"候答"时间短,幼儿思考时间不足;三是"叫答"难以兼顾参与机会均等;四是应答和追问方式单一。根据幼儿教师提问的现状以及提问中普遍存在的一些问题,分别从教师自身因素、师幼关系、活动类型、班级规模四个方面来具体分析教师提问中存在问题的原因。一是教师自身因素:教师的性格特点、专业素养对其提问方式有重要影响。二是师幼关系影响教师提问的类型、语气。三是语言活动的类型影响教师提问的数量。四是班级的规模影响教师回应的方式。

针对教师提问存在的问题及原因提出了以下策略:

一是通过反思、总结,提高教师有效提问的能力:首先教师应该在理论与实践相结合的基础上,不断反思总结;二是改变提问方式,增加开放性问题、层次性问题、互补性问题;三是创建和谐的师幼关系;四是幼儿园应合理编班,并加强教研工作。

以上自述报告写出了论文写作的目的、意义、写作基本思路以及作者的基本观点,然而并不全面。可以很明显地看到,虽然列出了论文的主要观点,但是缺乏对论据的阐述,同时也缺乏论文写作后的体会。

(2)重点把握论文的本论和结论

毕业论文是学生几个月的辛勤之作,经指导教师审定后才定稿上交,其成果一般是较为丰硕的,学生应在答辩前以质疑的目光再三审查自己的成果。

第一,要审查论文基本观点的正确性。毕业论文观点要求思想性、科学性强,能反映事物本质,符合自然和社会的发展规律。审视论文基本观点的正确性,要特别注意论文中心论点的表述是否正确、贴切、科学。如我们可以通过《幼儿园室内墙面环境创设现状研究》一文的三级标题来审查其中心论点:

一、绪论
（一）研究缘由
（二）研究意义
（三）概念界定
1. 幼儿园室内墙面 2. 幼儿园室内墙面环境创设
（四）文献综述
1. 墙面环创要素 2. 互动、展示形式 3. 墙面环创的功能 4. 对已有文献的评价

二、研究设计
（一）研究思路
（二）研究方法
1. 文献法 2. 实地观察法 3. 自由访谈法 4. 问卷调查法
（三）理论基础
1. 瑞吉欧教育的环境观 2. 华德福教育的环境观 3. 陈鹤琴"活教育"的环境观

三、幼儿园室内墙面环境创设现状
（一）主题墙面没有明确目标
（二）内容选择多种多样
1. 五大领域均有涉及 2. 题材选择丰富 3. 教育功能设计良好
（三）展现形式匮乏
1. 立体作品较少 2. 幼儿作品占比较重
（四）材料选择以再创性和再利用性为主
（五）室内公共墙面环创情况良好
1. 幼儿园大厅特色鲜明 2. 楼道、走廊和公共活动室功能良好
（六）幼儿墙面环创参与度低
（七）教师对室内墙面环创的认识不清楚
1. 不明确室内墙面范围 2. 对室内墙面环创功能的认识不深刻

四、存在问题及原因分析
（一）存在问题
1. 教师对室内墙面范围定义不明确 2. 教师对室内墙面环创的认识参差不齐
3. 缺乏立体墙面和可操作性墙面 4. 幼儿园墙面颜色单一
（二）原因分析
1. 部分教师自身环创水平不够 2. 教师墙面环境创设时间的不足 3. 幼儿园墙面装修思路陈旧

五、建议与策略
（一）教师提升个人环创水平
（二）教师尊重幼儿环创参与的权利
（三）教师之间相互学习
（四）幼儿园墙面颜色丰富化

六、结语

通过对以上论文的三级标题内容进行分析，我们发现论文主体结构中的三、四、五三

部分清晰地呈现了论文的中心论点。通过进一步阅读学生的论文发现其基本观点基本做到了正确、贴切。

第二，在明确论文的基本观点和主要论述的基础上，弄懂论文中所使用的主要概念的确切内涵，所运用的基本原理的主要内容。如《幼儿园室内墙面环境创设现状研究》就明确了"幼儿园室内墙面""幼儿园室内墙面环境创设"的基本概念：

> 本文主要研究的墙面是幼儿园大厅、走廊、楼梯、公共活动室以及教室、卫生间、睡房的前、后、左、右四面墙体的表面。
>
> 本文研究的幼儿园室内墙面环境创设是指幼儿园大厅、走廊、楼梯、公共活动室以及教室、卫生间、睡房的创设，包括创设的内容、形式、色彩、材料、高度等静态事件和条件，也包括活动室墙面幼儿参与的具有教育意义的动态事件或条件（参与创设、操作、互动）。

并言简意赅地向读者说明了其所运用的理论基础，主要内容包括三点：

> 瑞吉欧教育的环境观：瑞吉欧教育认为环境包含着教育的内涵。重视环境中信息和资源对幼儿的影响。在瑞吉欧学前学校中的环境创设都和教育相互依赖与影响。他们主张将所有与教育有关的事物结合而发展。
>
> 华德福教育的环境观：华德福教育主张环境对幼儿发展具有重要作用。成人需要为儿童提供一个人与自然和谐相处的环境，特别强调物质环境和精神环境的和谐与平衡，尽量为儿童创造一个美丽、快乐和健康的环境。在结构和秩序上以生活逻辑为标准，为幼儿准备身心合一的环境。
>
> 陈鹤琴"活教育"的环境观：陈鹤琴认为环境对儿童发展十分重要并且起着重要作用。陈鹤琴认为，儿童应该有游戏、艺术和阅读的环境。我们应善于利用大自然和社会这两个大环境。儿童应该参与环境创设，促进他们的主动性、积极性，这样参与创设环境的过程也就成为了教育的过程。

第三，还要仔细审查、反复推敲文章中是否存在自相矛盾、片面、错误或者阐述不清楚的地方等。这种审查和反复推敲小到一个词语，如"保障幼儿园师资力量"还是"完善幼儿园师资力量"，我们就要仔细推敲"保障"和"完善"一词的意义及人们的表述习惯；大到毕业论文逻辑体系的合理性，如在论文《幼儿园室内墙面环境创设现状研究》中，学生是按照现状、存在问题及原因分析、建议与策略三个一级标题的逻辑体系进行的，然而在写作中我们还可以进一步思考是否可以将现状和存在的问题放在一起阐述，而将原因分析单独来写，这种论述方式是否行得通，是否更有利于读者去阅读等问题。正是对论文书写中的字词、逻辑体系等的反复修改，学生的论文写作能力才得以提升，这也是衡量毕业论文成败的重要依据之一。再如对论文《幼儿园城乡一体化管理模式研究》的三级标题分析：①

---

① 来自延安大学学前教育专业 2019 届本科毕业生李焕彬。

前言

一、幼儿园城乡一体化管理的内涵

二、幼儿园城乡一体化管理的主要模式

    (一)以集团化模式推进的幼儿园城乡一体化发展

        1.连锁加盟办园模式 2.混合办园模式 3.优质园引领办分园模式

    (二)以对口"帮扶"模式发展幼儿园城乡一体化

三、幼儿园城乡一体化管理模式发展中的存在问题

    (一)政府财政投入与管理职能缺失

    (二)教师水平参差不齐

    (三)教师编制较少,合同制教师待遇偏低导致教师流动性过快

    (四)园所间一体化合作互动交流不足

四、改善幼儿园城乡一体化管理模式的路径

    (一)强化政府职能

        1.完善一体化体系制度 2.加大幼儿园经费投入 3.科学规划,推动多元化发展

    (二)保障幼儿园师资力量,解决教师水平和编制问题

        1.发挥一体化优势,增强教师交流 2.拓宽师资来源,加强教师培训 3.开展园本培训,加强师德建设

    (三)提高一体化管理中质量和效率

        1.注重园所间一体化合作管理 2.科学规划,逐步推进

结语

    该论文在前言部分阐述了研究的意义及幼儿园一体化管理的相关研究。第一部分接着阐述了城乡一体化的内涵:城乡教育一体化就是为了充分确保教育资源在城乡间、在各个教育阶段得到更为科学的配置,进而有效解决城乡间、教育各阶段之间的差距,使不同年龄、不同地区的孩子均能够获得更好的教育,实现幼儿园在城乡间资源的科学配置,推动我国学前教育事业实现平稳快速发展。从该定义来看,城乡教育一体化主要是解决城乡教育资源、教育各阶段之间的配置问题,然而从文章后面几部分的论述来看,还是在关注城乡教育资源之间的配置差异,并没有涉及教育各阶段之间的配置问题,因此论文对城乡教育一体化的概念界定不够严谨。同时,论文第三部分的标题及内容方面主要阐述了"教师编制较少,合同制教师待遇偏低导致教师流动性过快",这一标题不够简练。第四部分改善幼儿园城乡一体化管理模式的路径中,提到了一条重要措施,即二级标题:保障幼儿园师资力量,解决教师水平和编制问题。从这一标题来看,接下来应该叙述的问题应该包括三点,第一点是保障幼儿园师资力量,第二点是解决教师水平问题,第三点是解决教师编制问题。一般而言,学生要紧紧围绕以上内容列出三级标题,依次具体阐述这三点内容。实际上学生列出的三级标题也是分为三点进行的,但三级标题内容和二级标题中所包含的内容有所出入。三级标题的具体内容:一是发挥一体化优势,加强教师交流;二是拓宽师资来源,加强教师培训;三是开展园本培训,加强师德建设。可以看出,学生论文内容中三级标题拓展师资来源正是对二级标题保障师资力量的具体阐述;第二点是提高教师水平,其实就是要通过增强教师交流和加强教师培训来提高教师水平,故可以把三级标

题中的加强教师交流、加强教师培训和开展园本培训的内容综合起来叙述;第三点解决教师编制问题在三级标题中并没有出现,反而又多出了"加强师德建设"内容,这也就是我们所说的标题和内容不一致、不统一。

第四,写好毕业论文的结论。结论应该包括论文的核心观点,结论应该用准确、完整、明确、精炼的语言来表述,切记不可浮夸,如"填补研究的空白""达到国内先进水平"等词语最好不要出现。结论可以是对本课题研究的展望,或者是对尚未解决的遗留问题提出可能解决的途径或判断。如《幼儿园室内墙面环境创设现状研究》的结论如下:①

> 幼儿在幼儿园中,除却每日必需的两个小时户外活动时间,其余时间处于室内。幼儿园室内是幼儿一日中所处时间最长的,同时也是生活学习的最重要场所。室内墙面作为幼儿园环创的重要组成部分,有着不可忽视的作用。通过对 X 市这三所幼儿园进行室内墙面环创现状调查,发现现存的优、缺点,更清楚地认识 X 市幼儿园室内墙面环创水平,以至更好提升幼儿园室内墙面环境创设水平。
>
> 由于本人研究能力有限,本文仍然存在一些不足之处。首先,调查对象数量略少。调查问卷和访谈参与的人数比较少,参观的园舍数量也不多,因此调查结果存在一定局限性。其次,这次现状研究对于幼儿园的制度研究较少,因此提出的建议可能不太全面。
>
> 在以后的教学工作中,本人会更加深入了解幼儿园室内墙面环创的具体情况,以期更全面地研究幼儿园室内墙面环创情况。

第五,还要检查毕业论文的行文在语法等方面的问题。如病句、错别字、漏字、标点符号错用等方面的小问题,也不能忽视。如论文《幼儿园城乡一体化管理模式研究》研究的前言部分中的一些内容:②

> 对外开放政策顺利推行之后,农民生活水平不断提升,同时观念也逐渐发生了变化,他们更希望孩子在幼儿时期能够获得更好的公平的教育,但是相比于城市,幼儿园的城乡环境、教师资源、教学设施等环境的差异,农村幼儿受教育程度相比城市儿童还是比较低的。国家在促进农村社会主义现代化建设的同时促进农村教育特别是学前教育阶段的教育发展放到重要地位,政府也相应出台了一系列的政策来促进学前教育的变革和发展,而从教育公平的层面而言,学前教育发展水平在各个地区之间存在着明显的失衡情况,弱势地区和人群学前教育权益得不到保障是造成城乡区域间发展差距较大的重要原因。

这段内容总体上的写的是比较清楚具体的,然而仔细阅读我们仍然能发现有些小细节问题是可以进一步改进的。如第二行中"更好的公平的教育",可以改为"更好的、更公平的教育",只增加一个字、一个标点符号就让语句更加规范。在"农村幼儿受教育程度相比城市儿童还是比较低的"这句话中,涉及一个术语"受教育程度",它一般是指个人完成

---

① 来自陕西学前师范学院学前教育专业 2019 届本科毕业生郭喜庆。
② 来自延安大学学前教育专业 2019 届本科毕业生李焕彬。

的最高水平的教育,通常由国家认定并颁发相应的学历证书,主要分为:小学、初中、高中、专科、本科、硕士研究生和博士研究生。因此,这句话中"受教育程度"一词就属于错用术语,从全段要表达的思想来看改为"教育质量"更为贴切。最后一句话"学前教育发展水平在各个地区之间存在着明显的失衡情况,弱势地区和人群学前教育权益得不到保障是造成城乡区域间发展差距较大的重要原因",这句话虽然读起来很通顺,但是和文章主题有所偏离,论文写的是幼儿园城乡一体化管理,这句话是用"各地区之间存在着明显的失衡情况"来表述的,改为"城乡"更符合主题,另外提出的"弱势地区和人群学前教育权益"和"城乡区域间发展差距较大"并无必然关系,这种说法并不合适。

　　总之,以上几个方面的问题如发现不妥之处,应在毕业论文答辩之前及时修改和纠正,这样才能在答辩中做到胸有成竹、临阵不慌、沉着应战。

　　(3)了解与论文相关的知识和材料

　　如自己研究的课题在学术界达到了什么程度?存在哪些问题和争议?有几种代表性观点?该领域有哪些成果以及代表性的文章、著作?对论文中重要引文的出版和版本、论证材料的来源渠道等方面要有全面清晰的把握。在准备过程中,可以做相关的资料记录,认真、细致、扎实的记录会在答辩过程中发挥至关重要的提醒作用。如在准备论文《幼儿园城乡一体化管理模式研究》答辩时,学生在答辩前应掌握或查阅、记录如下相关资料:

　　　　幼儿园的管理模式有哪些?
　　　　一体化的概念内涵是什么?
　　　　我国幼儿园采用对口"帮扶"模式的发展历程?
　　　　各级政府在幼儿园管理过程中的主要职能是什么?
　　　　目前幼儿园教师的发展现状如何?
　　　　教师编制对幼儿教师的流动性的影响有多大?
　　　　一体化过程中如何加强园本培训的合作?
　　　　……

　　论文作者在答辩前应整理好自己的毕业论文,准备好论文的底稿及同毕业论文有关的参考资料、答辩提纲和笔记本,以便答辩时随身带进答辩现场。毕业论文答辩应允许答辩人翻阅自己的毕业论文和有关资料,答辩人答辩时不可能对所有的资料都烂熟于心,也不可能对所有的回答都非常流畅,很多问题的回答都需要依靠有关资料的帮助,适当翻阅一下资料,能帮助答辩人理清思路,顺利地回答问题。也可以缓解紧张心理,避免慌乱。笔和笔记本也很重要,答辩时答辩人需要记录答辩老师的问题和有价值的意见,这样既不会遗漏问题也有助于领会问题的实质,还能边记边思考。

三、把握教师出题的规则

　　在答辩过程中,答辩老师会提出多少问题?什么类型的问题?这是每个参加答辩的同学都十分关心的问题,同时也是一个复杂的、难以把握的问题。因为每一篇论文都有自己的内容、形式和特点。根据论文的不同情况,答辩老师拟定的问题也必然因文而异。即使是同一篇论文,不同的答辩老师提问的重点也不尽相同。所以,在答辩会上,老师会提什么问题,是很难预测的。但老师的出题不是任意、无规律的,而是遵循着一定的原则:

(一) 答辩题型及层次

第一类是基础题。主要考察学生对论文所涉及的基础知识,如概念、基本理论、背景材料等的掌握程度,包括概念的解释、基本理论的阐述、研究方法的应用等。如《幼儿园室内墙面环境创设现状研究》答辩过程中教师可以提出以下问题:除了瑞吉欧的环境观,你能介绍一下瑞吉欧教育的其他特色吗? 介绍华德福教育的特色或介绍问卷调查法的基本步骤是什么?

第二类是深化拔高题。主要考察学生研究能力和应用能力,有的是论文中已有观点的深入,有的是故意对论文中的重要论点设置疑问。要求学生用论文中的观点去分析,有的是要求学生对某些理论做横向比较。如对论文《幼儿园室内墙面环境创设现状研究》可以提问以下问题:你能说一下华德福教育在中国的普及程度不如蒙台梭利教育的原因吗? 根据陈鹤琴的环境观,谈谈你对游戏、艺术和阅读的环境创设的建议?

第三类是针对论文中的薄弱环节而提问的。有的是要求对论文中不清楚、不详细的地方加以补充说明。有的是要求对相关概念发生混淆甚至是矛盾的地方加以澄清。有的是对带有片面性或偏颇的观点质疑和反诘。有的则是考察材料的来源真伪。还有的是考察学生的语言应用能力。如《幼儿园室内墙面环境创设现状研究》中我们可以提问:教师环创水平受到哪些因素的影响? 幼儿园环创的新理念是什么? 你选择的幼儿园能够反应幼儿园室内墙面环境创设的现状吗?

总之答辩的题型,既有关于内容的,也有关于形式的;既有要求正面阐述的,也有质疑的;既有宏观的,也有微观的;既有关于理论的,也有关于实际问题的;既有定性的问题,也有关于定量研究的问题。答辩的题型丰富多样,但只要学生围绕上述方面进行认真准备,就一定能顺利通过。

(二) 答辩评委的出题遵循的基本规则

答辩老师在出题的过程中,一般遵循着以下三个基本原则:

1. 理论和应用相结合的原则

一般而言,答辩老师出题不可能只考虑理论问题或者只考虑应用型问题,而是两者相结合。如前文提到的《幼儿园语言活动中教师的有效提问策略》一文,教师可以提出的问题如下:你能解释一下什么是追问并举例说明吗? 这一问题既涉及了理论概念的界定,也贯彻了与实践相结合的原则,与幼儿园教学实践相结合。

2. 难易搭配原则

在教师提出的问题中,一般既有比较容易回答的问题,也有一定深度和难度的问题。对某一篇论文提问的难易程度也是与老师对论文的评价相联系的。如教师对毕业论文评价较高,意味着学生知识掌握的较好,答辩老师提出的问题难度就大一些;有些同学毕业论文刚达到及格水平,意味着答辩学生在知识掌握、信息检索以及写作等方面的能力有限,答辩老师会提出一些相对浅显、容易回答的一些问题。如在毕业论文《幼儿园城乡一体化管理模式研究》一文中,提出了以下问题:解释什么是一体化? 教育一体化的发展历程是什么?

对学生而言第一个问题解释一体化的概念是很简单、容易做到的事,而第二个问题相对复杂,如果写作过程中认真查阅了相关资料,也是能够回答的。

3. 形式多样原则

教师提问的问题类型一般较多样化,能让学生从不同角度来思考。既可以问论文常识方面的问题,还可以针对论文内容提问理论深度的问题,还可以问与论文内容相关的边缘学科的知识。如《我国学前儿童性教育现状、问题及对策研究》①一文中,作者分析了《欧洲性教育标准》中 0—6 岁儿童性教育内容以及各年龄阶段的目标,然后探讨了我国学前儿童性教育的目标、内容、实施途径等,提出了我国学前儿童性教育开展的建议。针对这一毕业论文内容评委可以提出不同难度、不同形式的问题。如:《欧洲性教育标准》和联合国教科文组织发布的《国际性教育技术指导纲要》异同是什么? 依据《欧洲性教育标准》各个国家怎么实施性教育的,能否举例说明? 你对幼儿园性教育开展提出什么建议?

(三) 答辩评委提问的方法

一是一次性提问法。一次性提问法适用于提出较大的问题,从而考察学生系统思考、全面表述问题的能力。如论文有何创新之处?

二是追问式提问法。有些问题可采取追问的方法,把问题步步引向深入。追问法适于考察学生针对性的定向思维及深入思考的能力。如课题研究中你有哪些新的发现? 自己是如何逐步认识这些发现的? 你认为你的研究有哪些不足之处?

三是启发式提问法。答辩不仅仅是考察学生的学习结果,更是一堂毕业论文写作与指导的教学课。启发式提问是调动学生思维潜力、充分发挥答辩教学功能的有效手段。如教师发现学生基本结构安排有待进一步调整,可以向学生提出启发引导性的问题: 全文各部分之间的逻辑关系如何,为什么这样安排等。

第二节　答辩程序："循序渐进登高峰"

毕业论文的答辩是一次大型的、内涵要求很高的教学活动,其质量首先取决于有序的组织和严格的管理。了解它的程序,有助于我们对答辩做更好的准备。毕业论文答辩过程一般要经过四个阶段。

一、预备工作阶段

作为高等院校教育教学工作的重要一环,答辩学生和答辩委员会的教师们要以积极的心态迎接答辩,主要做好以下工作:

第一,提前提交论文。答辩学生应在答辩前将定稿的论文及时上交论文指导老师。

---

① 来自延安大学学前教育专业 2019 届本科毕业生刘逸翔。

指导教师评阅毕业论文后，应根据学生对毕业论文的工作态度，毕业论文完成的工作量、难易程度、综合能力、研究能力、质量水平、实用性和创新性以及论文规范化程度等因素进行评价，并给出是否同意答辩的意见。指导教师同意答辩后，学生按照答辩程序将毕业论文提前提交给各答辩委员，以便答辩委员们能够在认真阅读论文的基础上拟出要提的问题，提高论文答辩的质量和效率。

第二，严肃答辩纪律，落实答辩的规定。毕业论文答辩是一次严肃的面对面的考试，自然就应该有严明的纪律。因此要求参加答辩的学生不能迟到、早退或者缺席。教师所提出的问题，在未答辩之前，必须保持其绝密的状态。

第三，答辩现场做好详细安排。首先安排答辩委员、记录员、学生各自就座，然后向全体答辩学生讲清以下事项：介绍答辩委员各委员的姓名、职称等情况；简要介绍答辩安排、要求和注意事项；简要介绍答辩程序；鼓励学生充分发挥其优点，消除紧张心理；宣布学生答辩的顺序等。

二、正式答辩

（一）答辩学生"入席"
答辩委员会主任委员点名，答辩学生从准备席进入答辩席。

（二）答辩学生自我介绍
答辩开始后，答辩学生要先做自我介绍，包括姓名、论文题目和指导教师，然后简要介绍自己撰写毕业论文的意图、依据、中心论点论据和主要内容。陈述时间一般不超过 10 分钟。需要明确的是"陈述"的要求不是"读"，而是要简明扼要、重点突出地介绍。如何自述前面已述，在此不再重复赘述。

（三）评委教师提出问题
答辩学生介绍完毕后，评委教师将针对毕业论文的内容和答辩人介绍的情况，提出三四个问题。学生、记录员要集中精力认真聆听，准确记录。如没有听清楚，可请答辩老师再复述一次所提问题。如对问题中有些概念不太理解，也可以请求老师做解释说明，或者把自己对问题的理解说出来。总之务必要把问题弄清楚，并理解其核心，以便有针对性地准备，避免答非所问。

（四）答辩学生准备
答辩学生带着评委教师所提出的问题回到准备席就座。并对问题做必要的准备。答辩学生对老师提出的问题要认真分析，用 10 分钟左右的时间，快速组织答辩内容。一般来说，准备时要仔细推敲问题的本质，科学合理组织所学知识和平时的积累。分析和思考答案分几层意思，如何回答，在笔记本上记下各个问题的答案要点，并找好相应的参考资料。最后快速将各个问题及其答案要点审查一遍，尽量让自己镇定沉着，不慌不忙。

在答辩委员会安排下重新返回答辩席时，答辩学生要就所提问题进行答辩。答辩委员会根据毕业论文的质量、答辩中问题回答的情况，给予恰当的评价、肯定、补充和修改。记录员会对教师的提问和答辩学生的回答情况进行简明扼要的记录。

(五)答辩学生答辩

这是毕业论文答辩最关键的一环,也是答辩学生学识才干得以充分展示的一次机会。答辩时学生要注意礼貌,回答问题要简明扼要,抓住要害,对问题的阐述要客观全面,层次分明;表述要语言流畅、口齿清晰、声音洪亮。答辩过程中,答辩老师也许会就学生的回答进行追问,此时答辩者要虚心、耐心地听完提问,然后有针对性地回答,力求从容不迫。

(六)答辩评委总结

每个学生回答完问题后,答辩评委会根据论文和学生回答的情况做简单小结,对毕业论文答辩情况做出结论,肯定成绩,指出存在的问题,并加以必要的补充和指点。所有答辩评委都可能会提出自己的看法和问题。此时,答辩者应认真虚心地听取评委老师的总结,并作记录。

三、评定成绩

答辩期间,各答辩评委都要对每位学生的答辩优缺点及特长做详细记录,以便于答辩结束时对学生的答辩情况进行总结。答辩结束后,毕业论文答辩委员会,对毕业论文的质量和答辩情况进行分析研究,就毕业论文的答辩成绩和答辩评语取得一致意见,商量是否通过,并拟出答辩评语。

(一)毕业论文评价的标准

毕业论文的评价标准主要按照以下 4 个方面来展开。

1. 选题评价

选题评价主要是看选题是否符合专业培养目标,能否解决生产和生活中的一些具体问题,在实践中有没有可行性和可操作性等。就毕业论文而言,选题首先要符合学生的实际能力,不能超过学生的能力水平的最近发展区。有些论文题目过大,导致学生难以完成,如幼儿园情绪管理课程建设、幼儿园科学教育课程建设、幼儿园教育质量提升策略等。还有些过难的论文题目则更适合研究生及以上层次的人去完成,如"双因素理论视角下幼儿园教师管理""延安时期学前教育发展及其特点""我国学前教育师资培养与发展的历史研究"等。

2. 内容评价

无论是对理论价值还是对使用价值的判断,都需要在内容方面进行考察。主要从内容的专业性、系统性、逻辑性、创新性和价值性五个方面进行评价。专业性体现学生对专业知识的掌握程度,如专业知识是否扎实,所涉及知识的深度和广度如何,学生是否掌握了有关基础理论和专业知识。内容的系统性体现在观点和资料之中,表现为资料和论据的吻合程度,能否自圆其说,意思是否完整。内容的逻辑性主要表现在结构是否完整、严谨并做到前后呼应,层次是否做到清楚、条理,思路是否做到连贯、流畅。创新性则体现着作者的创新能力,观点是否新颖和具有前瞻性,对于侧重调查研究的内容来说,还需要审查其理论联系实际的情况及程度。提出和解决问题是学术研究的职责,对于一些亟待解决的问题,作者能及早发现并提出一定的解决方案,这本身就具有学术意义,也反映了内容的价值性。

3. 形式评价

论文写作中的形式因素是不可忽视的，就毕业论文而言，学生的基础知识和基本能力都是通过形式因素展现出来的。毕业论文中的形式包括结构格式、语言表达、文字应用等方面。论文有固定的格式，这方面的要求比较明确，毋须赘述。

论文的结构层次、语言表达和文字应用方面的问题，是要求教师在指导过程中加以解决的问题。由于学生的具体情况的差异，直到正式稿件完成之后，仍然有表达上的优劣之分。在形式因素里面，还要考虑到论文附加成分的技术性问题，如文献资料的引证是否得当，注释内容是否合乎检索的要求，图表有没有问题，页码的排列及装订是否有问题等。

4. 过程评价

毕业论文的评价不只是对文题内容和形式的判断，还是对整个写作过程动态的纵向的评估。在这个因素里，要分析作者的认真程度，努力情况，各环节的安排是否兼顾，时间的安排是不是合理等。论文指导教师对过程评价拥有最大话语权。

(二) 毕业论文评价的等级

论文成绩评定虽然各学校可能也有所差异，但都会同时兼顾论文审阅成绩和答辩成绩两个部分。以下介绍论文答辩成绩的评定标准，供读者参考：

优（相当于百分制 90 分以上）

（1）论题有一定的论题具有一定的现实意义和学术价值。

（2）对所分析的问题占有丰富的材料，论点鲜明。论证充分，能综合运用所学到的知识和技能。比较全面深入地进行分析，有一定的独到见解。

（3）观点正确，中心突出，层次明晰，结构严谨，文字流畅。

（4）答辩中能准确地回答问题，思路清晰，具有一定的应变能力。

良（相当于百分制 80—90 分以上）

（1）对所分析的问题掌握了比较充分的材料

（2）能运用所学知识和技能进行分析，有较强的解决问题的能力。

（3）观点正确，中心突出，条理分明，逻辑性较强，文字流畅。

（4）答辩中能较好地回答问题，思维比较清楚。

中（相当于百分制 70—79 分以上）

（1）对所分析的问题掌握了一定的材料，基本能结合所学的知识进行分析。

（2）中心明确，主要论据基本可靠，观点正确，条理清楚，文字流畅。

（3）答辩中回答问题基本清楚。

及格（相当于百分制 60—69 分以上）

（1）能掌握一些材料，基本上说清楚了所写的问题。

（2）观点基本正确，条理清楚，文字通顺。

（3）答辩中，经过提示能正确回答问题。

不及格（相当于百分制 59 分以上）

（1）论文观点存在比较明显的问题。

（2）论文收集的资料较少，分析不透彻，论述不清晰，或者有明显的抄袭嫌疑。

（3）条理不清楚，达不到毕业论文要求的字数。

(4)答辩过程中答非所问,经提示仍无法正确回答。

答辩成绩评分标准:

表 答辩成绩评分标准

评审项目	指 标	分数
纪律	遵守纪律,无迟到,无早退。	5
口头陈述	汇报准备充分,思路清晰;论文宣读流利,语言表达准确,简明扼要;概念清楚,论点正确,有层次,有重点,基本上反映了所完成任务的全部内容;实验设计完整,演示效果好;时间符合要求。	15
回答问题	思路清晰;回答问题有理论依据,基本概念清楚;主要问题回答准确,深入,有说服力。	15
整体印象	穿戴整齐;答辩认真,态度端正;脱稿答辩。	5
合计		

四、宣布结果及善后工作

(一)宣布答辩结果

答辩委员会中全体答辩老师在对成绩进行最后复议后,当着全体答辩学生的面宣布通过答辩学生的名单,具体成绩提交院系及成绩查询系统,学生可以自由查询自己的成绩。对答辩不能通过的学生,答辩委员会提出修改意见,允许学生进行第二次答辩。

(二)善后工作

1. 整理和填写"学生毕业论文答辩成绩评定表"

这是一项细致的工作,答辩老师既要认真填写自己的成绩评定表并签字,也要对学生在答辩中的表现进行一定的评价,记录员做好记录工作,如提问要点和答辩要点,要实事求是。这两个要点是评定答辩成绩的主要依据,是被查验的根据。如果没有填写或者任意填写,则不能完全反映学生答辩时的真实情况,就会给毕业论文答辩成绩评定带来遗留问题。另外,所有答辩委员都要在自己的打分表格中以及"答辩委员会评语"栏签字,以示负责。常见答辩评语如:

在10分钟的陈述中,该生介绍了论文的主要观点、论文的内容与结构,以及论文的写作过程,条理比较清晰,语言无大错,但有时得看讲稿,因此显得准备不足。对教师提出的第一个问题,该生只是在教师的启发后才做出了基本正确的回答。对教师提出的第二个问题,该生的回答基本正确。对第三个问题,该生的答辩令人满意,但有少量语言错误。在语音、语调方面,该生存在若干问题。流利程度不及同一答辩组中的其他同学。答辩委员会经过认真讨论,仍然同意通过该生的毕业论文,但要求该生纠正论文中尚存的部分语言错误。

在 10 分钟的陈述中,该生介绍了论文的主要观点、内容与结构,以及为此进行的研究。陈述简明扼要,显示对所研究的问题有一定的认识。对教师提出的第一个问题,该生的回答准确无误;对有关资料来源的问题,该生作了如实的回答,但在论文中的许多地方,她却没有标明数据的出处,这不能不说是一个重大缺陷。对第三个问题的回答显然不够切题,可能没听清老师口头提出的问题。该生的答辩语言流利,但语音、语调存在一定的问题。答辩委员会经过认真讨论,一致同意通过该生的毕业论文,但要求该生纠正论文中尚存的某些错误。

2. 答辩结束后向学校上报答辩成绩,并做好毕业论文答辩的总结工作。各专业在总结毕业论文工作时,要客观地反映毕业生在知识、能力、素质等方面的情况,针对问题提出建设性的改进意见和建议,并在答辩结束后的二周内,将毕业论文工作选题分析、质量分析、自评报告和工作总结送至教务处。

第三节 » 答辩注意事项:"应对不知所措"

一、论文答辩中学生容易出现的问题

毕业论文答辩要求学生对论文熟练掌握,还要以一定的知识、理论为基础,对教师提出的问题进行"辩论",如准备不充分,会影响毕业论文答辩的成绩。因此,了解毕业论文答辩中容易出现的问题,能够做到扬长避短,为自己的答辩做好准备。

(一) 自信心不足

答辩,既要回答教师提出的问题,又要对某些问题阐述自己的观点和看法。因此,学生要明白论文答辩的特殊性,不是如以往课堂教学那样简单地回答教师的提问,而是要重视"辩"的环节。在教师提出的观点和论文观点不一致时,要通过"辩"说服他人接受自己的观点。这就需要学生具备良好的语言表达能力,学会向别人推销自己的观点。也有部分同学从未有辩论的经验,特别是关于学术辩论的问题,所以容易在答辩现场出现由于自信心不足而导致的尴尬局面,如一味接受老师的观点,不敢辩论,或者由于紧张、恐慌而语无伦次。实际上,毕业论文只要是在正确理论指导下得出的结论,可以有不同的研究结果,关键是要能自圆其说。因此,学生应有信心,大胆表述自己的观点。

(二) 答辩准备不充分

充分、认真地准备是答辩成功的前提和保障。很多学生认为论文写出来就可以了,答辩环节不重要;或者有其他各种各样的原因而忽略答辩前的准备工作,导致正式答辩时对论文中的内容不够熟悉,加上知识和理论学习的欠缺,使答辩过程出现被动。

由于准备不足,对论文介绍不清楚是很多学生容易出现的问题。在几分钟的时间里,要把一篇八千字以上的文章介绍给听众不是简单的,有些学生照本宣科,对照论文念,虽

然语速很快,也不可能完成。还有些同学又走向另一极端,把文章的三个层次的标题念完,虽然节约了时间,但听众虽然知道了文章的论点是什么,但不清楚其论据。这就需要答辩学生在答辩前认真写好论文概述,对论文内容做出高度概括,特别是论文的论点、论据要简单明了地阐述清楚,让答辩老师能够在较短的时间内理清作者的思路。

另外,虽然论文已经写出来了,但答辩前学生仍需认真重温论文内容,思考论文中的每个观点正确与否,论述是否透彻,论据是否充分,论文的逻辑结构是否合理,论文中的论据是否具有层次性、递进性……诸如此类的问题都要在论文答辩前熟练掌握,做到胸有成竹。

(三) 记录问题不准确

答辩问题的记录反映了学生的倾听能力和迅速反应能力,只有记录准确才能保证准确回答教师的提问。个别学生因为紧张或者理解能力的原因,不能正确记录或正确理解教师的提问,导致记录失效,必然会出现答非所问。

(四) 回答问题不切题

在回答问题时,既有答辩学生因记录失效出现答非所问,也有学生在记录问题准确的情况下,仍不能准确回答。如有的问题含义较多、较深,而答辩学生的回答较为零散,且没有把重点说深、说透。还有的是为了炫耀自己的知识,或者不知该如何作答,又不想出现冷场等。

二、论文答辩中的具体要求

(一) 态度端正,明确目标

在答辩过程中,特别要注意和区分答辩与大学生辩论赛的区别。答辩就是对所研究的课题进行摆事实、讲道理,在答辩中阐明自己的观点和主张,真理越辩越明,突出的是以理服人,使自己的发现、发明和创新得到他人的认可。而辩论赛是围绕一个给定的命题,由正反两方阐述各自的观点和立场,主要目的不是考察哪一方对哪一方错的问题,而在于考察论辩者的表达技巧、逻辑思维与灵敏反应能力,能否抓住对方的漏洞,指出对方观点的错误,得到评委和观众的认可。

(二) 良好的心态

紧张是每一个学生的第一感受。如何防止或者降低紧张感是答辩过程中面临的第一个问题,基本经验有三:一是准备充分。准备不充分是导致答辩者紧张的第一要素,即对研究资料收集不够,了解不全面、不透彻。因此真正下功夫,认真对待答辩,克服侥幸心理是非常必要的。二是本着学习的态度。学习是一个人终身的行为,更是在校生的头等大事。毕业论文答辩不仅仅是对阶段性学习效果的检查,而且提供了一个重要的学习机会。本着向老师学习的态度去对待,不仅可以缓解紧张心态,而且还会主动进取,学习未曾掌握的知识、写作方法以及新的思考方法。三是平等心理。当学生位于答辩席时,容易产生一种"三堂会审"的感觉,这无疑会加重自己的心理负担。一篇论文写作的每一个环节、每一段论述都是经过自己认真思考和反复修改而成的。因此学生理应对所选择的课题及相关问题有充分的了解,只有如此才能对答辩教师提出的问题泰然处之。

(三) 语速适中

对大多数学生而言,毕业论文答辩是他们首次站在讲台上接受老师的质询,根据以往的经验,学生论文答辩时的说话速度往往越来越快,以致毕业答辩委员会成员听不清楚,影响了论文答辩成绩。故毕业论文答辩过程中,学生一定要语速适中,要有急有缓,不能像连珠炮似的轰向听众。

(四) 目光移动

毕业生在论文答辩时一般可脱稿,也可半脱稿,但不管哪种方式,都应注意自己的目光,使目光时常投向论文答辩委员会成员及会场的同学们,这是用目光与听众进行心灵的交流,使听众对答辩论题产生兴趣的一种手段。在毕业论文答辩会上,由于听的时间过长,评委们难免会有分神现象,这时答辩者有目光的投射,会很礼貌地将他们的神儿拉回来,使评委们的思路跟着答辩者的思路走。

(五) 体态语辅助

虽然毕业论文答辩同其他论文答辩一样,以口语为主。但适当的体态语的运用会辅助论文答辩,使论文答辩效果更好,特别是手势语言的恰当运用,会显得自信有力,不容辩驳。相反,如果学生在论文答辩过程中,自始至终挺挺地站着,或始终如一地低头俯视,即使他的论文结构再合理,主题再新颖,结论再正确,论文答辩效果也会大受影响。所以在毕业论文答辩中,一定要注意使用体态语。

(六) 时间控制

在论文答辩会上都会对学生有答辩时间要求,因此学生在进行论文答辩时,应重视论文答辩时间的控制,到该结束的时间立即结束,这样显得准备充分,对内容的掌握和控制也轻车熟路,也容易给毕业论文答辩委员会成员一个良好的印象。故在毕业论文答辩前,应该对将要答辩的内容有时间上的估计。当然,在毕业论文答辩过程中,灵活性的减少或增加答辩内容,也是对答辩时间控制的一种表现。

三、掌握答辩技巧

(一) 思维技巧

1. 在听取别人答辩的过程中,产生的灵感要及时记录以备自用

学生在听取他人答辩过程中,听到其他人在回答"为什么选择这个课题"时,能够从别人的回答中得到启发:很多课题的产生都是由于一些经历、事件引发的思考,同时这一研究内容又具有一定的理论价值和实践意义。

2. 善于进行发散思维

答辩中对于教师的提问,如果一时不知如何回答,那么就换个方向思考。如:对口帮扶进行城乡幼儿园一体化管理模式和优质园引领办分园模式相比较,两者的优缺点是什么? 如学生一时难以回答,就可以着重介绍两种模式的管理特点。

3. 善于运用直觉思维

答辩者可以根据自己的社会阅历,将某一问题在现实直观形象中综合归纳出来,言简意赅地回答问题也是可行的。如"如何看待小学化问题",学生可以从自己在幼儿园的见

习、实习经验以及身边亲戚朋友的孩子的表现得出小学化对幼儿发展具有消极影响。

(二) 实践技巧

1. 讲究文明礼貌

中国自古就是礼仪之邦,有尊师重教的良好传统。论文答辩本身虽然决定了教师和学生所处的不同位置,但共同出发点是一致的,即完成答辩。因此在答辩过程中始终存在着师生如何彼此配合才能使答辩顺利完成的问题。作为教师,提问应有原则:既不能想当然,也不能人为地设置障碍,更不能凭个人的爱好和印象故意刁难。教师要实事求是,客观公正地对待每一个学生,既要充分肯定成绩,又要客观地指出不足,还要允许学生坚持己见。对学生而言,主要应注意以下几点:

一是在答辩会上,进场、退场时应注意文明礼貌;在倾听问题时要全神贯注,和教师有目光的交流;在回答问题和辩论时要有谦虚的态度,有礼有节地把自己对问题的理解有条理地阐述清楚。如果答辩教师当面指出论文存在不足时,答辩者要虚心接受,切不可找出一大堆理由来为自己掩饰和辩解。另外,如果遇到出乎意料、确实回答不了的问题,坦诚承认自己的认知方面和研究方面的不足之处。比如说:"您问的问题对我完善论文很有启发,但我认识有限,还难以回答,答辩后我会认真学习思考。"

二是仪容要庄重,朴实大方。容貌修饰要考虑自己的身份、职业,年龄;表情要自然大方,目光平视;穿戴清洁、整齐,适合答辩场合。

三是注重礼仪。答辩前要向老师敬礼,答辩结束后应向老师致谢。答辩结束后不要急于离开,要认真听取他人答辩,这既是学习的好机会,也是对老师和其他同学的尊重。

2. 答辩紧扣主题

对于毕业论文答辩委员会成员来说,他们不可能对每一位学生的毕业论文的内容都有深入的了解,因此在整个论文答辩过程中,能否围绕主题进行,能否最后扣题就显得非常重要了。另外,委员们一般也容易就论文题目所涉及的问题进行提问。如果能自始至终地以论文题目为中心展开论述,就会使评委思维明朗。有助于对所答辩的毕业论文给予肯定。

答辩过程中对有把握的提问要进行辩解并说明理由。答辩不是被动地回答问题,还要适当地出击、辩论。答辩中师生之间有时会围绕某些论点进行争论,这是正常的。遇到教师对论文中的观点提出疑问,甚至否定时,不要轻易放弃自己的观点。应当在谦逊平和的态度下,充分运用论文中的材料或写作过程中掌握的材料,据理力争。即使自己的观点和流行的观点或权威意见不一致时,只要言之有理,能自圆其说,仍不失为一场好的答辩。当然,如发现自己论文的某些观点具有片面性时,则要实事求是地分析,承认不足之处。

对拿不准的问题可不进行辩解,而要实事求是地回答,态度要谦虚。同时也要明白,对某些有难度、回答不出的问题,不可强词夺理,故意曲解,要诚恳地向答辩老师承认自己的不足,对意犹未尽的问题还可以在答辩结束后和老师再次交流。

总之,答辩即有答有辩,既敢于阐发自己独到的新观点、真知灼见,维护自己的正确观点,反驳错误观点,又要敢于承认自己的不足,修正错误。

3. 答辩过程中先易后难

答辩过程中,几个答辩评委会提出若干个问题,并给予答辩人 15 分钟左右的思考和准备时间。这些问题有难有易，答辩者可以按照先易后难的策略来回答，不必按照答辩评委的提问顺序作答。从简单的问题开始，有利于增强答辩者的自信心。如第一个问题的回答不好，答辩者容易背上心理包袱，加剧紧张情绪，影响到对后面问题的回答，简单问题的回答也会受到影响，也难以准确反映出答辩人的答辩能力和学术水平。

4. 掌握回答问题的技巧

答辩时要注意语言表达的方法和技巧，回答问题时声音要清晰、洪亮，对自己理解的问题要以自信的语气阐述清楚，不要含混不清或声音太低，给人造成不自信的印象。同时，答辩原则上要求是用普通话，忌使用方言。说话要干净利索，不要拖泥带水；不要多次重复叙述同一问题；使用术语要规范，不能制造术语，用词准确，不能模棱两可；说话要讲究速度和节奏，语速适中，不能太快或太慢；表达要点的关键词句，要强调语气，以引起评委的注意。

5. 熟练运用论证方法

答辩如同写文章，书写文章的基本论证方法也是答辩的基本方法。

一是理论分析法。运用理论分析和逻辑推理的方法进行答辩，诸如演绎推理、类比推理、对比以及比喻等方法。

二是时政论述法。用工作实践中的具体事例来证实某些理论、原理论断的科学有效性，事例既可以是别人的见解事实，也可以是本人本单位的直接事实。

三是综合分析法。分析，即把一个整体分解为若干个组成部分，或把一个基本问题展开为具体细节。没有分析就不会深入具体，没有综合就不能找出联系，掌握本质，上升为理论。

四是对策论证法。即结合实践经验拿出解决新问题的宏观策略或微观战术。但是既然是论文，就必须在"论"字上做文章，不仅要拿出对策方案说明怎么做，还要说明为什么这样做，论证其合理性与可行性。

五是适当重复法。答辩如同演讲，其口头语言说过即消失，为强化听觉效果，适当地重复有关内容是答辩的有效技巧。结尾总结全文，是一种特殊的重复。更有归纳全文、突出主题、强化效果的作用。

以上就是答辩过程中的一些应对措施。要想取得良好的答辩成绩，仅仅有这些答辩策略是远远不够的，还需要在平时注重一点一滴的知识积累以及素质能力的培养。只有扎扎实实地做好每一个学习环节，才可能取得优秀的成绩。

图书在版编目（CIP）数据

学前教育专业毕业论文写作指导/张亚妮主编. —上海：复旦大学出版社，2021.1(2025.1 重印)
ISBN 978-7-309-15212-8

Ⅰ.①学…　Ⅱ.①张…　Ⅲ.①学前教育-毕业论文-写作-高等学校-教学参考资料
Ⅳ.①G61

中国版本图书馆 CIP 数据核字(2020)第 134748 号

学前教育专业毕业论文写作指导
张亚妮　主编
责任编辑/高丽那

复旦大学出版社有限公司出版发行
上海市国权路 579 号　邮编：200433
网址：fupnet@ fudanpress. com　http://www. fudanpress. com
门市零售：86-21-65102580　团体订购：86-21-65104505
出版部电话：86-21-65642845
上海丽佳制版印刷有限公司

开本 787 毫米×1092 毫米　1/16　印张 10.5　字数 243 千字
2025 年 1 月第 1 版第 3 次印刷
印数 7 201—10 300

ISBN 978-7-309-15212-8/G · 2141
定价：35.00 元